人形机器人

技术、产业与未来社会

杜雨 王谟松 / 著

HUMANOID
ROBOTS

中国科学技术出版社
·北 京·

图书在版编目（CIP）数据

人形机器人：技术、产业与未来社会 / 杜雨，王谟松著．-- 北京：中国科学技术出版社，2025. 9.

ISBN 978-7-5236-1521-8

Ⅰ．F426.67

中国国家版本馆 CIP 数据核字第 2025PZ6366 号

策划编辑	任长玉	**责任编辑**	任长玉　孙倩倩
封面设计	东合社	**版式设计**	愚人码字
责任校对	焦　宁	**责任印制**	李晓霖

出　　版	中国科学技术出版社
发　　行	中国科学技术出版社有限公司
地　　址	北京市海淀区中关村南大街 16 号
邮　　编	100081
发行电话	010-62173865
传　　真	010-62173081
网　　址	http://www.cspbooks.com.cn

开　　本	710mm × 1000mm　1/16
字　　数	364 千字
印　　张	24.5
版　　次	2025 年 9 月第 1 版
印　　次	2025 年 9 月第 1 次印刷
印　　刷	大厂回族自治县彩虹印刷有限公司
书　　号	ISBN 978-7-5236-1521-8
定　　价	99.00 元

序　言

从科幻到工业革命：技术、经济与社会的三重变革

当第一台人形机器人原型在实验室中首次成功模拟人类行走的瞬间，人类与机器的关系便被永远地改写了。从早期科幻小说中天马行空的想象，到今天全球科技巨头纷纷投入巨资研发，人形机器人已不再仅仅是文学创作中的情节素材，而是站在了引发新一轮工业革命浪潮的前沿阵地。

在技术维度上，人形机器人的发展堪称一场精密科技的盛宴。其系统构造复杂且精妙，涉及机械、电子、人工智能等多学科交叉融合。材料科学的突破为人形机器人打造了轻巧且坚韧的身躯，使其能够在复杂环境中灵活运动而不易受损；能源技术的进步则为其提供了高效、持久的动力支持，解决了“吃饱饱才能跑跑跑”的基础需求。而最令人瞩目的无疑是人工智能与机械工程技术的深度融合，先进的算法赋予了人形机器人强大的学习与决策能力，让它们可以从只会简单重复指令的“工具”，进化为能够理解语义、分析场景、自主规划任务的“智能伙伴”。从技术探索阶段仅能简单行走，到如今高动态发展阶段具备环境感知、决策、学习等多重能力，每一次技术难题的攻克，都像是在搭建通向未来智能社会的桥梁上巧妙地放置了一块关键的基石（见图 0–1）。

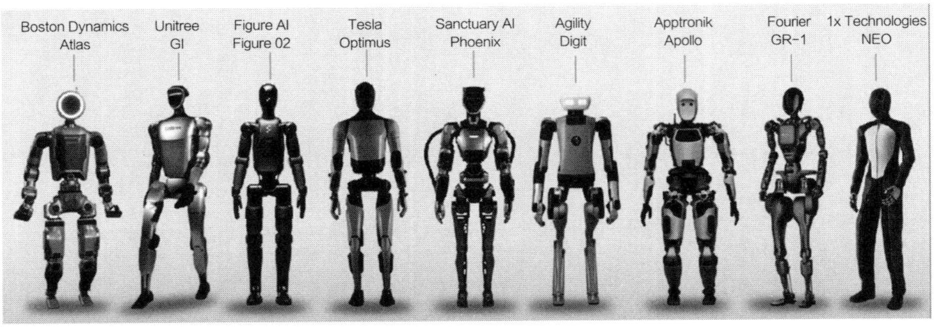

图 0-1　不同公司开发的人形机器人争奇斗艳

资料来源：阿尔卡公司（ARK）。

从经济角度来看，人形机器人产业蕴藏着推动全球产业结构发生深刻变革的巨大能量。其研发与生产过程涉及从上游的芯片、传感器制造，到中游的机身组装、软件开发，再到下游的多领域应用与售后服务，形成了一条极为庞大且相互交织的产业链。这条产业链的延展与升级将带动无数相关企业乘上发展的快车，创造海量的就业机会与经济效益。在制造业中，人形机器人能够精准操作，提升生产效率，降低成本；在服务业里，它们可以提供个性化、不间断的优质服务，挖掘新的消费增长点。其广泛应用有望打破当前经济格局的平衡，催生出一系列基于智能劳动力的新商业模式与经济业态，为全球经济增长注入强劲而持久的新动能。根据中商产业研究院预测，到 2028 年全球人形机器人市场规模有望达到 206 亿美元，展现出了巨大的市场潜力（见图 0–2）。

而社会层面，人形机器人的普及更将掀起一场深刻的社会变革浪潮。它们的出现将重新定义工作与职业的内涵，许多传统岗位或许会被取代，但同时也会催生出诸如机器人训练师、伦理监理员等大量新兴职业，促使教育体系、社会保障体系等社会结构进行适应性调整与升级，以培育适应人机协作时代的新一代劳动者。在日常生活里，人形机器人可能成为家庭成员般的存在，协助照护老人、陪伴儿童、分担家务，改变着家庭的运行模式与人际关系结构。此外，围绕人形机器人使用所产生的数据隐私、算法歧视、人工智

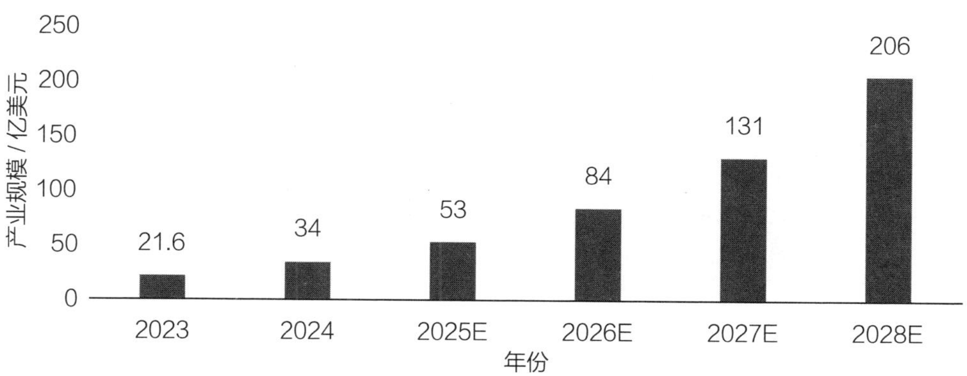

注：E 表示预测，下同。

图 0-2　2023—2028 年全球人形机器人产业规模

资料来源：中商产业研究院《2025—2030 年中国人形机器人行业分析及发展前景研究预测报告》。

能伦理等社会议题也将不断涌现，推动法律法规、道德准则等社会规范在数字时代背景下加速迭代完善，构建出一个人机共存、协同发展的全新社会生态（见图 0-3）。

《人形机器人：技术、产业与未来社会》一书，恰似一把开启人形机器人世界奥秘之门的钥匙，又如一座连接技术细节与宏观展望的桥梁。它以通俗易懂却又深刻犀利的笔触，将晦涩难懂的技术原理、错综复杂的产业格局与影响深远的社会变革娓娓道来。无论是对技术极客们深入探索技术边界的灵感启迪，还是为产业投资者们精准把握投资风向提供关键参考，抑或帮助广大普通读者在人机协同的未来社会中找准自身定位，这本书都具有不可忽视的宝贵价值。此刻，让我们一同踏入这本书所构建的知识殿堂，见证人形机器人从科幻走进现实，见证一场将深刻改变人类命运的技术、经济与社会的三重变革大幕正式拉开。

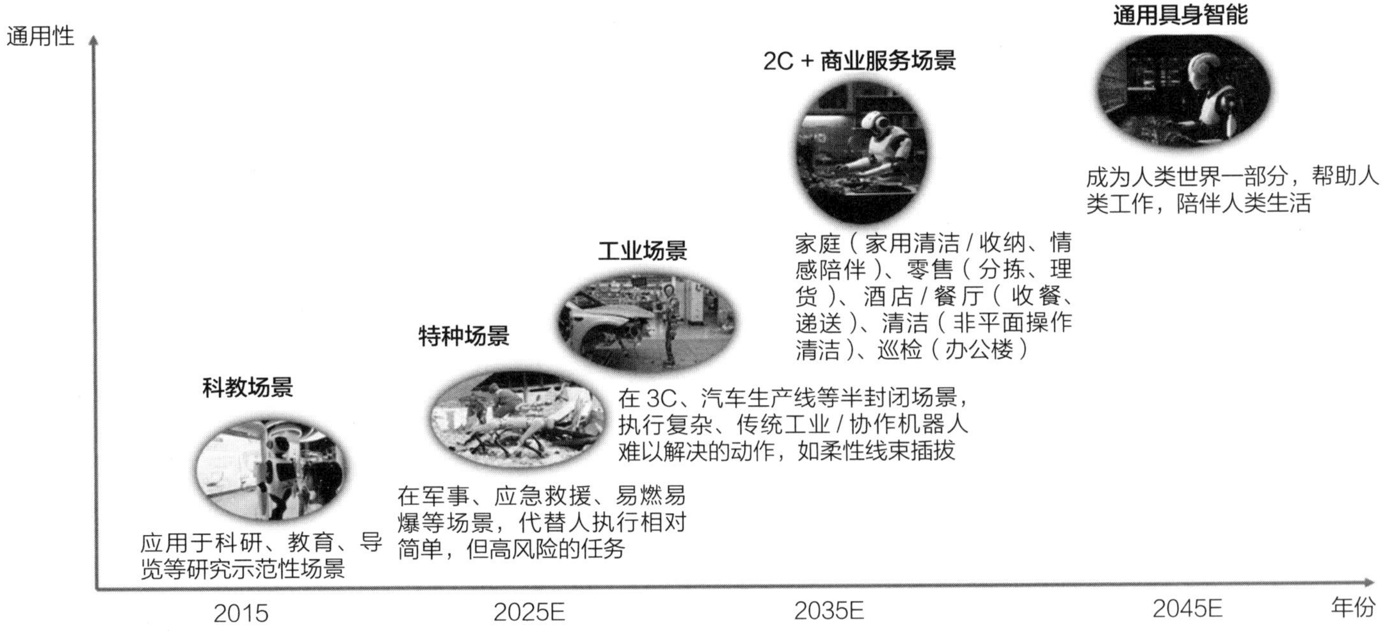

图 0-3　人形机器人应用场景

目　录

第一部分

定义、价值与历史演进

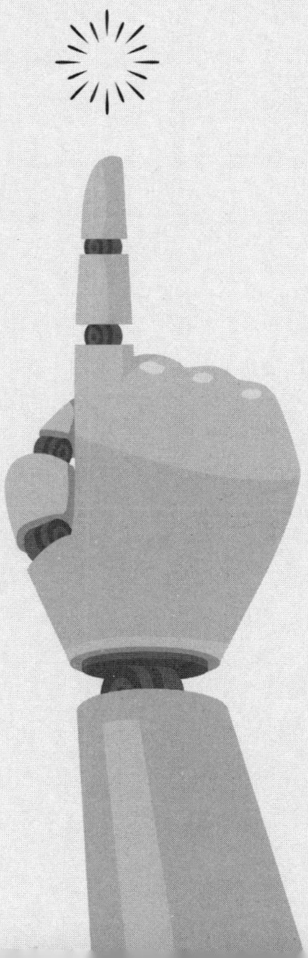

第1章 人形机器人：定义与核心特征

第1节 仿人形态与通用性目标

人形机器人作为机器人技术的重要分支，逐渐从科幻概念走向现实，并在多个领域展现出其独特的价值和潜力。人形机器人是指外形或结构模仿人类的机器人，具备类似人类的外貌、姿势和动作特点，能够在一定程度上模拟人类的运动和行为。这种设计不仅仅是为了外观上的拟人化，更是为了更好地适应人类的生活环境和社会需求。

随着人工智能、传感器技术、材料科学和控制系统的不断进步，人形机器人已经从早期的简单机械装置发展为具备高度灵活性和适应性的智能系统。它们能够执行复杂的任务，如行走、抓取、精细操作等，并在家庭服务、医疗辅助、教育、娱乐等领域展现出广泛的应用前景。此外，人形机器人还通过感知系统和人工智能技术，实现了高度自主性和学习能力，能够理解并执行复杂的任务指令。

从历史角度看，人形机器人的发展经历了从古代机械生物到现代仿生机器人的演变过程。早期的机械生物虽然简单，但它们的设计初衷是为了模仿人类的行为和功能。随着技术的进步，现代人形机器人不仅在外观上更加逼真，还在功能上实现了质的飞跃。例如，Tesla Optimus 和小米 CyberOne 等产品展示了人形机器人在智能控制、运动性能和感知能力上的最新进展。

本节将探讨人形机器人的仿人形态设计的初衷、内涵以及其与通用性目标的关联。首先，我们将从仿生学的角度分析人形机器人设计的核心理念，即如何通过模仿人类的身体结构和行为模式来实现更高效的运动和感知能力。其次，我们将探讨人形机器人在通用性方面的优势，即如何通过类人的形态适应各种环境并完成多样化任务。

仿人形态的设计不仅是为了外观上的拟人化，更是为了提升机器人与人类社会的互动性和适应性。例如，人形机器人可以通过面部表情、肢体语言等类人特征与人类建立情感共鸣，降低沟通成本，从而在医疗陪护、教育或客服场景中更易被接受。此外，仿人形态的设计还使得机器人能够使用人类设计的工具和设备，从而提高其任务执行的灵活性和效率。

然而，仿人形态的设计并非没有挑战。如何在保持高度灵活性的同时，确保机器人的稳定性和安全性，是当前研究的重点之一。此外，如何通过先进的感知系统和人工智能技术，使机器人能够更好地理解和适应复杂环境，也是实现通用性目标的关键。

本节将全面探讨人形机器人领域面临的技术挑战和发展趋势。通过深入研究，我们希望能够为读者提供一个清晰的视角，理解人形机器人在当今科技发展中的重要地位及其未来的发展方向。

一、仿人形态的设计初衷

（一）人类社会环境的适配性

1. 物理空间的兼容性

人形机器人在尺寸、形状等方面与人类生活环境高度兼容，使其能够无缝融入家庭、办公室、公共设施等场景。这种兼容性主要体现在以下几个方面。

- **空间设计的适应性：**人类社会的空间设计大多基于人体工程学原则，

例如建筑结构、家居布局以及交通工具等，均考虑到人体的活动范围和使用习惯。人形机器人模仿人类外形，能够轻松适应这些空间设计，无须对现有环境进行大规模改造。

- **灵活性与移动性**：人形机器人通常具备类似人类的四肢结构，能够自由行走、站立和移动，这使得它们能够在复杂的环境中灵活导航。例如，在家庭中，机器人可以轻松进入狭窄的空间或避开障碍物；在办公室中，它们可以自由穿梭于桌椅之间。
- **视觉与感知的匹配**：人形机器人的外形与人类相似，能够在视觉上与人类产生共鸣，减少陌生感。这种设计不仅提升了用户的接受度，还增强了机器人在复杂环境中的交互能力。

2. 工具使用与交互便利性

人形机器人通过模仿人类外形，能够更高效地利用人类现有的工具和设施，从而提升其在各种场景中的适用性和效率。

- **工具使用的自然性**：人形机器人能够直接使用人类设计的工具，如门把手、餐具、办公设备等。这种设计避免了开发专用工具的成本和复杂性，同时也提高了任务执行的效率。
- **交互方式的优化**：由于人形机器人模仿了人类的手部动作和行为模式，它们能够更自然地与人类进行交互。例如，在家庭中，机器人可以像人类一样操作厨房用具；在办公室中，它们可以轻松使用电脑键盘和鼠标。
- **任务执行的灵活性**：许多需要“人手”才能完成的任务（如精细装配、手术操作或日常家务）只有通过仿人形态的机器人才能高效完成。这种设计不仅提升了任务执行的精度，还减少了对特殊设备的依赖。

（二）社会与文化层面的接受度

1. 情感共鸣与亲和力

人形机器人在外观和行为上模仿人类，这种设计能够引发人类的情感共鸣，从而使其更容易被社会接受并融入人类的生活与工作场景。研究表明，人类天生对人类形态和行为更感兴趣，而人形设计使其更容易与人类进行交互，建立情感联系和共鸣，这使得人形机器人更易被人类接受和信任。例如，在家庭服务领域，人形机器人几乎可以像家人一样陪伴老人和儿童，提供情感支持和陪伴，这种深度的人机交互使机器人不再是冷冰冰的机器，而是充满温情和关怀的伙伴。此外，更接近人类的面部表情被感知为具有更多情感和个性，这种设计能够增强人形机器人的亲和力。

2. 文化适应性与多样性

人形机器人的设计需要考虑不同文化背景下的认知和接受程度，以实现更广泛的适应性。文化差异对人形机器人的接受度有显著影响。例如，日本和英国在人形机器人社交接受度上存在差异，这可能与文化变量如沟通风格和任务偏好有关。为了提高人形机器人的文化适应性，研究建议开发问候模式选择系统，使机器人能够根据人类伙伴的文化背景调整其行为模式。此外，跨文化研究显示，不同国家的人对人形机器人的感知存在显著差异，例如日本和澳大利亚对人形机器人感知存在差异，而日本和英国在人形机器人社交接受度上也有所不同。

为了更好地适应不同文化背景，人形机器人需要具备理解和适应不同语言、社交习惯和文化价值观的能力。例如，在埃及和日本的实验中，研究人员通过多模态输入和输出调整机器人行为，以适应当地文化背景。这种文化适应性不仅有助于提高人形机器人的社会接受度，还能为其在全球范围内的应用奠定基础。

二、通用性目标的内涵

（一）多场景适应性

1. 定义与范围

通用性目标是人形机器人发展的重要方向之一，其核心在于实现多场景适应性。所谓多场景适应性，是指人形机器人能够在多种不同的环境中灵活切换并高效完成任务，而不局限于单一特定任务或环境。这种能力使得人形机器人能够广泛应用于工业、服务业、家庭等多样化场景，从而满足人类社会的多样化需求。

与传统工业机器人相比，人形机器人在多场景适应性方面具有显著优势。传统工业机器人通常被设计用于完成特定的生产任务，如装配线上的单一操作，其应用场景相对固定，强调运动控制的精度和稳定性。而人形机器人则通过模仿人类的形态和行为能力，具备更高的灵活性和适应性，能够在不同的环境中完成多样化的任务。例如，在工业场景中，人形机器人可以进行搬运、装配、检测等工作；在服务业中，可以提供引导、咨询等服务；在家庭场景中，可以协助处理家务、照顾老人和儿童。

2. 与传统机器人对比

（1）灵活性与适应性

传统工业机器人通常需要针对特定任务进行高度定制化的编程和系统集成，这不仅增加了使用成本，还限制了其泛化能力。而人形机器人通过仿生设计和人工智能技术的支持，能够快速适应不同的环境和任务需求。例如，人形机器人可以通过学习和推理能力，在未被训练过的场景中完成任务。

（2）任务多样性

工业机器人通常只能完成重复性、高精度的任务，而人形机器人则能够处理复杂多样的工作任务。例如，人形机器人可以在工业生产中完成搬运、装配、检测等任务，在服务业中提供引导、咨询等服务，在家庭中协助处理家务和照顾老人。这种多样性使得人形机器人在实际应用中更具通用性和灵活性。

（3）环境适应性

传统工业机器人通常需要在特定的生产环境中运行，而人形机器人则能够适应更加复杂和多变的环境。例如，人形机器人可以在楼梯、电梯等复杂环境中自由移动，并完成相应的任务。这种能力源于其仿生设计和高度灵活的运动控制能力（见图 1–1）。

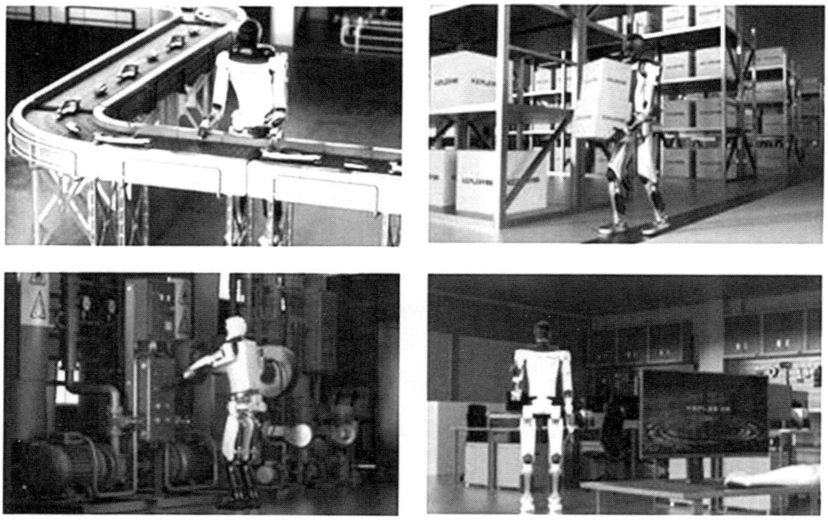

图 1–1　人形机器人参与生产劳动

资料来源：金旺，至顶网。

（4）成本与效率

传统工业机器人需要针对特定场景进行系统集成和定制化开发，这不仅增加了成本，还限制了其应用范围。而人形机器人通过模块化设计和人工智能技术的支持，能够在较低的成本下实现多场景适应性，并显著提高其任务执行的效率。

（二）任务多样性与灵活性

人形机器人作为一类模仿人类外形和行为的智能机器人，其核心目标之一是实现多样性与灵活性任务的完成。这种能力不仅体现在其能够完成多种任务类型上，还体现在其通过先进技术（如人工智能、机器学习等）实现自主学习与适应新任务的能力上。

1. 任务类型的广泛性

人形机器人因其仿人形态和灵活的运动能力，能够胜任多种任务类型，涵盖从简单的搬运、清洁到复杂的医疗护理、教育辅导等。

- **工业制造：**人形机器人可以执行装配、搬运、检测等任务，提高生产效率和产品质量。
- **家庭服务：**在家庭环境中，人形机器人可以提供清洁、烹饪、照顾老人和儿童等服务。
- **医疗护理：**人形机器人能够协助医生进行手术操作、为患者提供护理服务，甚至在紧急情况下执行救援任务。
- **教育辅导：**在教育领域，人形机器人可以作为教师助手辅助教学并为学生提供个性化的学习支持。
- **特种作业：**在危险环境中，如消防、救援等场景，人形机器人可以代替人类完成高风险任务。

这些任务的多样性展示了人形机器人在不同场景下的广泛应用潜力，同时也体现了其灵活性和适应性。

2. 自主学习与适应能力

人形机器人通过先进的技术（如人工智能、机器学习等）具备自主学习和适应新任务的能力。这种能力使其能够不断扩展其功能范围，进一步实现通用性目标。

- **自主学习**：人形机器人可以通过 AI 技术从经验中学习并优化其行为策略。例如，在执行行走任务时，如果遇到脚底打滑等挑战，机器人能够迅速调整行动策略，以类似人类的方式应对。
- **适应性**：人形机器人能够根据环境变化实时调整行为。例如，在动态环境中，它们可以避开障碍物并规划安全路径。此外，通过模块化或可重构设计，人形机器人可以根据不同应用场景快速调整其形态和功能（见图 1–2）。

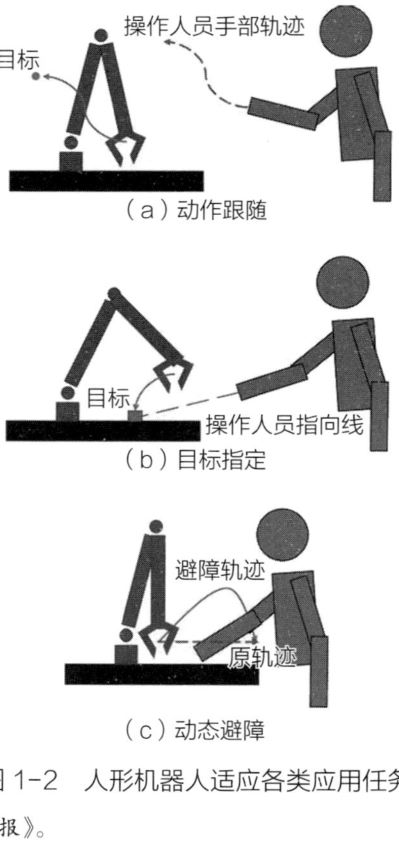

图 1–2　人形机器人适应各类应用任务

资料来源：《自动化学报》。

- **多模态感知与交互**：一些先进的人形机器人能够同时处理语音、视觉、触觉等多模态信息，从而更好地完成复杂任务。例如，它们可以识别物品、与人类交流并协调机械手臂进行操作。

通过这些技术手段，人形机器人不仅能够胜任当前的任务，还能快速适应新的任务需求，从而实现更高的通用性和灵活性。

三、仿人形态与通用性目标的关联

（一）形态对通用性目标的支持

1. 运动能力与灵活性

人形机器人采用双足设计，模仿人类的行走方式，使其能够在复杂地形（如楼梯、不平路面等）上保持灵活性和稳定性。这种设计不仅能够适应建筑、道路、设施等人类生活环境中的各种场景，还能通过仿生学和生物力学优化腿部机构，实现在复杂地形上的灵活移动。此外，双足设计赋予机器人更高的运动自由度，使其能够像人类一样在动态环境中调整步伐和姿势，从而满足不同场景下的移动需求。这种灵活性和适应性是实现通用性目标的重要基础，因为人形机器人能够在多种环境中无缝执行任务，而无须为每种环境重新设计机器人。

2. 灵巧操作能力

人形机器人的手部结构和操作能力是其实现通用性的另一关键因素。其手部设计模仿人类手部的灵活性和精细操作能力，能够完成抓取、组装、书写等多样化任务。这种设计不仅提升了机器人在工业、医疗、家庭等场景中的应用能力，还增强了其与人类的交互体验。例如，通过优化手部关节的运动范围和力量输出，人形机器人可以实现高精度的操作，如精密组装或复杂任务的执行。此外，灵巧操作能力还依赖于先进的感知计算与运动控制技术，使机器人能够感知外部环境并作出智能决策。

（二）通用性目标对形态设计的反作用

1. 技术需求驱动形态优化

通用性目标是人形机器人技术发展的核心驱动力之一，它不仅定义了机器人需要实现的功能和性能，还直接影响了其形态设计的方向。为了满足通用性目标，人形机器人的形态设计必须不断优化，以适应多样化的应用场景和技术要求。

（1）感知能力的提升

通用性目标要求人形机器人具备高度的感知能力，包括视觉、听觉、触觉等多模态感知能力。这些感知能力的实现需要机器人具备灵活的传感器布局和高效的信号处理能力。例如，3D 视觉技术的应用可以提升其对环境信息捕捉的能力，而触觉电子技术则可以通过皮肤感知增强操作精细度和物理交互能力。这些技术需求推动了机器人外观设计的优化，使其能够更好地适应复杂环境并完成任务。

（2）交互能力的增强

通用性目标还强调人形机器人需要具备自然的人机交互能力。为了实现这一点，机器人需要模仿人类的行为和外观，例如双腿行走、双手操作工具等。这种设计不仅提升了机器人的灵活性和适应性，还增强了与人类的情感连接。例如，本田公司（以下简称本田）的 ASIMO 和波士顿动力公司（以下简称波士顿动力）的 Atlas 机器人通过模仿人类行为，实现了类似人类的任务执行能力。

（3）执行能力的多样化

通用性目标要求机器人能够在多种任务中表现出色，因此其形态设计需要兼顾灵活性和稳定性。例如，机器人需要具备健壮灵活的四肢、敏锐强大的神经和流畅协调的小脑功能。这种需求促使机器人设计更加注重模块化和灵活性，以便根据不同场景快速调整功能模块。

2. 未来发展趋势的引导

随着技术的进步，通用性目标将继续引导人形机器人形态设计的未来发展，使其更加灵活多样，以适应不断变化的场景和任务需求。

（1）模块化设计的普及

未来的机器人形态设计将更加注重模块化和标准化。通过将核心部件（如本体、小脑和大脑）进行模块化设计，机器人可以根据具体需求快速组装和调整功能模块。这种设计方式不仅提高了机器人的通用性，还降低了生产成本和维护难度。

（2）多载体形态并存

随着技术的发展，未来的机器人形态将更加多样化，包括协作型、移动型和服务型等多种载体形态。这种多样化的设计不仅满足了不同场景的需求，还进一步提升了机器人的通用性和适应性。

（3）智能化与自主化的提升

通用性目标还要求机器人具备更高的智能化和自主化能力。通过大模型和 AI 技术的赋能，机器人可以实现更复杂的任务规划和决策能力。例如，特斯拉公司（以下简称特斯拉）的 Optimus 机器人通过模仿人类行为，展示了通用性目标对人形机器人未来形态设计的深远影响（见图 1–3）。

（4）跨场景的通用性实现

未来的机器人将不再局限于单一场景，而是能够在多种环境中无缝切换。例如，在家庭服务、医疗护理和工业生产等领域，通用人形机器人将通过优化形态设计，实现更高的任务完成效率和灵活性。

四、仿人形态与非仿人形态的关系

人形机器人被誉为“通用型机器人”的终极形态，以上总结了它的诸多优势，但需要承认，其商业化进程的确面临一个核心矛盾：形态的普适性与

图 1-3　机器人模仿人类行为

资料来源：Tesla Optimus X 账号推文。

技术可行性、特殊场景适配性之间的博弈（见图 1-4）。

图 1-4　常见的机器人形态

资料来源：Tesla Optimus X 账号推文。

目前来看，非人形机器人通过形态与功能的精准匹配，已在部分垂直场景中展现出超人类的作业能力。机械臂凭借 ±0.01 毫米级精度，主导精密制造与医疗手术，如达·芬奇机器人完成微创手术、ABB 机械臂实现电子元件毫米级焊接；四足机器人以其对复杂地形的适应性和动态平衡能力，成为能源巡检与应急救援的利器，如波士顿动力 Spot 在核电站自主巡查、宇树

Go1 实现沙漠广域探测；轮足 / 履带机器人依托高效移动性和低成本规模化，重塑物流与安防生态，亚马逊 Kiva 仓储机器人大大降低了分拣成本，京东 AGV 使仓储效率提升了多倍；飞行机器人突破空间限制，在农业喷药、电力巡检等领域大展拳脚，如截至 2024 年大疆农业无人机全球作业累计面积超 75 亿亩（1 亩 ≈ 666.7 平方米）；水下机器人则通过耐压结构和深海作业能力，推动海洋勘探与基建维护，如中国“潜龙三号”绘制出海底三维地图。这些形态的机器人通过功能特化实现场景穿透——机械臂统治工厂、四足征服野外、轮式覆盖物流、飞行器领空扫描、水下机器人探索深海。

未来，人形机器人在通用场景将具备绝对领先的优势，其他形态的机器人则更多在细分垂直场景发挥其重要作用，与人形机器人存在一定竞争但更多是互补的复杂关系。

五、小结

仿人形态与通用性目标之间的紧密联系体现在多个方面。首先，仿人形态的设计使得人形机器人能够更好地适应人类的工作和生活环境，从而实现与人类的无缝衔接和替代。这种设计不仅提升了人形机器人的通用性，还增强了其在复杂环境中的适应能力。其次，仿人形态赋予了人形机器人更强的感知和交互能力，使其能够执行多样化的任务，并在非结构化环境中长期运行。此外，仿人形态的拟人化设计还为实现通用人工智能（AGI）提供了硬件基础，使机器人能够通过模仿人类的行为和思维模式，逐步实现更高级别的智能化。

在实现更高通用性目标的过程中，人形机器人将面临多重挑战和机遇。一方面，技术突破是关键。例如，运动控制、感知能力和智能决策系统的进一步优化，将是提升人形机器人通用性的核心瓶颈。同时，大模型技术的引入为人形机器人带来了新的发展机遇，通过语义理解和推理能力的提升，人形机器人可以更好地完成复杂任务。另一方面，商业化落地仍需克服成本和技术限制。尽管人形机器人在特定场景中已展现出潜力，但其广泛应用仍需解决数据、算力和人机交互安全等问题。

未来，随着技术的不断进步和应用场景的拓展，人形机器人有望在工业生产、民生服务、特种作业等领域发挥更大作用，并逐步实现规模化量产。然而，如何平衡技术发展与伦理、安全等问题，也将成为未来发展的重要课题。

第2节
具身智能的内涵

在人工智能的发展历程中，具身智能（Embodied Intelligence）正逐渐成为一种全新的范式，它强调智能行为的实现离不开物理身体与环境的交互。与传统人工智能依赖于符号处理和数据驱动的模型不同，具身智能更注重通过身体的感知和行动来理解世界，并在复杂环境中实现自主决策和适应性行为。

在人形机器人的研究与开发中，具身智能的概念尤为重要。人形机器人不仅是技术的集成体，更是人类对智能生命的一种模拟和探索。它们通过模仿人类的形态和行为方式，试图在多变的环境中完成复杂的任务。具身智能为人形机器人提供了一种全新的思维方式：智能不再是孤立的计算过程，而是与身体和环境紧密相连的动态系统。

在本节中，我们将深入探讨具身智能的内涵，分析其在人形机器人中的具体体现和实现路径。我们将从具身智能的理论基础出发，探讨其如何通过“感知–行动”闭环实现智能行为；同时，我们将对比人形机器人与传统工业机器人在通用性和场景适应性上的差异，揭示具身智能在多场景应用中的独特优势。此外，我们还将展望具身智能的未来发展，探讨其在技术突破、应用场景拓展以及伦理挑战方面的潜在影响。

通过对具身智能的深入剖析，我们不仅能够更好地理解人形机器人的核心特征，还能够为后续章节中关于人形机器人技术、应用和社会影响的讨论奠定坚实的理论基础。

一、物理 AI 与“感知–行动”闭环

（一）具身智能的定义

1. 理论基础：具身认知理论的核心观点

具身智能的理论基础源于具身认知理论（Embodied Cognition），该理论认为认知过程不仅发生在大脑中，而且与身体和环境的互动密切相关。具身认知强调身体在认知活动中的基础性作用，认为智能行为是身体与环境动态互动的结果。例如，清华大学孙富春教授指出，具身智能要求 AI 必须在一个具身环境中，通过与环境的交互学习，从而实现智能行为。这种观点挑战了传统人工智能将智能视为抽象处理过程的假设，强调智能行为需要依赖物理实体和环境反馈。

具身认知理论进一步区分了“具身”和“离身”两种认知模式。具身认知认为认知与身体紧密相连，而离身认知则将认知与身体解耦。具身智能正是基于具身认知理论，通过智能体与环境的直接交互来实现感知、推理和行动能力。

2. 具身智能的核心特征

具身智能的核心特征包括感知–行动循环（Perception–Action Loop）和身体与环境的相互作用。感知–行动循环是指智能体通过传感器感知环境变化，基于这些信息作出决策，并通过执行器（如机械臂、关节等）采取相应的物

理动作，从而直接作用于环境。这种循环是实时且闭环的，使智能体能够适应并影响其环境。

具身智能还强调智能体的身体结构和环境交互方式对智能行为的影响。例如，一个设计合理的身体结构可以简化任务解决方案，减少对复杂计算的需求。此外，具身智能通过试错、模仿和强化学习等机制不断优化行为策略，从而提高适应性和灵活性。

3. 具身智能与传统 AI 的区别

具身智能与传统 AI 的主要区别在于其对物理世界的依赖和交互能力。传统 AI 通常局限于虚拟环境中的数据处理和模型训练，缺乏对物理世界的即时反馈。相比之下，具身智能通过与环境的直接交互，能够更好地理解世界并实现智能行为。

例如，传统 AI 在自动驾驶领域的应用主要依赖于算法和传感器数据处理，而具身智能则通过机器人与环境的动态互动来实现更自然的驾驶行为。此外，具身智能还能够通过任务分解和子任务执行能力，在复杂环境中完成更复杂的任务。

（二）“感知–行动”闭环的构建

“感知–行动”闭环是人形机器人实现自主化和智能化的核心机制，其通过传感器感知环境信息，并将这些信息转化为具体的行动指令，从而完成任务。以下将从感知技术和行动控制两个方面详细阐述人形机器人如何构建这一闭环。

1. 感知技术

感知技术是“感知–行动”闭环的基础，它使机器人能够获取外部环境的信息并进行处理。人形机器人通常通过多种传感器实现多模态感知，包括视觉、力觉、触觉等。

（1）视觉识别

视觉传感器（如3D摄像头、激光雷达）是人形机器人感知环境的重要工具。这些传感器可以生成环境的三维模型，并通过图像处理算法实现物体识别、障碍检测及路径规划等功能。例如，深度相机或激光雷达通过发射激光束扫描环境，生成高精度的点云数据，从而帮助机器人在复杂环境中导航。此外，苹果公司推出的ARMOR系统通过分布式激光雷达技术，显著提升了机器人在动态环境中的避障能力。

（2）力觉反馈

力觉传感器（如压力传感器、力矩传感器）能够监测机器人与环境或物体的接触状态，提供实时的力反馈信息。这种技术在机器人执行精细操作时尤为重要，例如在抓取物体或与人互动时避免损伤。帕西尼公司（以下简称帕西尼）开发的多维度触觉技术进一步提升了机器人对环境的感知能力，使其能够适应复杂任务。

（3）电子皮肤

电子皮肤是一种新型触觉感知技术，通过模拟人类皮肤的触觉感受能力，使机器人能够感知温度、压力等环境变化。这种技术在视觉受限的情况下尤为重要，能够提供准确的环境感知信息。

2. 行动控制

行动控制是将感知信息转化为具体行动的关键环节。运动控制算法需要高效处理传感器数据，并根据环境变化实时调整机器人的动作。

（1）动态平衡

动态平衡是人形机器人行走和运动的基础。通过传感器实时监测身体姿态和环境变化，机器人可以调整重心和步态，保持稳定。例如，OptiTrack光学动作捕捉系统通过高精度数据采集和映射技术，确保机器人动作的精度和稳定性（见图1-5）。

图 1-5　虚拟动点传感器设备

资料来源：虚拟动点公司官网。

（2）实时避障

实时避障是人形机器人在复杂环境中导航的重要能力。通过深度学习和分布式传感器技术，机器人可以快速识别障碍物并调整路径。例如，威迈尔 VMR 人形机器人结合了 3D 视觉方案和灵活的运动控制系统，实现了高效的路径导航和实时避障。

（3）运动规划与路径优化

运动规划算法根据环境信息生成最优路径，并结合实时数据调整运动策略。例如，斯坦福机器人平台通过工作空间的接近信息配置搜索空间，生成无碰撞的运动轨迹。此外，苹果 ARMOR 系统通过深度学习技术显著提升了其动态避障效率。

（三）具身智能与传统 AI 的对比

具身智能与传统 AI 的差异主要体现在以下几个方面。

1. 技术架构的差异

传统 AI 主要依赖于数据驱动和算法优化，通过大量的数据学习和分析来实现智能行为。其核心在于虚拟环境中的数据处理和模型训练，缺乏对物理世界的即时反馈和感知能力。例如，计算机视觉和自然语言处理等技术更多关注于信息的处理和理解，而非与物理世界的直接互动。

具身智能则通过传感器和执行器等设备，使智能体能够直接感知物理环境中的信息（如温度、湿度、光线、声音等），并根据这些感知信息动态调整行为。这种感知-行动循环（Perception-Action Loop）形成了一个闭环系统，使智能体能够灵活应对复杂环境中的变化。此外，具身智能强调多模态交互，包括视觉、听觉、触觉等，通过主动获取物理世界的真实反馈来实现更智能的学习和进化。

2. 应用场景的差异

传统AI的应用场景通常集中在虚拟环境中，例如语音助手、图像识别、自动驾驶辅助系统等。这些系统依赖于预先定义的规则和算法，能够在特定场景下高效运行，但难以适应复杂和动态的环境。

具身智能的应用场景更加广泛且多样化，涵盖了工业、实验室、道路环境、四足机器人、人形机器人等多个领域。例如，在工业领域，具身智能可以实现从简单任务到复杂任务的转变，从单一智能体到多智能体协同，从感知控制到认知决策。此外，具身智能还被应用于自动驾驶、智能家居、医疗辅助等领域，展现了其在复杂环境中的适应性和灵活性。

3. 复杂环境中的适应性

传统AI在处理复杂环境时面临显著挑战，尤其是在信息稀缺和场景多变的情况下。由于缺乏对物理世界的感知能力，传统AI系统往往需要依赖预定义的规则和程序来应对变化，这限制了其在动态环境中的适应性。

具身智能通过感知-行动循环和实时反馈机制，能够快速适应复杂环境的变化。例如，具身智能可以通过视觉同步定位与绘图（vSLAM）和3D视觉定位等技术，在动态环境中进行移动和互动。此外，具身智能还可以利用物理世界的规律和约束来简化建模和问题求解的复杂度，从而提升系统的性能和能效。

4. 数据处理与学习方式

传统 AI 依赖于互联网数据的大规模收集和处理，通过深度学习等技术实现模型训练和优化。这种方式虽然在某些领域表现出色，但在动态环境中缺乏灵活性和实时性。

具身智能则依赖于动态环境中复杂交互的数据，通过端到端的学习和适应不断优化系统性能。例如，具身智能可以通过柔性材料和被动动力学机制，在机械层面实现能量优化利用。此外，具身智能还能够通过任务分解与执行，将复杂任务分解为子任务并精确执行。

二、人形机器人与工业机器人的通用性与场景适应性差异

（一）工业机器人的局限性

工业机器人在现代制造业中发挥着重要作用，但其功能和应用场景存在一定的局限性。这些局限性主要体现在以下几个方面。

1. 固定的工作环境

工业机器人通常需要在高度结构化的环境中运行，这些环境具有明确的规则和结构，任务目标明确且重复性高。例如，在汽车制造中，工业机器人主要用于焊接、喷涂等标准化流程，这些流程需要精确的工艺和严格的规范。然而，这种高度结构化的环境限制了工业机器人的灵活性和适应性，使其难以应对复杂或非标准化的任务（见图 1–6）。

2. 单一的任务类型

工业机器人通常被设计用于完成特定的任务，如搬运、装配或切割等。

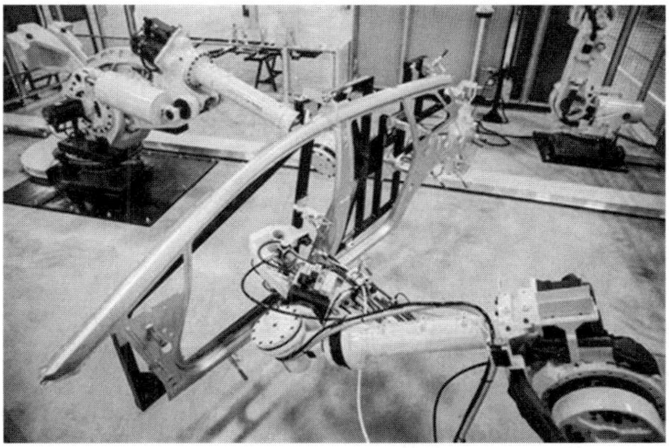

图 1-6　工作中的工业机器人

资料来源：AutoR 公司官网。

它们的自由度较低，通常为 4—6 个关节，无法像人形机器人那样执行复杂多样的动作。这种单一性使得工业机器人在面对多样化需求时显得力不从心，尤其是在需要灵活调整或处理突发情况的场景中。

3. 对环境变化的适应性差

工业机器人依赖预设程序运行，一旦环境发生变化，需要通过工程师重新部署和编程才能适应新的任务。这种高度依赖人工干预的特点限制了其在动态环境中的应用能力，尤其是在需要快速响应和适应新需求的场景中。

4. 成本和技术门槛高

工业机器人的研发和维护成本较高，尤其是对于小型企业和初创企业而言。此外，工业机器人需要专业的操作员进行培训，其部署和编程过程复杂且昂贵。这些因素进一步限制了其在某些领域的普及和应用。

5. 安全性问题

尽管工业机器人能够提高生产效率并减少人力成本，但其安全性问题不容忽视。例如，在处理危险或复杂的任务时，工业机器人可能无法完全替代人类。此外，其在非结构化场景中的表现也存在较大挑战。

6. 灵活性和自主性不足

工业机器人缺乏自主意识和决策能力，只能按照预设程序执行任务。这使得它们在面对复杂任务或需要与人类协作的场景中表现不佳。

工业机器人虽然在特定领域具有显著优势，但其局限性也限制了其在更广泛场景中的应用。相比之下，人形机器人以其更高的灵活性、适应性和通用性，正在逐步弥补工业机器人的不足。

（二）人形机器人的通用性优势

人形机器人因其具身智能和高度灵活性，在多场景适应性方面展现出显著优势。这种优势主要体现在以下几个方面。

1. 多模态交互能力

人形机器人通过集成多种感知和交互技术，能够实现语言、手势、表情等多模态交互，从而与人类进行自然、高效的沟通。例如，人形机器人可以利用语音识别、自然语言处理和面部表情分析等技术，理解人类的指令并作出回应。这种多模态交互能力不仅提升了人形机器人的用户体验，还使其能够更好地融入家庭、医疗和工业等复杂环境（见图 1-7）。

具体来说，人形机器人可以通过语音与用户对话，同时结合手势和表情反馈情感和意图，使交互更加亲切和自然。例如，英国 Engineered Arts 公司开发的人形机器人 Ameca 通过 GPT-4 增强了语言交流能力，能够更好地理解人类的语义和情感。此外，挪威 X1 Technologies 公司的 EVE 实体机器人则通过 ChatGPT 支持的自然语言处理技术，实现了更高级的对话能力。

图 1-7　家庭场景中的人形机器人

资源来源：电影《机器管家》剧照。

2. 动态环境适应性

人形机器人在动态环境中表现出卓越的自主决策和适应能力。这种能力源于其先进的感知系统和人工智能算法，使其能够在复杂场景中灵活调整行为。例如，人形机器人可以通过视觉和传感器实时感知周围环境，并根据动态变化调整行动策略。

具体而言，人形机器人能够在非结构化环境中执行复杂任务。例如，在家庭环境中，人形机器人可以自主导航避开障碍物，完成搬运物品或送餐等任务；在工业环境中，人形机器人能够适应复杂的生产流程，完成装配、检测和组装等高精度任务。此外，人形机器人还可以通过学习和优化行为，提升其在动态环境中的适应能力。

3. 具身智能与泛化能力

人形机器人通过具身智能实现了从专用场景到通用场景的跨越。具身智能是指机器人能够通过感知和行动与物理世界互动，并从中学习和适应。这种能力使得人形机器人能够在多种场景中灵活应用，而无须对现有环境进行大规模改造。

例如，人形机器人可以通过模块化设计快速调整形态和功能，以适应不同的应用场景。此外，人形机器人还具备强大的泛化能力，能够在不同任务之间无缝切换。这种泛化能力不仅降低了开发成本，还提升了人形机器人的实用性和普及性。

4. 人机协作与社会融合

人形机器人的外形和动作模仿人类，使其更容易被人类接受和信任。这种设计不仅提升了人机协作的效率，还增强了机器人在社会中的融合度。例如，在医疗领域，人形机器人可以协助医生完成复杂的手术操作；在教育领域，人形机器人可以作为教学助手，与学生进行互动。

（三）案例分析

人形机器人和工业机器人在应用场景和技术特点上存在显著差异。通过具体案例分析，如特斯拉 Optimus 和本田 ASIMO，可以更清晰地展示这些差异。

1. 特斯拉 Optimus：通用性与灵活性的代表

特斯拉 Optimus 是一款通用型人形机器人，其设计灵感来源于人类，具备高度的灵活性和适应性。Optimus 结合了特斯拉在自动驾驶、AI 技术和硬件制造方面的优势，能够完成复杂任务并适应多种场景。

- **应用场景**：Optimus 在工业场景中表现出色，例如物料装卸、部件组装和包装操作等复杂任务。此外，它还被用于商业和家庭服务领域，如接待、物流配送和陪伴教学。

特斯拉 Optimus 视频展示高难度动作，人形机器人产业化超预期。

- **技术特点**：Optimus 采用无框力矩电机和行星滚柱丝杠，关节自由度高，能够实现精准动作。其控制器基于特斯拉的全自动驾驶（FSD）芯片开发，具备强大的感知和决策能力。

- **通用性**：Optimus 的设计目标是实现通用性，能够在不同场景中快速适应。例如，在工业场景中，它可以通过软件更新实现功能迭代，满足多样化需求。

2. 本田 ASIMO：技术先进但商业化受限

本田 ASIMO 是另一款典型的人形机器人，其技术特点在于高度的自主性和灵活性，但在商业化方面面临挑战。

- **应用场景**：ASIMO 能够完成跳跃、立定跳远、后空翻等高难度动作，并被用于表演、接待和家庭陪伴等场景。然而，其商业化进展较慢，主要原因是成本高昂和技术难点未完全攻克。
- **技术特点**：ASIMO 采用先进的传感器和执行器技术，具备较高的运动控制能力和环境感知能力。然而，其硬件成本较高，且软件端的交互能力和运控平衡能力仍有待提升。
- **局限性**：尽管 ASIMO 的技术先进，但其应用场景相对固定，商业化落地难度较大。这与其高昂的成本和技术复杂性密切相关。

3. 工业机器人的对比

工业机器人通常用于固定场景，如汽车制造、焊接和装配等。它们的特点是高效、稳定，但灵活性较低。

- **应用场景**：工业机器人主要用于重复性任务，如焊接、喷涂和搬运等。
- **技术特点**：工业机器人依赖于固定的程序和传感器，运动控制较为简单，成本较低。
- **局限性**：工业机器人无法适应复杂或动态的环境，其应用场景相对单一。

三、具身智能的未来发展方向

（一）技术突破与挑战

具身智能的发展高度依赖于技术突破，尤其在感知技术和控制算法方面。未来，具身智能有望在传感器精度提升、运动控制算法优化等方面取得显著进展，但同时也面临着诸多挑战。

1. 感知技术的进化

感知技术是具身智能的基础，其核心在于通过视觉、触觉等传感器获取环境信息，并实现对复杂环境的精准理解。未来，感知技术的发展将呈现以下趋势。

- **视觉传感器的升级**：视觉传感器是具身智能的关键部件之一。未来，视觉传感器将朝着更高分辨率、更低延迟和更强环境适应性的方向发展。例如，类脑视觉传感器能够模拟人类视觉系统，具备更高的动态范围和更低的功耗。此外，多模态视觉系统将融合深度相机、激光雷达等技术，进一步提升机器人对复杂环境的三维感知能力。
- **触觉传感器的进步**：触觉传感器的发展将更加注重高灵敏度和高分辨率，以实现对物体表面特性的精准感知。未来，基于柔性材料和微纳技术的触觉传感器有望实现与人类皮肤类似的触觉反馈能力。例如，通过模拟人类皮肤的多层结构，触觉传感器可以感知压力、温度和纹理等多种信息，从而支持机器人在复杂任务中的精准操作。
- **多模态感知融合**：未来，具身智能将更加依赖多模态感知技术，即融合视觉、触觉、听觉等多种传感器的信息。这种融合能够显著提升机器人对环境的理解能力，使其在复杂场景中表现出更强的适应性和灵活性。

2. 控制算法的优化

控制算法是具身智能实现自主行动的核心，其优化方向主要集中在强化学习和模仿学习等技术的应用上。

- **强化学习的应用**：强化学习通过让机器人在环境中自主探索，根据奖励信号优化行为策略。未来，强化学习将更加注重算法的效率和稳定性。例如，通过引入深度强化学习，机器人可以在复杂环境中快速学习最优路径。此外，基于模型的强化学习方法将通过环境模拟和预测，进一步提升其学习效率。
- **模仿学习的突破**：模仿学习通过让机器人学习人类的示范行为，快速掌握复杂任务。未来，模仿学习将更加注重从少量示范数据中快速学习的能力。例如，通过结合生成对抗网络（GAN）和模仿学习，机器人可以在有限的示范数据下生成多样化的动作。此外，跨领域模仿学习技术将使机器人能够将从一个任务中学到的知识迁移到其他任务中。
- **混合学习方法的融合**：未来，强化学习和模仿学习将不再是孤立的技术，而是通过混合学习方法实现优势互补。例如，通过模仿学习提供初始策略，再利用强化学习进行优化，机器人可以在复杂任务中表现出更高的性能（见表 1–1）。

表 1–1　具身智能感知技术与控制算法的未来发展方向

技术领域	发展方向	关键技术	应用实例
视觉感知	高分辨率、低延迟	类脑视觉传感器、多模态视觉系统	机器人导航、物体识别
触觉感知	高灵敏度、多模态融合	柔性触觉传感器、微纳技术	精密操作、环境适应
控制算法	强化学习	深度强化学习、基于模型的强化学习	自主路径规划、复杂任务优化
控制算法	模仿学习	生成对抗网络、跨领域学习	任务迁移、快速学习

具身智能在未来的发展中，感知技术将朝着更高精度、多模态融合的方向发展，而控制算法将通过强化学习和模仿学习的结合，显著提升机器人的自主行动能力。这些技术突破将为具身智能在复杂环境中的应用奠定坚实基础，同时也将推动其在更多领域的广泛应用。

（二）应用场景拓展

具身智能技术的快速发展为人形机器人在未来多个领域的广泛应用奠定了基础。以下将从家庭服务、医疗护理和工业自动化三个主要场景，探讨人形机器人的未来应用前景。

1. 家庭服务

在家庭服务领域，人形机器人将成为人类生活的重要助手，提供全方位的智能服务。随着技术的进步，人形机器人将具备更强的感知和交互能力，能够执行复杂的家务任务，如清洁、烹饪、物品搬运等。例如，谷歌公司和斯坦福大学联合推出的家务服务机器人 MobileALOHA2，能够模拟人类双手进行备菜、翻炒、洗衣、逗猫、浇花等多种家务。

此外，人形机器人还将承担情感陪伴的角色，满足老年人和儿童的情感需求。日本的 LOVOT 机器人已通过情感交互功能，为老年人和儿童提供陪伴服务，帮助其缓解孤独感。未来，人形机器人有望成为家庭中不可或缺的成员，提供定制化的服务，满足不同家庭成员的需求。

2. 医疗护理

在医疗护理领域，人形机器人将发挥重要作用，尤其是在应对老龄化社会的挑战中。具身智能技术能够使机器人提供拟人化的交互服务，提升老年人的生活质量。例如，日本 AIST 公司推出的 Paro 治疗机器人，外形像海豹，能够为老年人提供情感支持，缓解其焦虑和孤独感。

此外，人形机器人还可以用于康复训练和医疗辅助。例如，捷迈邦美公司推出的 ROSA®Shoulder 系统，能够辅助外科医生进行肩关节置换手术，提高手术的精确性和安全性。未来，人形机器人有望在更多医疗场景中落地，如病房护理、康复指导等，减轻医护人员的工作负担。

3. 工业自动化

在工业自动化领域，人形机器人将逐步实现从单机自主到群体智能的进化，推动智能制造的高阶发展。例如，深圳优必选公司（以下简称优必选）在极氪 5G 智慧工厂开展全球首例多台人形机器人协同实训，探索人形机器人群体作业的解决方案。通过群体智能技术，人形机器人能够完成复杂的生产任务，如大负载搬运、多任务协同等。

此外，人形机器人还可以用于危险环境作业，如核电站、火灾现场等，替代人类完成高风险任务。随着技术的成熟，人形机器人将在工业领域实现规模化应用，提升生产效率和安全性。

（三）伦理与社会影响

具身智能的快速发展不仅带来了技术上的突破，也引发了诸多伦理和社会层面的思考。其广泛应用可能会对人类社会产生深远的影响，尤其是在隐私保护和人机关系方面。以下将简要探讨这些问题，并为后续章节的深入讨论埋下伏笔。

1. 隐私保护问题

具身智能系统通过传感器和数据处理技术，能够收集和分析大量的个人信息，这在提升其服务效率和用户体验的同时，也引发了隐私保护的担忧。例如，家庭中的智能助手可能会记录用户的日常习惯、健康状况甚至情绪状态。这些信息的收集和处理不仅涉及个人隐私，还可能被用于商业目的或被第三方滥用。

此外，具身智能系统在数据收集过程中可能会模糊人机边界，导致隐私风险的增加。例如，摄像头和麦克风等传感器可能在不经意间记录下用户不愿被知晓的私人生活细节。因此，如何在技术应用中平衡隐私保护与数据利用，将是未来需要重点关注的问题。

2. 人机关系的重塑

具身智能的发展将深刻改变人机关系。随着机器人和智能系统越来越多地融入人类生活，人类对机器的依赖程度可能会增加。这种依赖可能导致人类失去一些基本技能，甚至影响人类的自主性和独立性。例如，在教育、医疗和家庭服务等领域，过度依赖具身智能系统有可能会削弱人类的自我决策能力。

此外，具身智能的广泛应用还可能引发社会关系的转变。一方面，机器人和AI伴侣的普及可能会减少人与人之间的直接互动，导致社会孤立和“数字孤独感”的加剧；另一方面，不同群体对具身智能技术的获取能力差异可能会加剧社会不平等。

3. 法律与责任归属问题

具身智能的自主性和决策能力也对现有的法律框架提出了挑战。例如，当具身智能系统导致伤害或作出错误决策时，传统的法律框架难以明确责任归属。这种复杂性不仅体现在技术层面，还涉及伦理和道德层面的考量。因此，制定新的法律法规和伦理准则以规范具身智能的发展和应用，将是我们在未来的重要任务。

四、小结

具身智能作为人工智能领域的一个新兴范式，正逐渐改变我们对智能的理解和应用方式。它强调智能行为的实现离不开物理身体与环境的交互，通过“感知–行动”闭环实现自主决策和适应性行为。这一理念不仅为技术发展提供了新的方向，也为解决复杂现实问题提供了新的思路。

在本节中，我们首先探讨了具身智能的内涵，分析了其理论基础、核心特征以及与传统人工智能的区别。具身智能基于具身认知理论，通过感知和行动的动态交互实现智能行为，强调身体结构与环境交互的重要性。与传统 AI 相比，具身智能在技术架构和应用场景上展现出更强的适应性和灵活性。

接着，我们详细讨论了具身智能在人形机器人中的具体体现，包括感知技术与行动控制的构建。通过多模态感知和动态平衡控制，人形机器人能够在复杂环境中实现自主导航、实时避障和任务执行。此外，人形机器人在通用性和场景适应性方面相比传统工业机器人具有显著优势，能够更好地应对多样化和动态化的任务需求。

在探讨具身智能的未来发展方向时，我们重点关注了其面临的技术突破与挑战、应用场景拓展以及伦理与社会影响。技术上，感知技术的进化和控制算法的优化将为人形机器人的发展提供强大支持；应用上，家庭服务、医疗护理和工业自动化等领域将成为具身智能的重要应用场景；伦理上，隐私保护、人机关系重塑以及法律与责任归属问题将成为未来需要重点关注的方向。

具身智能的发展不仅推动了技术的进步，也引发了人们对社会和伦理层面的深刻思考。随着技术的不断成熟和应用场景的拓展，具身智能有望在更多领域实现突破，为人类社会带来深远的影响。然而，如何在技术发展的同时平衡伦理和社会责任，将是未来研究和实践的重要课题。通过对具身智能的深入剖析，我们为后续章节关于人形机器人技术、应用和社会影响的讨论奠定了坚实的理论基础。

参考文献

[1] 新浪财经．人形机器人发展面临的挑战及未来趋势研判［EB/OL］.

2025-03-03 [2025-06-23]. https://finance.sina.com.cn/jjxw/2025-03-03/doc-ineniuqs0982933.shtml.

[2] 澎湃新闻 . 人形机器人——未来社会的兼容性与效率的双重探索 [EB/OL]. 2024-07-08 [2025-06-23]. https://www.thepaper.cn/newsDetail_forward_27996805.

[3] 投中网 . 具身智能与人形机器人在 AGI 时代的融合与突破 [EB/OL]. 2024-10-23 [2025-06-23]. https://www.chinaventure.com.cn/news/108-20241023-383516.html.

[4] Kajita, S. 人形机器人（原书第 2 版）[M]. 冷春涛，曹旸，曹其新，译 . 北京：机械工业出版社，2024.

[5] BRÖHL C, NELLES J, BRANDL C, MERTENS A, NITSCH V. Human - Robot Collaboration Acceptance Model: Development and Comparison for Germany, Japan, China and the USA [J]. International Journal of Social Robotics, 2019, 11(4): 709 - 726.

[6] DIANA F, KAWAHARA M, SACCARDI I, HORTENSIUS R, TANAKA A, KRET ME. A Cross-Cultural Comparison on Implicit and Explicit Attitudes Towards Artificial Agents [J]. International Journal of Social Robotics, 2023, 15(4): 1439 - 1455.

[7] TROVATO G, ZECCA M, SESSA S, JAMONE L, HAM J, HASHIMOTO K, TAKANISHI A. Cross-cultural study on human-robot greeting interaction: Acceptance and discomfort by Egyptians and Japanese [J]. PALADYN Journal of Behavioral Robotics, 2013, 4(2): 83 - 93.

[8] 中国仿真学会 . 人形机器人的主要研究方向 [EB/OL]. 2024-11-07 [2025-06-23]. http://www.csf-sim.org.cn/showNewsDetail.asp?nsId=1507.

[9] 工业和信息化部 . 人形机器人创新发展指导意见 [R]. 工信部科

［2024］193 号，2024-10-20.

［10］ 刘志毅．具身智能［M］. 北京：中译出版社，2024-07.

［11］ 魏屹东．人工认知的具身性与离身认知策略［J］. 认知科学，2024，2(2)：34-58.

［12］ 中国机电一体化技术应用协会．人形机器人智能感知与运动控制技术规范：征求意见稿［S］. 2024-11-27.

［13］ 强欢．六自由度机械臂关节模块化技术研究［D］. 北京：北京理工大学，2015-01.

第2章 历史演进与全球竞争格局

第1节 发展历程

从早期的工业自动化到如今的人形机器人崛起，这一领域经历了从概念萌芽到技术突破的深刻变革。20 世纪 60 年代至 21 世纪初，人形机器人与工业机器人在技术探索和商业化应用中逐步成长，奠定了现代机器人技术的基础。进入 21 世纪，随着人工智能、多模态大模型以及硬件技术的飞速发展，机器人技术迎来了新的技术拐点。本节将深入探讨人形机器人与工业机器人从早期探索到技术突破，再到未来融合发展的历程，揭示这一领域如何在技术创新与市场需求的双重驱动下，塑造未来智能社会的新格局。

一、早期探索（20 世纪 60 年代至 21 世纪初）：人形机器人与工业机器人的起步与发展

（一）人形机器人的早期尝试

1. 20 世纪 60 年代至 80 年代：概念萌芽与初步探索

（1）早期人形机器人项目：技术局限与初步功能实现

在 20 世纪 60 年代至 80 年代，人形机器人的概念开始萌芽。1966 年，

美国斯坦福研究院开发了世界上第一台移动机器人 Shakey。Shakey 被视为早期人形机器人的雏形，它具备基本的移动和感知能力，能够通过视觉传感器和逻辑推理系统完成简单的任务，如移动物体和避开障碍物。然而，由于当时的技术限制，Shakey 的性能并不理想。其计算能力有限，处理速度缓慢，且传感器精度较低，导致其运动控制和环境感知能力明显不足。

（2）日本在人形机器人领域的早期布局：政府支持与高校研究的推动

与此同时，日本在人形机器人领域也开始了早期布局。20 世纪 70 年代，日本政府意识到机器人技术在未来工业和社会中的重要性，开始通过政策和资金支持相关研究。日本的高校和科研机构在这一时期发挥了重要作用，例如东京大学和早稻田大学等高校相继开展了人形机器人项目。早稻田大学的加藤一郎教授团队开发了多款人形机器人原型，如 WABOT-1，它能够进行简单的行走和手势动作。这些早期项目为日本在人形机器人领域的后续发展奠定了基础。

（3）早期人形机器人的技术瓶颈：动力、控制与材料的限制

早期人形机器人面临诸多技术瓶颈，主要包括动力系统、控制系统和材料选择。首先，动力系统方面，当时的电池技术无法提供足够的能量密度，导致机器人续航能力有限。其次，控制系统技术尚未成熟，计算机处理能力不足，无法实现复杂的运动控制和环境感知。此外，材料方面，早期机器人大多采用金属材料，导致机器人自重大、运动惯性大、能耗高。例如，碳纤维等轻量化材料尚未广泛应用，限制了机器人的灵活性和能效（见表 2-1）。

表 2-1　早期人形机器人的技术瓶颈

技术瓶颈	问题描述	影响
动力系统	电池能量密度低	续航能力不足
控制系统	计算能力不足	运动控制复杂性受限
材料选择	金属材料自重大	运动惯性大、能耗高

20 世纪 60 年代至 80 年代是人形机器人概念萌芽和初步探索的阶段，尽管取得了一些初步成果，但技术局限性明显。这一时期的技术瓶颈为后续的技术突破和产业发展提供了重要的研究方向。

2. 20 世纪 80 年代至 21 世纪初：技术突破与商业化尝试

（1）日本本田 ASIMO 的诞生：双足行走技术的突破与全球影响力

20 世纪 80 年代至 21 世纪初，人形机器人技术取得了显著突破，其中最具代表性的项目之一是日本本田公司研发的机器人 ASIMO。ASIMO 于 2000 年正式发布，并在随后的十几年内不断迭代升级。

ASIMO 的核心技术突破在于其双足行走能力。它采用了零力矩点（ZMP）控制理论，能够在各种地形上保持平衡，并实现稳定的双足步行、上下楼梯、单脚跳跃等功能。此外，ASIMO 还具备智能交互与环境感知能力，配备立体摄像头、声波传感器和激光测距仪，能够识别人脸、手势和语音指令。

ASIMO 不仅在技术上取得了突破，还在全球范围内产生了深远的影响力。它被广泛应用于展示和教育场景，成为人形机器人技术的标志性产品。例如，ASIMO 曾在 2014 年与美国总统奥巴马互动，展示了其在人机交互方面的先进性。

（2）其他代表性项目：索尼 QRIO、法国 NAO 机器人等

除了 ASIMO，这一时期还出现了其他具有代表性的项目。例如，索尼公司在 2003 年推出了机器人 QRIO，它是世界上首款能够跑步的双足机器人。QRIO 采用了先进的电机和控制电路一体化技术，能够实现跳跃和快速行走。

法国 Aldebaran Robotics 公司[1]的机器人 NAO 则是另一款具有广泛影响的人形机器人。NAO 具备 25 个自由度，能够模仿人类动作，并通过双目视觉系统进行人脸追踪。它还支持多种交互功能，如语音对话、手势识别和情感表达（见表 2-2）。

---

[1] 2015 年，该公司被日本软银集团收购。——编者注

表2-2　20世纪80年代至21世纪初代表性人形机器人项目

项目名称	开发机构	发布时间	主要技术特点	应用场景
ASIMO	本田公司	2000年	双足行走、平衡控制、智能交互	展示、教育、科研
QRIO	索尼公司	2003年	双足跑步、跳跃能力	展示、教育
NAO	Aldebaran Robotics公司	2006年	多自由度动作、视觉交互	教育、娱乐、科研

（3）早期人形机器人的应用场景探索：教育、娱乐与科研

在这一时期，人形机器人逐渐从实验室走向实际应用。其主要应用场景包括教育、娱乐和科研领域。

- **教育领域**：机器人NAO被广泛应用于特殊教育领域，如孤独症儿童的辅助治疗。它还作为教学助手，帮助学生理解机器人技术、计算机科学和人机交互等知识。
- **娱乐领域**：人形机器人如QRIO和NAO被用于舞台表演、游戏互动和展厅讲解。例如，机器人NAO能够主持节目、与观众互动，甚至参与舞蹈表演。
- **科研领域**：人形机器人成为研究多领域课题的重要平台，包括机器人技术、人工智能、人机交互和社会科学。例如，ASIMO和QRIO的开发推动了机器人双足行走技术和智能交互技术的研究。

20世纪80年代至21世纪初是人形机器人技术突破与商业化尝试的关键时期。以本田ASIMO、索尼QRIO和法国NAO机器人为代表的项目，不仅在技术上取得了显著进步，还在教育、娱乐和科研等领域进行了广泛的应用探索。这些成果为人形机器人的未来发展奠定了坚实的基础。

（二）工业机器人的崛起

1. 20 世纪 60 年代至 80 年代：工业机器人的黄金时代

（1）工业机器人技术的起源与发展：从 Unimate 到多关节机械臂

工业机器人的起源可以追溯到 20 世纪 60 年代初。1961 年，美国工程师乔治·德沃尔（George Devol）和约瑟夫·恩格尔伯格（Joseph Engelberger）合作开发了世界上第一台工业机器人——Unimate。Unimate 最初被应用于通用汽车的生产线，用于执行简单的重复性任务，如搬运和焊接。它的出现标志着工业机器人技术的诞生，并开启了自动化生产的先河。

随后，工业机器人技术迅速发展。20 世纪 70 年代，随着计算机技术的进步和机械设计的优化，多关节机械臂逐渐成为工业机器人的主流形式。多关节机械臂具有更高的灵活性和适应性，能够完成更复杂的任务，如装配、喷漆和物料搬运等。例如，ABB、库卡（Kuka）等公司相继推出了多关节机器人产品，广泛应用于汽车制造等工业领域（见表 2-3）。

表 2-3　早期工业机器人

时间	技术里程碑	代表性产品
1961 年	第一台工业机器人 Unimate 诞生	Unimate
20 世纪 70 年代	多关节机械臂技术成熟	ABB、库卡多关节机器人

（2）美国、日本与欧洲在工业机器人领域的竞争格局

20 世纪 60 年代至 80 年代，工业机器人在全球范围内迅速发展，形成了美国、日本和欧洲三足鼎立的竞争格局。

- **美国**：作为工业机器人的发源地，美国在早期的技术研发和应用方面占据领先地位。Unimate 的成功应用为其后续机器人技术的发展奠定了基础。然而，随着日本和欧洲的崛起，美国在工业机器人的市场份额逐渐被超越。
- **日本**：20 世纪 70 年代，日本开始大规模引进和研发工业机器人。

1980 年被称为日本的“机器人元年”，此后工业机器人在日本迅速普及。日本企业如发那科（Fanuc）、安川电机（Yaskawa）等在机器人技术上不断创新，逐渐成为全球市场的领导者。

- **欧洲：**欧洲在工业机器人领域也取得了显著成就。瑞典的 ABB 和德国的库卡是欧洲的代表企业，它们在机器人本体设计、控制系统和应用开发方面处于世界领先水平。

（3）工业机器人在汽车制造中的广泛应用：效率提升与成本降低

在 20 世纪 60 年代至 80 年代，工业机器人在汽车制造领域的应用成为其快速发展的主要驱动力。汽车制造业对生产效率和产品质量的高要求，使得工业机器人成为理想的解决方案。

- **效率提升：**工业机器人能够实现 24 小时不间断工作，在重复性任务中表现出极高的精度和稳定性。例如，焊接机器人可以将焊接速度提高数倍，同时减少人为误差。
- **成本降低：**虽然机器人的初始投资较高，但其长期运行成本较低。机器人可以减少人工成本，同时提高生产效率，从而显著降低单位产品的制造成本。

20 世纪 60 年代至 80 年代是工业机器人的黄金时代。从 Unimate 的诞生到多关节机械臂的广泛应用，工业机器人技术取得了飞速发展。美国、日本和欧洲在全球范围内形成了三足鼎立的竞争格局。而其在汽车制造领域的广泛应用则进一步推动了工业机器人技术的成熟和普及。这一时期的技术进步和应用拓展，为后续工业机器人在全球制造业中的广泛应用奠定了坚实基础。

2. 20 世纪 80 年代至 21 世纪初：技术成熟与全球化扩张

（1）工业机器人技术的标准化与模块化：减速器、电机等核心部件的突破

20 世纪 80 年代至 21 世纪初，工业机器人技术逐渐走向成熟，标准化和模块化成为这一时期的重要特征。核心零部件的技术突破，尤其是减速器和

电机的改进，极大地推动了工业机器人的性能提升和成本降低。

- **减速器技术突破：**减速器是工业机器人实现高精度运动的关键部件，RV 减速器和谐波减速器成为主流技术。RV 减速器适用于多关节机器人的机座、大臂和肩部，而谐波减速器则广泛应用于小臂、腕部和手部。这一时期，日本的纳博特斯克（Nabtesco）和哈默纳科（Harmonic）在全球减速器市场占据主导地位。
- **电机技术发展：**伺服电机作为工业机器人的动力源，其性能直接影响机器人的响应速度和精度。安川电机公司凭借其在伺服电机领域的深厚积累，成为全球领先的伺服电机供应商。同时，发那科和 ABB 等公司也通过自主研发或外部合作，掌握了高性能电机技术。
- **模块化设计：**模块化设计使得工业机器人能够根据不同的应用场景快速定制和组装。这种设计不仅降低了生产成本，还提高了机器人的可靠性和可维护性。

（2）全球工业机器人市场格局形成：ABB、发那科、安川电机、库卡“四大家族”的崛起

20 世纪 80 年代至 21 世纪初，全球工业机器人市场逐渐形成了以 ABB、发那科、安川电机和库卡为代表的“四大家族”主导的竞争格局，见表 2–4。

表 2–4　工业机器人“四大家族”

企业	技术优势	市场地位	核心产品
ABB	运动控制算法领先，集成应用能力强	全球工业自动化领域的领导者	多关节机器人、SCARA 机器人
发那科	高精度数控系统，重复定位精度高	全球最大的机器人制造商之一	小型高精度机器人
安川电机	伺服电机技术领先，负载大、稳定性高	日本最大的工业机器人公司	重负载机器人、焊接机器人
库卡	重负载机器人性能优异，集成应用经验丰富	汽车领域的重要供应商	重负载机器人、系统集成解决方案

“四大家族”通过掌握核心零部件技术、优化产业链布局，实现了从零

部件生产到机器人本体制造再到系统集成的全产业链覆盖。它们在全球市场中占据主导地位，尤其在汽车、电子等高端制造领域，市场份额超过 50%。

（3）工业机器人在新兴制造业中的应用拓展：电子、化工等领域

随着技术的成熟和成本的降低，工业机器人在新兴制造业中的应用不断拓展，尤其是在电子制造业和化工领域。

- **电子制造业：**工业机器人在电子产品的组装、印刷电路板的制造和检测、芯片生产等工艺中发挥重要作用。例如，发那科的高精度机器人被广泛应用于电子产品的精细组装，显著提高了生产效率和产品质量。
- **化工领域：**工业机器人在化工行业的应用主要集中在危险环境作业、物料搬运和自动化生产线上。ABB 和库卡等企业的机器人凭借其高可靠性和负载能力，成为化工行业的首选。

20 世纪 80 年代至 21 世纪初，工业机器人技术的标准化和模块化推动了其在全球范围内的广泛应用。减速器和电机等核心部件的技术突破，使得工业机器人在性能和成本上更具竞争力。ABB、发那科、安川电机和库卡“四大家族”的崛起，标志着全球工业机器人市场格局的形成。同时，工业机器人在电子、化工等新兴制造业中的应用不断拓展，进一步推动了全球制造业的自动化和智能化发展。

二、技术拐点（21 世纪 20 年代）：AI 大模型与硬件突破的双重驱动

（一）AI 技术的融合与突破

1. 多模态大模型的崛起

（1）GPT 系列、DeepSeek 等大模型在人形机器人中的应用：指令理解与任务规划

近年来，多模态大模型如 GPT 系列、DeepSeek 等在人形机器人领域的

应用逐渐兴起。这些大模型通过整合视觉、语言和动作等多种模态信息，显著提升了人形机器人的指令理解和任务规划能力。例如，OpenAI 的 GPT 模型被用于机器人控制场景中，通过自然语言指令实现任务的拆解和代码生成。此外，DeepMind 等公司也在探索如何将多模态感知与决策能力融入人形机器人，以实现更复杂的任务执行。

（2）大模型技术如何赋能人形机器人：从感知到决策的全面升级

多模态大模型通过以下方式赋能人形机器人。

- **感知能力提升**：大模型结合计算机视觉和语言理解技术，能够更全面地感知环境。例如，通过多模态 Transformer 和 Cross-attention 技术，机器人可以融合视觉、语音和文本信息，实现更精准的场景理解。
- **决策能力增强**：大模型通过知识图谱和逻辑推理技术，提升了机器人的决策能力。例如，IBM Watson 利用知识库实现强大的问答和逻辑推理能力。
- **动作规划优化**：大模型能够生成动作序列，实现从感知到执行的闭环控制。例如，特斯拉的 Optimus 通过复用其自动驾驶芯片，实现了多模态信息输入和实时行为控制。

2. AI 技术对人形机器人通用性的影响

（1）从单一任务到多任务的泛化能力：AI 大模型的赋能作用

AI 大模型通过大规模数据训练和多任务学习，显著提升了人形机器人的泛化能力。例如，RoboData 数据集通过整合多个任务的数据集，为机器人操作提供了统一的基准。这种泛化能力使得人形机器人能够适应多种任务，而不仅仅是单一的、特定的任务。

（2）人形机器人在复杂环境中的适应性提升：AI 技术的实时性与动态性

AI 技术通过实时感知和动态决策，提升了人形机器人在复杂环境中的适应性。例如，人形机器人通过多模态感知技术，能够在不同光照、复杂地形和多样化人类行为的场景中进行操作。此外，AI 技术还通过强化学习和主动学习，使机器人能够主动询问未知环境信息，减少感知不确定性。

AI 大模型与硬件突破的双重驱动为人形机器人带来了技术拐点。多模态大模型的崛起，使得人形机器人在指令理解、任务规划、感知和决策等方面实现了全面升级。AI 技术不仅提升了人形机器人的泛化能力，使其能够适应多任务场景，还增强了其在复杂环境中的适应性。这些技术进步为人形机器人的通用性和智能化发展奠定了坚实基础。

（二）硬件技术的突破

1. 执行器与感知系统的技术革新

（1）高精度减速器、无框电机与行星滚柱丝杠的应用：运动控制的精度提升

近年来，人形机器人在执行器领域的技术革新显著提升了其运动控制的精度。以下是关键硬件技术的突破。

- **高精度减速器**：减速器是人形机器人硬件成本的重要组成部分，占机器人成本的 11%~36%。谐波减速器和 RV 减速器是当前主流技术，其中绿的谐波作为国内生产谐波减速器的龙头企业，其产品已应用于特斯拉 Optimus 和华为机器人。
- **无框电机**：无框力矩电机是人形机器人关节的核心动力部件，具有高扭矩密度和高效率的特点。步科股份和雷赛智能是该领域的核心供应商。
- **行星滚柱丝杠**：行星滚柱丝杠是特斯拉 Optimus 关节的核心部件，具有高负载、高精度和长寿命的特点。其单机价值量占比为 10%~15%，技术壁垒极高。鼎智科技是特斯拉 Optimus 反向式丝杠的核心供应商。

这些技术的结合，使人形机器人的运动控制精度大幅提升，能够实现更

复杂的动作和任务。

（2）六维力觉传感器、电子皮肤与视觉定位技术：多模态感知的实现

人形机器人感知系统的升级是其智能化的关键。以下是多模态感知技术的突破。

- **六维力觉传感器**：六维力 / 力矩传感器是人形机器人感知交互的核心部件，单机需求量为 10~20 个。柯力传感是国内生产应变式传感器的龙头企业，其自主研发的六维力传感器已应用于华为和优必选的机器人。
- **电子皮肤**：电子皮肤通过柔性材料和传感器阵列，赋予机器人类似人类皮肤的触觉感知能力。例如，中国科学技术大学研发的灵巧手通过电子皮肤实现了对物体表面湿滑、温度等信息的实时感知。
- **视觉定位技术**：视觉定位技术通过高精度摄像头和 AI 算法，实现机器人对环境的实时感知和定位。优必选的机器人 Walker S1 创新应用了跨场域纯视觉感知技术，能够在复杂场景中实现对动态目标的连续感知与跟踪。

这些技术的融合使人形机器人能够实现多模态感知，显著提升了其在复杂环境中的交互能力。

2. 硬件突破对人形机器人场景适应性的提升

（1）灵巧操作能力的增强：手部与关节技术的进步

人形机器人灵巧操作能力的提升主要得益于手部和关节技术的进步。

- **灵巧手技术**：中国科学技术大学研发的 19 自由度仿生灵巧手通过微型驱动技术、柔性材料和多模态感知系统，实现了接近真人手部的灵活度。该灵巧手能够完成直径 0.5 毫米的微小物体抓取和不规则物体的自适应包裹。
- **关节技术**：特斯拉人形机器人的旋转执行器采用“无框电机 + 谐波减速器 + 行星滚柱丝杠”的三级传动方案，显著提升了关节的负载能力

和运动精度。

这些技术进步使人形机器人在灵巧操作方面取得了重大突破，能够胜任更多复杂的任务。

（2）人形机器人在复杂任务中的应用拓展：从实验室到实际场景

硬件技术的突破推动了人形机器人从实验室走向实际应用场景的拓展。

- **工业场景**：优必选的机器人 Walker S1 在极氪 5G 智慧工厂展开协同实训，成功实现了协同分拣、搬运和精密装配等多任务协同作业。通过多模态推理大模型和群体智能技术，机器人能够在复杂工业场景中高效决策和自适应优化。
- **服务场景**：人形机器人在服务领域的应用也在不断拓展，如餐饮服务、物流配送和家庭服务等。灵巧手和多模态感知技术的提升，使人形机器人能够更好地适应这些场景中的多样化任务。

人形机器人硬件技术的突破显著提升了其运动控制精度和多模态感知能力。高精度减速器、无框电机和行星滚柱丝杠的应用，使人形机器人在运动控制方面更加精准和高效；六维力觉传感器、电子皮肤和视觉定位技术的融合，实现了多模态感知的全面升级。这些硬件技术的突破不仅增强了人形机器人的灵巧操作能力，还推动了其在复杂任务中的应用拓展，从实验室走向工业、服务等实际场景，为人形机器人的商业化和普及化奠定了坚实基础。

（三）特斯拉 Optimus 的产业引爆效应

1. 特斯拉 Optimus 的诞生背景

（1）特斯拉在自动驾驶与 AI 领域的技术积累：从汽车到人形机器人的技术延伸

特斯拉在自动驾驶和 AI 领域的深厚技术积累为其人形机器人 Optimus 的诞生奠定了坚实基础。特斯拉通过其自动驾驶系统（FSD）积累了大量智能硬件开发经验，包括感知、决策和控制等核心技术。此外，特斯拉的 Dojo 超级计算平台和自研芯片为 AI 模型的训练和部署提供了强大的算力支持。这些技术优势使得特斯拉能够将自动驾驶领域的工程化经验快速迁移到人形机器人领域，加速 Optimus 的研发和迭代。

（2）Optimus 项目的战略意义：马斯克的“通用机器人”愿景

Optimus 项目是特斯拉创始人埃隆·马斯克提出的“通用机器人”愿景的重要组成部分。马斯克认为，人形机器人将成为未来社会的重要生产力，Optimus 不仅能够承担重复性劳动，还能在复杂环境中实现自主决策。此外，Optimus 的研发也体现了特斯拉通过“具身智能”推动人工智能发展的战略目标。

2. Optimus 的技术特点与创新

（1）无框电机与行星滚柱丝杠的组合：执行器技术的突破

Optimus 在执行器技术上实现了重大突破，采用了无框力矩电机和行星滚柱丝杠的组合。这种设计不仅提高了机器人的运动精度和负载能力，还通过优化材料和结构实现了成本降低。例如，Optimus 的线性执行器配置包括无框力矩电机、行星滚柱丝杠、力传感器和编码器，能够实现高精度的运动控制。

（2）基于 FSD 芯片的“大脑”架构：多模态大模型的集成

Optimus 的“大脑”架构基于特斯拉的 FSD 芯片，集成了多模态大模型。特斯拉通过其自研的 Grok 系列模型，为 Optimus 提供了强大的感知和推理能力。这种架构使得 Optimus 能够在复杂环境中实现自主导航、物体识别和任务规划，显著提升了其智能化水平。

3. Optimus 对人形机器人产业的推动作用

（1）从实验室到量产的可行性验证：Optimus 的示范效应

Optimus 的开发和迭代为全球人形机器人产业提供了从实验室到量产的可行性验证。特斯拉计划在 2025 年实现 Optimus 的量产，并逐步扩大生产规模。这一示范效应不仅加速了人形机器人从概念到产品的转化，还为其他企业提供了宝贵的经验和参考。

（2）产业链上下游的激活：核心零部件与供应链的发展

Optimus 的开发激活了人形机器人产业链上下游的发展。特斯拉通过复用其汽车供应链体系，降低了硬件成本。例如，Optimus 的核心零部件供应商包括绿的谐波（谐波减速器）、步科股份（无框力矩电机）和汇川技术（伺服电机）。此外，特斯拉的量产计划也推动了国产零部件供应商的技术突破和市场拓展。

特斯拉 Optimus 的诞生不仅是其自动驾驶和 AI 技术积累的自然延伸，更是马斯克“通用机器人”愿景的重要体现。Optimus 在执行器技术和多模态大模型集成方面的创新，为人形机器人产业树立了新的标杆。其从实验室到量产的示范效应，以及对产业链上下游的激活作用，将推动人形机器人产业进入快速发展的新阶段。

三、未来展望：人形机器人与工业机器人的融合发展

（一）人形机器人的未来方向

1. 通用性与场景适应性的持续提升

（1）从工业场景到家庭服务：人形机器人的多场景应用拓展

人形机器人在未来将广泛应用于工业、家庭、医疗等多个领域。在工业场景中，人形机器人通过群体智能技术实现多机协同作业，能够完成仓储物流、精密装配、货架整理等任务。例如，Figure AI 公司（以下简称 Figure AI）的机器人通过视觉–语言–动作（VLA）模型 Helix，实现了根据自然语言指令完成复杂任务的能力。此外，人形机器人在家庭场景中的应用也在加速推进，预计到 2025 年年底，Figure AI 将推出家庭版人形机器人，具备烹饪辅助、物

品整理和老人监护等功能。

（2）人形机器人在高危作业、医疗护理等领域的潜力

人形机器人在高危作业和医疗护理领域的应用潜力巨大。在高危环境中，人形机器人可以替代人类完成核电站巡检、火灾救援、灾害搜救等任务。在医疗领域，人形机器人能够提供康复训练、手术辅助、老年人护理等服务。例如，医疗陪护机器人和康复机器人将成为未来医疗领域的重要组成部分。

2. 技术融合与生态化发展

（1）硬件、软件与系统的深度融合：人形机器人的技术发展趋势

未来人形机器人将实现硬件、软件与系统的深度融合。硬件方面，行星滚柱丝杠、无框力矩电机等核心部件的国产化率不断提升，降低了人形机器人的成本并提高了性能。软件方面，AI 大模型如 DeepSeek-R1 通过强化学习优化人形机器人的运动控制功能，使其推理性能显著提升。系统方面，人形机器人将通过 EtherCAT 总线等技术实现高效通信和分布式控制。

（2）生态整合：从硬件制造到软件服务的全产业链布局

人形机器人产业将从硬件制造向软件服务延伸，形成全产业链布局。硬件厂商如绿的谐波、新剑传动等在核心零部件领域加速国产替代。软件服务方面，AI 大模型与具身智能的结合将推动人形机器人在更多场景中的应用。例如，Figure AI 通过端到端训练和供应链整合，实现了成本控制和性能优化。此外，人形机器人将成为智能家居和智能工厂的核心组成部分，与其他智能设备无缝协作。

人形机器人在未来将通过通用性和场景适应性的提升，广泛应用于工业、家庭、医疗等领域。其技术发展趋势将聚焦于硬件、软件与系统的深度融合，推动全产业链布局。随着技术的不断进步和成本的降低，人形机器人有望在更多场景中实现规模化应用，成为未来智能社会的重要组成部分。

（二）工业机器人的转型与升级

1. 智能化与柔性化趋势

（1）工业机器人在智能制造中的角色转变：从自动化到智能化

随着智能制造的推进，工业机器人正从传统的自动化工具向智能化生产单元转变。现代工业机器人不仅能够完成重复性任务，还通过集成先进的传感器、AI 技术和多模态感知能力，实现自主决策和动态调整。例如，优必选的机器人 Walker S1 通过跨场域纯视觉感知技术和智能混合决策技术，能够在复杂工业场景中实现多任务协同作业。

（2）柔性制造与人机协作：工业机器人技术升级的方向

柔性制造和人机协作成为工业机器人技术升级的重要方向。柔性制造要求机器人能够快速适应不同生产任务和产品类型，而人机协作则强调机器人与人类工人的无缝配合。例如，Figure AI 的机器人通过视觉-语言-动作模型 Helix，能够根据自然语言指令完成复杂任务，显著提升了机器人在柔性制造中的应用潜力。

2. 人形机器人与工业机器人的融合趋势

（1）人形机器人在工业场景中的应用拓展：从辅助到主导

人形机器人在工业场景中的应用正从辅助角色向主导角色转变。凭借其高度的灵活性和智能决策能力，人形机器人能够完成复杂的装配、搬运和巡检任务。例如，优必选的机器人 Walker S1 已在极氪 5G 智慧工厂中实现了协同分拣、搬运和精密装配等任务，展示了人形机器人在工业场景中的巨大潜力。

（2）工业机器人向人形化演进的可能性与挑战

工业机器人向人形化演进是未来发展的必然趋势，但同时也面临诸多挑战。人形化设计能够使机器人更好地适应复杂环境和多样化任务，但其技术实现需要解决高精度运动控制、多模态感知和能源管理等问题。例如，特斯拉的机器人 Optimus 通过集成 FSD 芯片和多模态大模型，实现了任务级和动作级的决策控制，但其在大规模应用中仍面临成本控制和可靠性提升的挑战。

工业机器人正朝着智能化和柔性化的方向转型，人形机器人在工业场景中的应用也在不断拓展。人形机器人与工业机器人的融合不仅提升了生产效率和灵活性，还推动了机器人技术向更高层次的智能化发展。然而，工业机器人向人形化演进仍面临技术、成本和可靠性等方面的挑战，需要产业链上下游的协同创新和突破。

四、小结

从早期的技术萌芽到如今的智能化突破，这一领域见证了无数科学家、工程师和企业家的智慧与汗水。如今，随着人工智能大模型的崛起和硬件技术的革新，人形机器人与工业机器人正走向深度融合，展现出巨大的发展潜力。未来，人形机器人将在家庭服务、医疗护理、高危作业等更多场景中发挥重要作用，而工业机器人则将朝着智能化、柔性化方向持续升级。两者的融合不仅是技术发展的必然趋势，更是推动人类社会迈向智能化、高效化的重要力量。我们有理由相信，在不远的将来，机器人将成为人类生活中不可或缺的伙伴，与我们共同开启智能社会的新篇章。

第2节
全球格局

随着人工智能和机器人技术的飞速发展，人形机器人正逐渐从实验室走向商业化应用，成为全球科技竞争的新焦点。人形机器人不仅代表着一个国家在高端制造业和人工智能领域的综合实力，更可能在未来深刻改变人类的生产生活方式。在全球范围内，美国、中国、日本和欧洲等经济体凭借各自的技术优势和产业基础，正在积极布局人形机器人领域。这些经济体在技术标准、伦理框架和市场应用上的博弈，将对未来全球人形机器人产业格局产生深远影响。本节将从技术引领、市场拓展、标准制定和伦理博弈等多个维度，探讨全球人形机器人产业的竞争格局及其动态变化。

一、美国：技术引领与应用场景拓展

（一）技术优势

1. 特斯拉 Optimus

特斯拉 Optimus 是人形机器人领域的代表性产品之一，其技术优势主要体现在以下几个方面。

- **快速迭代与量产能力：** Optimus 从 2021 年 8 月提出概念到 2025 年即将进入小批量量产阶段，仅用三年半时间完成了从实验室示范到第三代产品的迭代。这种快速迭代能力不仅展示了特斯拉强大的研发实力，还为行业树立了技术标准。
- **车端技术复用：** 特斯拉将自动驾驶技术中的 FSD 芯片平台和人工智能系统复用于人形机器人，使其在视觉感知、路径规划和任务执行方面具备独特优势。例如，Optimus 采用纯视觉方案，与多数人形机器人使用的激光雷达方案不同，进一步降低了成本并提升了灵活性。
- **灵巧手与高自由度设计：** Optimus 的灵巧手自由度高达 22 个，接近真实人手，能够完成复杂的精细操作。这一设计使其在工业制造和家庭服务等场景中具有广泛的应用潜力。
- **成本控制与工程化能力：** 凭借特斯拉在汽车制造领域的供应链和工程

化经验，Optimus 在硬件成本和生产效率上具有显著优势。其目标是通过大规模量产降低成本，推动人形机器人从高端实验室走向商业化应用。

2. Figure AI

Figure AI 的技术优势主要体现在其基于视觉–语言–行动架构的 Helix 系统。

- **多模态决策与泛化能力**：Helix 系统能够实现对人形机器人上身的高速率连续控制，支持机器人在复杂环境中完成多种任务。其双系统架构（系统 1 负责实时运动策略，系统 2 负责高层次语义理解）使得机器人能够快速适应新任务和环境。
- **零样本泛化与高效学习**：Helix 能够在未见过的测试对象上实现零样本泛化，显著提升了机器人的适应性和学习效率。这种能力使其在家庭、医疗等场景中具有广阔的应用前景。
- **低功耗与商业部署优势**：Helix 能够在低功耗的嵌入式 GPU 上运行，降低了机器人的能源需求，提升了其在家庭和商业环境中的经济性和实用性。

3. 波士顿动力 Atlas

波士顿动力 Atlas 在动态平衡和复杂环境适应性方面处于全球领先地位。

- **卓越的动态平衡能力**：Atlas 能够完成高难度的动态动作，如跳跃、奔跑和在复杂地形中行走。其先进的传感器融合和实时控制算法使其在动态环境中保持高度平衡和灵活性。
- **多场景适应性**：Atlas 的技术不仅适用于工业和军事领域，还为未来人形机器人在物流、救援等复杂场景中的应用提供了技术支撑。
- **技术积累与行业引领**：波士顿动力自成立以来，一直专注于机器人技术研发，其产品如 BigDog 和 Atlas 在全球范围内树立了技术标杆。

美国在人形机器人领域的技术优势主要体现在特斯拉 Optimus 的快速迭

代与车端技术复用、Figure AI的多模态决策与泛化能力，以及波士顿动力Atlas的动态平衡与复杂环境适应性方面。这些技术突破不仅推动了人形机器人从实验室走向商业化应用，还为其未来在工业、服务、家庭等多个场景中的广泛应用奠定了坚实基础。

（二）应用场景

1. 工业制造：特斯拉Optimus在汽车制造中的应用，推动人形机器人从辅助向主导转变

特斯拉Optimus在工业制造领域的应用，尤其是汽车制造场景中，展现了人形机器人从辅助工具到主导生产的潜力。Optimus基于特斯拉的FSD芯片和端到端神经网络模型，具备任务级和动作级决策能力，能够实现复杂环境中的物体识别、人脸和手势识别。其模块化设计使其能够通过更换和升级模块来提高性能或增加功能。

在汽车制造工厂中，Optimus可用于物料运输、零部件装配和质量检测等任务。例如，Optimus能够完成生产线上的重复性任务，如零部件的搬运和安装，同时通过其高精度的视觉系统和灵巧手，实现高精度的装配操作。此外，Optimus的低功耗和高效率设计使其能够在工厂环境中长时间稳定运行，进一步推动人形机器人从辅助角色向主导生产的转变。

2. 物流与仓储：Figure AI与宝马工厂合作，拓展人形机器人在柔性制造中的应用

Figure AI的机器人Figure 01已在宝马工厂进行测试应用，主要用于替代危险操作和重复性劳动。Figure 01通过其先进的AI技术和多模态交互能力，能够自主完成物流与仓储中的复杂任务。其应用场景包括物料搬运、货物分拣和库存管理等。

Figure 01 的全身控制算法和端到端神经网络使其能够快速适应不同的任务需求，实现高效的自主决策和动作执行。在柔性制造中，Figure 01 能够根据生产线的变化动态调整任务，提升物流与仓储的效率和灵活性。此外，Figure 01 的高负载能力和长续航时间使其能够在复杂环境中长时间运行，进一步拓展了人形机器人在工业场景中的应用范围。

3. 服务与医疗：波士顿动力 Atlas 在高危作业和医疗护理中的潜在应用

波士顿动力的机器人 Atlas 在高危作业和医疗护理领域展现出巨大的潜在应用价值。Atlas 具备强大的动态平衡能力和环境适应性，能够执行复杂的操作任务。其电动版本比液压版本更具科技感，拥有更强大的力量和更广泛的运动范围。

在高危作业场景中，Atlas 能够替代人类完成危险任务，如在矿山、化工和核能等领域的高风险操作。其配备的最新 AI 和机器学习工具使其能够高效处理复杂环境中的任务。在医疗护理领域，Atlas 的高精度操作能力和自主决策能力使其能够辅助医护人员进行康复护理和手术操作。例如，Atlas 可以通过机器学习视觉模型识别和操作医疗设备，提升医疗护理的效率和安全性。

特斯拉 Optimus、Figure AI 和波士顿动力 Atlas 在工业制造、物流与仓储、服务与医疗等领域的应用，展示了人形机器人从单一功能到多场景通用的演进路径。这些应用场景不仅推动了人形机器人技术的进一步发展，也为其在未来的智能化生产和服务中提供了新的可能性。

二、中国：硬件突围与生态整合

（一）硬件优势

中国在人形机器人领域凭借强大的硬件制造能力和供应链整合优势，逐渐在全球市场中占据重要地位。以下是具体的优势分析。

1. 宇树科技：极简主义设计理念，通过低价策略推动人形机器人在消费级市场的普及

宇树科技公司（以下简称宇树科技）以极简主义设计理念和模块化架构为核心，推出了多款人形机器人产品。其代表产品机器人 G1 通过优化设计和成本控制，售价已降至 9.9 万元，初步具备商业化条件。这种低价策略不仅降低了消费级市场的准入门槛，还推动了人形机器人在家庭服务、教育娱乐等场景的广泛应用（见图 2-1）。

图 2-1　宇树科技的人形机器人

资料来源：宇树科技官网。

宇树科技的供应链管理能力也为其产品提供了成本优势。其轴承供应商长盛轴承等合作伙伴均为国内细分领域的龙头企业，进一步降低了生产成本。

2. 智元机器人：在灵巧手和关节技术上的突破，提升人形机器人的操作精度

智元机器人在灵巧手和关节技术方面取得了显著突破。其灵巧手采用高

精度的空心杯电机和先进的力矩传感器，能够实现 0.1° 的精度。这种技术突破使得人形机器人在复杂操作任务中具备更高的灵活性和精度，适用于工业制造、医疗辅助等高精度场景。

智元机器人还通过自主研发的减速器和关节技术，降低了机器人的重量和能耗，提升了整体性能。

3. 魔法原子机器人：软硬件全栈自研，提升人形机器人通用性

魔法原子是国内最早从事通用人形机器人研发的公司，也是全球少数具备通用人形机器人全栈自研能力的公司。硬件层面，自研率高达 90%。覆盖全自研的力矩电机关节、驱动器、控制器及灵巧手等关键零部件。软件层面，自研通用具身智能大模型。具备通用场景下的任务规划与自主作业能力，提升通用人形机器人在具体场景中的快速部署与作业能力（见图 2–2）。

图 2–2　魔法原子机器人

资料来源：魔法原子。

4. 核心零部件：绿的谐波（谐波减速器）、恒立液压（行星滚柱丝杠）等在供应链中的关键地位

- **绿的谐波**：作为国内生产谐波减速器的龙头企业，绿的谐波在人形机

器人供应链中占据关键地位。其谐波减速器的国产化率已突破 45%，成本仅为国际竞品的 1/3。这种高性价比的零部件不仅降低了人形机器人的制造成本，还提升了其在全球市场的竞争力。

- **恒立液压：**恒立液压在行星滚柱丝杠技术上取得了重要突破，其产品负载能力提升 30%，抗冲击性超过谐波减速器 3 倍。行星滚柱丝杠作为人形机器人的重要执行器组件，其性能提升直接推动了机器人在复杂任务中的应用能力。

中国在人形机器人硬件领域的优势主要体现在极简主义设计与成本控制（宇树科技）、灵巧手和关节技术突破（智元机器人），以及核心零部件的供应链优势（绿的谐波、恒立液压）。这些优势不仅推动了我国人形机器人在消费级市场的普及，还为其在全球市场的竞争奠定了坚实基础。

（二）生态整合

1. 华为：通过盘古大模型和鸿蒙操作系统，构建从硬件到软件的全产业链生态

华为通过盘古大模型和鸿蒙操作系统（HarmonyOS），构建了一个从硬件到软件的全产业链生态，推动了智能设备的深度协同和智能化发展。以下是其生态整合的关键点。

（1）盘古大模型的核心能力

盘古大模型作为华为 AI 技术的核心，为鸿蒙系统提供了强大的智能化支持。它支持万亿 Token 的知识量，涵盖 23 类常用记忆类型，能够实现复杂功能，如图片转表格、邮件内容规划导航等。此外，盘古大模型还为开发者提供了低门槛的开发环境，助力其快速开发智能应用。

（2）鸿蒙操作系统的系统优势

鸿蒙操作系统通过与盘古大模型的深度融合，实现了智能化、安全性和

流畅性的全面提升。鸿蒙 4.0 引入了全新的方舟引擎，显著提升了图形、多媒体和内存的运行能力。此外，鸿蒙操作系统支持“一次开发，多端部署”。

（3）生态设备的广泛覆盖

鸿蒙生态设备数量已超过 9 亿台，覆盖智能手机、智能座舱、智能家居等多个领域。例如，鸿蒙 4.0 与智能座舱的融合，打造了“第三空间”，为用户提供更智能的交互体验。

（4）安全与隐私保护

华为在技术发展的同时，注重用户隐私和数据安全。鸿蒙操作系统通过星盾安全架构，确保用户数据的安全性。

2. 小米：消费级市场的试探，通过 CyberOne 探索情感交互与 IoT 生态绑定

小米公司（以下简称小米）通过人形机器人 CyberOne（铁大），探索了消费级市场的情感交互和 IoT 生态绑定，推动了智能机器人在家庭和工业场景中的应用。以下是其生态整合的关键点。

（1）CyberOne 的技术亮点

CyberOne 是一款全尺寸人形仿生机器人，具备高情商和强大的运动能力。它能够感知 45 种人类语义情绪，分辨 85 种环境语义，并通过自研全身控制算法协调 21 个关节。此外，CyberOne 的髋关节峰值扭矩可达 300 牛·米，支持单手握持 1.5 千克重物。

（2）情感交互与家庭护理

CyberOne 被定位为家庭场景中的智能助手，能够提供护理、陪伴等服务。其搭载的 AI 算法支持自然语言处理、情感识别和手势识别功能，能够与用户进行智能交互。

（3）IoT 生态绑定

CyberOne 作为小米智能生态链的一部分，能够与小米的智能家居设备无缝连接，实现多场景交互。例如，用户可以通过 CyberOne 控制智能灯具、

家电等设备，提升家庭智能化水平。

（4）分阶段落地计划

小米计划分阶段推广 CyberOne，目前正在进行制造产业线的应用测试，未来将逐步推广到家庭场景。通过与小米生态链的深度整合，CyberOne 将成为用户与智能设备之间的重要交互枢纽。

华为通过盘古大模型和鸿蒙操作系统构建了强大的全产业链生态，推动了智能设备的智能化和协同化发展。小米则通过人形机器人 CyberOne 探索了消费级市场的情感交互和 IoT 生态绑定，为智能机器人在家庭和工业场景中的应用提供了新的可能性。两者的生态整合不仅提升了用户体验，还为智能设备的未来发展奠定了坚实基础。

三、日欧：技术储备与标准制定

（一）日本：技术积累与产业转型

日本在人形机器人领域拥有深厚的技术储备，尤其在双足行走、人机交互和关键零部件技术方面处于领先地位。本田 ASIMO 是日本在人形机器人领域的标志性成果，其在双足行走和人机交互方面的技术积累为全球人形机器人的发展奠定了基础。

1. 本田 ASIMO：双足行走与人机交互的标杆

本田 ASIMO 自 1986 年启动研发以来，经过多次迭代，成为全球首款能够实现复杂运动和自然交互的人形机器人。ASIMO 的核心技术如下。

- **双足行走技术**：ASIMO 能够实现稳定的双足行走、奔跑（速度可达 6 千米 / 小时）和单脚跳跃。其动态平衡控制算法和多传感器融合技术使其在复杂地形上也能保持稳定。
- **人机交互能力**：ASIMO 具备语音识别、表情识别和手势识别功能，能够与人类进行自然交互。这种交互能力不仅提升了用户体验，还为未来人形机器人在服务场景中的应用提供了技术基础。

- **多任务执行能力：**ASIMO 能够完成倒水、端盘子等复杂任务，展示了其在服务场景中的应用潜力。

2. 技术转型：从工业机器人到人形机器人

日本在传统工业机器人领域拥有深厚的技术积累，近年来通过技术转型，将这些优势延伸至人形机器人领域。例如，安川电机公司作为全球领先的伺服电机制造商，其技术在人形机器人关节控制中发挥了重要作用。

- **安川电机的伺服电机技术：**安川电机的伺服电机以高精度、高响应性和强大的负载适应性著称。其伺服驱动器支持多轴同步控制，能够实现复杂任务的协调运动。
- **产业协同与标准制定：**日本通过产学研协同，推动人形机器人技术的产业化发展。例如，早稻田大学和东京大学在机械结构设计和运动控制算法方面取得的成果，与本田、安川电机等企业的技术相结合，形成了强大的产业生态。

（二）欧洲：标准制定与技术储备

欧洲在人形机器人领域凭借其深厚的技术积累和强大的标准制定能力，成为全球人形机器人发展的重要力量。一方面，欧盟在人形机器人伦理框架和安全标准方面发挥了引领作用；另一方面，英伟达公司（以下简称英伟达）在算力底座方面的优势，为机器人的人工智能应用提供了强大支持。

1. 标准制定：欧盟在人形机器人伦理框架和安全标准方面的引领作用

欧盟在人形机器人伦理框架和安全标准方面处于全球领先地位。2019年，经济合作和发展组织（OECD）各成员方提出了“负责任地管理可信赖的AI的原则”，强调以人为本的价值观和公平性、透明性、可解释性、稳健性和安全可靠性。这些原则为全球人形机器人的发展提供了伦理框架，并推动了国际合作与协调。此外，欧盟还通过《人形机器人治理导则》进一步明确了人形机器人设计、制造和应用中的伦理和安全要求。

这些标准不仅涵盖了人形机器人的安全性、可靠性和隐私保护，还强调了人机协作、社会责任和可持续发展的重要性。例如，欧盟要求人形机器人的设计和应用必须符合人类伦理原则，确保人类尊严和自由不受侵犯。此外，欧盟还推动建立全球治理框架，促进多边和双边机制的建立，以确保人形机器人技术的发展符合人类共同价值观。

2. 技术储备：欧洲在人工智能和算力支持方面的优势

欧洲在人工智能和算力支持方面也展现出强大的技术储备。尽管英伟达是一家总部位于美国加利福尼亚州圣克拉拉的公司，但其在欧洲拥有广泛的业务布局和研发合作。英伟达在欧洲多个国家（如德国、法国、英国等）设有办事处和研发中心，该布局使得英伟达能够深度参与欧洲的人工智能和机器人技术发展。

英伟达的技术优势为欧洲人形机器人的人工智能应用提供了强大支持。其Jetson™平台是专为开发和部署AI赋能机器人、无人机和自主机器而设计的，能够提供从入门级到高性能的多种模组。例如，Jetson Orin™平台能够实现每秒高达275万亿次浮点运算的算力，性能是上一代产品的8倍。

此外，英伟达还推出了Project GR00T人形机器人项目，旨在通过开发加速库、基础模型和数据管线，加速全球人形机器人开发者生态的发展。该项目包含多个工作流，如GR00T-Mimic用于生成机器人运动轨迹，GR00T-Dexterity用于灵巧操作，GR00T-Control用于全身控制。这些工具和平台不仅提升了人形机器人的开发效率，还推动了人形机器人在复杂环境中的应用能力。

欧洲在人形机器人领域凭借其在伦理框架、安全标准方面的引领作用，以及在人工智能和算力支持方面的技术储备，成为全球人形机器人发展的重要力量。欧盟的标准制定为人形机器人的安全和伦理应用提供了坚实基础，而英伟达的技术支持则为人形机器人的人工智能应用提供了强大动力。这些优势不仅推动了人形机器人技术的快速发展，还为未来人形机器人在全球范围内的商业化应用奠定了坚实基础。

四、全球竞争格局的动态变化

近年来，全球人形机器人产业呈现出快速发展的态势，美国和中国作为该领域的两大主导力量，分别在技术引领与市场拓展方面展现出显著优势，推动人形机器人从实验室走向实际应用。

（一）技术引领与市场拓展

1. 美国：AI 技术与应用场景的领先地位

- **技术优势**：美国在人形机器人领域凭借其强大的 AI 技术积累，处于全球领先地位。以特斯拉、波士顿动力和 Figure AI 为代表的美国企业，在机器人 AI 技术创新方面占据主导地位。例如，Figure AI 通过自主研发的“通用”视觉-语言-行动模型 Helix，提前两年实现了人形机器人在家用环境中的 Alpha 测试。
- **应用场景拓展**：美国企业不仅在技术上领先，还在应用场景拓展方面取得了显著进展。特斯拉 Optimus 计划在 2025 年进入小批量量产，目标产能达 1 万台 / 年，有望在工业制造、物流等领域实现大规模应用。此外，波士顿动力 Atlas 在动态平衡与复杂环境适应性方面的突破，使其在应急救援、特种作业等高难度场景中展现出巨大潜力。
- **市场影响**：美国的技术优势使其在全球人形机器人市场中占据重要地

位，其产品和技术标准对全球市场产生了深远影响。

2. 中国：硬件制造与产业链整合的快速崛起

- **硬件制造优势**：中国凭借完整的制造业体系和强大的供应链整合能力，在人形机器人硬件制造领域迅速崛起。中国企业通过供应链一体化和规模经济优势，大幅降低了人形机器人的生产成本，提升了市场竞争力。例如，宇树科技推出的人形机器人 G1，定价低至 9.9 万元，相较于特斯拉 Optimus 更具价格优势。
- **产业链整合**：中国在人形机器人产业链的上游核心零部件、中游整机制造和下游应用场景方面均展现出强大的竞争力。上游零部件供应商如绿的谐波、柯力传感（六维力矩传感器）等企业，在细分领域加速替代海外产品。中游整机制造商如优必选、傅利叶智能等企业，凭借技术优势和创新能力，逐步在全球市场崭露头角。
- **政策支持与市场潜力**：中国政府通过“十四五”规划等政策支持，明确提出了人形机器人产业的发展目标，推动技术创新和市场拓展。此外，中国庞大的市场需求和消费升级趋势，为人形机器人在家庭服务、教育、医疗等领域的应用提供了广阔空间。
- **市场影响**：中国在硬件制造和产业链整合方面的快速崛起，使其在全球人形机器人产业中占据了重要地位，并逐步形成与美国差异化竞争的格局。

全球人形机器人产业正处于快速发展阶段，美国凭借其在 AI 技术和应用场景方面的领先地位，推动人形机器人从实验室走向实际应用；而中国则通过硬件制造和产业链整合的快速崛起，成为全球人形机器人产业的重要参与者。未来，随着技术的不断突破和应用场景的持续拓展，中美两国将在全球人形机器人市场中继续发挥主导作用，引领全球产业的发展。

（二）标准与伦理的全球博弈

人形机器人技术的快速发展不仅带来了技术突破和市场机遇，也引发了全球范围内关于技术标准和伦理规范的激烈博弈。欧盟通过伦理框架和安全标准为人形机器人的发展提供了规范和指引，而各国在技术标准和伦理规范上的差异与竞争，将对人形机器人的未来全球产业格局产生深远影响。

1. 欧盟的引领作用

欧盟在全球人形机器人伦理框架和安全标准的制定方面发挥了重要的引领作用。其在 2024 年发布的《人形机器人治理导则》明确提出，人形机器人的设计、开发和应用必须符合人类伦理原则，确保技术发展不威胁人类安全，并有效保障人类尊严。具体包括以下方面。

- **伦理框架：**强调人形机器人应遵循人类价值观和伦理原则，确保其决策和行为的透明性和可解释性。
- **安全标准：**推动人形机器人在设计、制造和应用中的安全评估和认证，建立全生命周期的安全管理体系。
- **全球治理：**倡导建立多边和双边机制，推动全球人形机器人治理框架的整合同步和开放共享。

欧盟的这些举措不仅为欧洲本土的人形机器人产业发展提供了明确的规范和指引，也在国际上树立了高标准的伦理和安全标杆，推动其他国家和地区在相关领域加强立法和监管。

2. 各国技术标准与伦理规范的博弈

在全球范围内，各国在人形机器人技术标准和伦理规范上的差异与竞争日益明显。这种博弈不仅影响技术的推广和应用，还会对未来全球产业格局产生重要影响。

- **国际标准的多样性：**国际标准化组织（ISO）和国际电工委员会

（IEC）已制定了一系列与人形机器人相关的标准，如 ISO 13482（服务机器人安全要求）和 IEC 61508（功能安全标准）。然而，不同国家和地区在具体实施和应用中仍存在差异。

- **国家标准的差异**：美国、中国、日本等国家分别制定了适合本国国情的人形机器人标准。例如，美国的 ANSI/RIA R15.06 工业机器人安全标准部分适用于人形机器人，而中国则在 GB/T 37395–2019 等标准中对人形机器人的性能和安全提出了明确要求。
- **伦理规范的分歧**：不同国家和地区在伦理规范上存在明显分歧。例如，一些国家强调人形机器人应避免让人类产生情感依赖，而另一些国家则更关注技术的快速应用和经济效益。

3. 对全球产业格局的影响

各国在人形机器人技术标准和伦理规范上的博弈，将对未来全球产业格局产生深远影响。

- **市场准入壁垒**：高标准的伦理和安全要求可能成为市场准入的重要壁垒。例如，欧盟的 CE 认证要求人形机器人在安全、健康和环保方面达到严格标准，这可能限制一些不符合标准的企业进入欧洲市场。
- **技术竞争格局**：技术标准的差异可能导致全球人形机器人产业形成不同的技术竞争格局。例如，美国在 AI 算法和伦理透明度方面具有优势，而中国在硬件制造和产业链整合方面表现出色。
- **国际合作与竞争**：全球人形机器人治理框架的建立需要各国在伦理和安全标准上达成共识。然而，当前各国之间的分歧可能导致国际合作的复杂化，同时也加剧了技术竞争。

欧盟通过伦理框架和安全标准为人形机器人的发展提供了明确的规范和指引，推动了全球人形机器人技术的健康发展。然而，各国在技术标准和伦理规范上的博弈，不仅影响人形机器人技术的推广和应用，也对其未来全球产业格局产生深远影响。未来，各国需要在尊重差异的基础上加强合作，共同推动人形机器人技术的可持续发展。

五、小结

全球人形机器人产业正处于快速发展的关键时期，各国凭借自身优势在技术、市场和标准制定等方面展开了激烈竞争。美国凭借其在AI技术和应用场景拓展方面的领先地位，推动了人形机器人从实验室走向实际应用；中国则通过硬件制造和产业链整合的快速崛起，成为全球人形机器人产业的重要参与者。与此同时，日本和欧洲在技术储备、标准制定和伦理框架方面发挥了重要作用，为全球人形机器人产业的健康发展提供了坚实基础。

然而，人形机器人技术的快速发展也引发了关于技术标准和伦理规范的全球博弈。欧盟通过伦理框架和安全标准为人形机器人的发展提供了明确的规范和指引，但各国在技术标准和伦理规范上的差异与竞争，可能导致市场准入壁垒的形成和技术竞争格局的分化。未来，各国需要在尊重差异的基础上加强合作，共同推动人形机器人技术的可持续发展。在全球人形机器人产业的动态变化中，中美两国将继续发挥主导作用，引领全球产业的发展，而技术突破、应用场景拓展和标准制定将成为决定人形机器人未来产业格局的关键因素。

参考文献

[1] 朱秋国，熊蓉．人形机器人技术现状及场景应用思考［J］．机器人产业，2023(4):14–19.

[2] Ramkumar, A.,Sasidaran, K.,Yogesh, M., et al.Autonomous rover controlled by NAO［J］.International Journal of Engineering and Advanced Technology,2019,8(6 Special Issue 3):1598–1601.

[3] 搜狐新闻．工业机器人中四大家族，垄断全球50%份额！［N］．搜狐

新闻，2019.
［4］ 谢少威．机器人系列报告(五)之减速器［R］．东莞证券研究所，2025.
［5］ 楚欣．一文熟悉人形机器人感知系统核心元件：六维力传感器［N］．雪球，2024.
［6］ Yang, Hao,Tao, Zhe,Yang, Jian, et al.A lightweight prosthetic hand with 19-DOF dexterity and human-level functions［J］.Nature Communications, 2025,16(01).DOI:10.1038/s41467-025-56352-5.
［7］ 华鑫证券．人形机器人“好用”的关键：特斯拉 Optimus 22 自由度灵巧手方案解析［R］．华鑫证券，2025.
［8］ 长城证券产业金融研究院．灵巧手：人形机器人中必不可少，有望带动空心杯电机及传感器发展［R］．长城证券产业金融研究院，2024.
［9］ 中研网．人形机器人：从技术奇点到产业爆发，万亿蓝海的战略突围［N］．中研普华，2025.
［10］ 华为云．盘古大模型——鸿蒙 NEXT 的智慧引擎［N］．华为云博客，2025. https://bbs.huaweicloud.com/blogs/444853.
［11］ 刘小芬．鸿蒙系统架构及应用程序开发研究［J］．电脑编程技巧与维护,2021,(12):3-5+12.
［12］ 腾讯新闻．鸿蒙 & 盘古：华为操作系统实现飞跃，AI 大模型迸发全新生产力［N］．腾讯新闻，2024.
［13］ 中国站长站．构建未来科技生态，小米全尺寸人形仿生机器人 CyberOne 亮相［N］．中国站长站，2022.
［14］ 新浪财经．人形机器人大比拼 美媒：大脑美胜、身体中国领先［N］．新浪财经，2025.

第 3 章

战略意义与经济价值

第 1 节 经济价值

人形机器人正在成为全球经济和社会发展的重要力量。人形机器人不仅在技术上取得了显著突破，还在劳动力市场、产业效率提升、新兴产业发展以及全球经济格局调整等方面产生了深远影响。本节将系统分析人形机器人对经济价值的贡献，探讨其在不同领域中的应用前景以及对全球产业结构的重塑作用。通过对人形机器人产业链的剖析，我们可以更好地理解这一新兴技术如何推动全球经济的转型与升级。

一、劳动力市场影响

（一）替代劳动力缺口现状

1. 老龄化社会带来的劳动力短缺问题

随着全球人口老龄化趋势的加剧，许多国家面临着劳动力短缺的严峻挑战。以日本为例，其 65 周岁及以上人口占比已超过 29%，导致制造业、服务业等多个行业出现劳动力缺口。在欧洲，德国、意大利等国也面临类似问题，劳动力市场的供需失衡对经济发展产生了负面影响。表 3-1 展示了部分发达国家 65 周岁及以上人口占比情况，直观地反映了老龄化程度与劳动力短缺之间的关联。

表 3-1　部分发达国家 65 周岁及以上人口占比情况

国家	65 周岁及以上人口占比 /%
日本	29.1
德国	22.3
意大利	22.8
法国	20.9
英国	18.9
美国	17.3

资料来源：世界银行 2023 年数据。

中国目前也正经历着快速的人口老龄化过程。《2023 年度国家老龄事业发展公报》显示，截至 2023 年年末，全国 65 周岁及以上老年人口 21676 万人，占总人口的 15.4%。这一比例相较于过去几年持续上升，意味着劳动力市场的供给正在逐渐减少。

在中国，劳动力短缺问题已经开始影响多个行业的发展。特别是在制造业和服务业等领域，劳动力的供需不平衡现象愈发明显。例如，沿海地区的制造业企业经常面临招工难的问题，而服务业中的家政、护理等行业也因劳动力不足而难以满足市场需求。这种劳动力短缺状况不仅制约了企业的发展，也对经济增长产生了一定的负面影响。

2. 人形机器人在填补劳动力缺口中的作用及市场潜力

人形机器人凭借其通用性和灵活性，能够在多个领域替代或辅助人类劳动，有效缓解劳动力短缺问题。在制造业中，人形机器人可以承担繁重、重复的生产任务，提高生产效率和产品质量；在服务业中，人形机器人可以作为酒店引导员、餐厅服务员等，提供高效、便捷的服务。据麦肯锡预测，到

2030年，全球因老龄化导致的劳动力缺口将超过35000万人，而人形机器人有望在这一市场中发挥重要作用。表3-2展示了人形机器人在不同领域填补劳动力缺口的潜力，可以看出，制造业和服务业是其主要应用领域，市场潜力巨大。

表3-2　人形机器人在不同领域填补劳动力缺口的潜力

领域	市场潜力/万人	应用场景示例
制造业	20000	汽车零部件生产、电子产品组装等
服务业	15000	酒店引导、餐饮服务、物流搬运等
医疗保健	8000	康复护理、病房巡视、药品配送等
家庭服务	7000	家务劳动、陪伴老人与儿童等
其他	5000	高危作业、公共安全等

资料来源：McKinsey & Company.（2024）.*The future of work: Deploying AI and upskilling in Europe and beyond*.

（二）行业劳动力成本变化

1. 传统制造业中人力成本的上升趋势

随着中国经济的快速发展和人口结构的变化，传统制造业中的人力成本呈现明显的上升趋势。经济学人智库的数据显示，中国制造业工人的小时劳动报酬在过去十年中显著增加。具体来看，2013—2020年，中国制造业工人的平均工资年均增长率为7.2%，高于同期GDP的年均增长率。这种工资增长趋势在沿海省份尤为明显，如广东和福建，这些地方为了吸引和留住劳动力，不得不提高工资水平。此外，劳动力社会保障等间接成本也在快速上升，目前社会保险在劳动力成本中的占比已达到20%左右，并且覆盖面不断扩大，进一步推高了企业的劳动力成本，见图3-1。

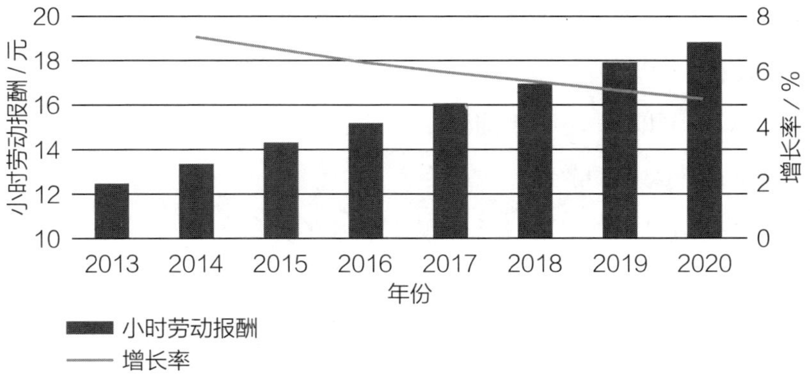

图 3-1　2013—2020 年中国制造业工人小时劳动报酬变化

资料来源：The Economist Intelligence Unit.（2014）. 优势依旧——中国制造业劳动力成本分析。

2. 人形机器人降低长期劳动力成本的案例分析

人形机器人在降低长期劳动力成本方面具有显著优势。以一家汽车工厂为例，人形机器人在外观检测、底盘装配、物流搬运等环节的应用，显著提高了生产效率和产品质量。具体来说，该工厂初期按照 5% 的渗透率（搬运较为简单，因此为 10%），3 台机器人对应 1 个工位，对应自用需求 8 万台。若长期提高到 28% 渗透率，1 台机器人即可替代 1 个工位，对应需求 14 万台。

表 3-3　人形机器人替代率

	工人（万人）	机器人替代比例	3 台机器人替代 1 个工人所需机器人（万台）	机器人替代比例	1 台机器人替代 1 个工人（万台）
外观检测	10	5%	1.6	30%	3
底盘装配	16	5%	2.4	25%	4
物料搬运	5	10%	1.6	60%	3
其他	21	4%	2.5	20%	4
合计	52	15%	8	28%	14

资料来源：东吴证券报告《产业提速，差异化渐显》https://mp.weixin.qq.com/s/fzCA_J_nURKf1RkvPI5b6A.

虽然人形机器人的初始投资较高，但随着使用年限的增加，其总成本显著低于人力成本。特别是在长期使用中，人形机器人的经济性更加明显。此外，人形机器人可以 24 小时不间断工作，能够准确快速地完成任务，显著提高生产线的运行效率和产出。

传统制造业中人力成本的上升趋势对企业的竞争力和赢利能力产生了显著影响。人形机器人通过替代或辅助人类劳动，不仅能够提高生产效率和产品质量，还能有效降低长期劳动力成本。特别是在劳动力短缺和成本上升的背景下，人形机器人的应用将成为企业应对挑战的重要手段。

二、产业效率提升

（一）制造业生产效率变革

1. 人形机器人在制造业生产线上的精准、高效作业方式

人形机器人在制造业生产线上的应用正逐渐成为一种趋势。它们以其高精度、高效率和高可靠性，显著提升了生产效率和产品质量。以下是人形机器人在制造业生产线上的几种主要作业方式。

- **高精度操作**：人形机器人能够进行高精度的组装和加工任务。例如，在汽车制造中，人形机器人可以精确地完成芯片模块焊接、摄像头模组装配等复杂任务，极大地减少了人工误差，确保了产品质量的一致性。
- **全流程自动化检测**：人形机器人可以执行全流程自动化检测任务，如传感器功能测试、线束连接检查和电池性能检测等，大幅提升了检测效率，缩短了生产周期。
- **柔性搬运与智能物流**：人形机器人能够与制造执行系统（MES）集成，精准对接生产需求，实现零部件从仓储到装配的自动化搬运，提

高物流效率。

- **智能装配**：人形机器人在生产线上可以承担车身钣金、内饰装配等多任务工序，通过 AI 驱动路径优化提高了装配效率，实现了灵活的生产布局。

2. 具体制造业企业引入人形机器人后生产效率提升的数据对比

以下是几个具体制造业企业引入人形机器人后生产效率提升的数据对比。

（1）汽车制造领域

- **宝马集团**：美国人工智能机器人公司 Figure AI 与宝马集团合作，将人形机器人 Figure 02 引入生产线。Figure 02 将操作速度提高了 400%，任务成功率提升了 7 倍，每天可执行多达 1000 次操作。Figure 02 成功完成了将钣金件插入不到 1 厘米宽的插槽等高精度任务，展示了其在复杂操作中的可靠性和精确度。
- **均普智能**：均普智能的人形机器人“贾维斯”（JARVIS）在宝马发动机零部件的生产中，承担了抛光、钻孔和检测任务，显著提高了零部件加工的效率和精度。

（2）电子设备制造领域

- **富士康**：作为全球最大的电子制造服务提供商之一，富士康在其部分工厂内引入人形机器人，承担了物料搬运、产品组装、质量检测等多项任务，使得其生产线的产能提升了 30% 以上，产品不良率降低了 20%。
- **优必选**：优必选人形机器人 Walker S 在电子制造行业中表现出色，效率提升 30%，有效保障了电子产品的性能与质量，见表 3-4。

表 3-4　部分企业引入人形机器人前后生产效率数据对比

企业名称	引入人形机器人前生产效率	引入人形机器人后生产效率	效率提升百分比
宝马集团	100 次 / 天	500 次 / 天	400%
均普智能	80% 任务成功率	95% 任务成功率	18.75%
富士康	100% 产能	130% 产能	30%

续表

企业名称	引入人形机器人前生产效率	引入人形机器人后生产效率	效率提升百分比
优必选	100% 产能	130% 产能	30%

人形机器人在制造业生产线上的应用，通过其精准、高效的作业方式，显著提升了生产效率和产品质量。具体制造业企业的数据对比显示，引入人形机器人后，生产效率得到了显著提升，为企业带来了显著的经济效益和竞争优势。随着技术的不断进步和应用的深入，人形机器人有望在更多行业中发挥重要作用，推动工业自动化的进一步发展。

（二）服务业效率革命

1. 人形机器人在服务业场景中的快速响应与不间断服务优势

人形机器人凭借其高度标准化的人机交互能力和智能决策系统，在服务业场景中展现出显著的效率优势。例如，在酒店和餐饮服务中，人形机器人能够快速响应客户的需求，提供秒级的服务反馈。它们可以不间断地工作，不受时间限制，实现 7×24 小时的全天候服务。此外，人形机器人通过 AI 技术的支持，能够自主完成任务分配、路径规划和动态避障，进一步提升了服务的稳定性和效率。

在酒店场景中，人形机器人可以承担迎宾接待、信息咨询、客房送物等多种任务。在餐饮服务中，人形机器人能够高效完成传菜、收餐具等工作，其运载能力和工作效率远超人工。这种快速响应与不间断服务的能力，不仅优化了服务流程，还显著提升了客户的整体体验。

2. 以某酒店为例，说明人形机器人对服务效率和客户满意度的提升效果

以云迹科技的复合多态机器人“UP”在某酒店的应用为例，该机器人

通过模块化设计和 AI 调度系统，实现了多功能集成和高效任务分配。在实际运营中，机器人“UP”能够自主完成送物、清洁、收垃圾等多种任务，并根据不同时间段的需求灵活切换功能。例如，在早餐时段，机器人可以快速将早餐送至客房；在午休时段，机器人则可以进行公共区域的清洁工作，见图 3-2。

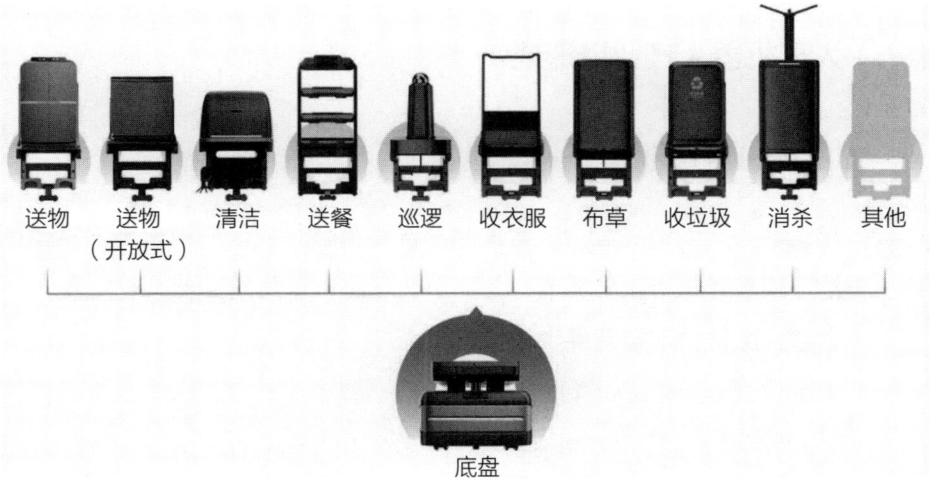

图 3-2　机器人“UP”功能图

资料来源：云迹官网。

从服务效率来看，机器人“UP”在单个酒店的月任务数超过 4000 次，单日最高任务量可达 180 次，每天为酒店节省 10~12 小时的人工时间。通过 AI 自主派单和任务闭环管理，机器人能够高效完成服务流程，减少了酒店员工的重复性工作，提升了整体运营效率。

在客户满意度方面，人形机器人通过精准的语音交互和个性化的服务体验，显著提升了客户的满意度。例如，客人可以通过语音指令或手机操作随时召唤机器人，获取所需物品或服务。此外，机器人在服务过程中注重细节，如搭乘电梯时主动告知楼层、送餐时送上贴心问候等，这些细节不仅优化了客户体验，还激发了客户主动好评的意愿。

综上所述，人形机器人在服务业中的应用不仅提升了服务效率，还通过智能化、个性化的服务体验，显著提高了客户满意度，为酒店和餐饮行业的数字化转型提供了有力支持。

三、新兴产业发展与带动

（一）人形机器人产业链形成

1. 人形机器人的完整产业链结构

人形机器人产业链可分为上游原材料与零部件供应、中游机器人本体制造、下游应用服务三个主要环节，各环节相互协作，共同推动产业发展。

- **上游：原材料与零部件供应**

  上游主要包括核心零部件和软件系统供应。核心零部件涵盖减速器（如谐波减速器、RV 减速器），传感器（如六维力传感器、视觉传感器），电机（如无框力矩电机、空心杯电机），控制器等。这些零部件的质量和技术水平直接影响人形机器人的性能和稳定性。此外，上游还包括操作系统、仿真平台、AI 大模型等软件系统。

- **中游：机器人本体制造**

  中游企业负责将上游零部件集成组装成完整的人形机器人本体，并进行测试和质检。目前，主流的人形机器人包括轮式人形机器人、半身足式人形机器人和全能型人形机器人等。中游企业需要具备强大的总成能力和系统集成能力。

- **下游：应用服务**

  下游为人形机器人的终端应用领域，涵盖工业制造、仓储物流、特种应用、医疗、教育、家庭陪护等多个场景。随着技术的成熟，人形机器人在这些领域的渗透率不断提升，应用场景不断拓展。

2. 各环节的代表企业及其在产业链中的关键作用

人形机器人产业链的上游、中游和下游环节各有其代表企业，这些企业在产业链中发挥着关键作用，共同推动了人形机器人产业的发展。

（1）上游：零部件与原材料供应

上游环节是人形机器人产业链的基础，主要涉及核心零部件和原材料的供应。

- **减速器**：减速器是人形机器人关节的核心部件，用于提供高精度、高扭矩的动力传输。绿的谐波、中大力德和双环传动是该领域的代表性企业。绿的谐波在谐波减速器领域拥有领先的技术优势，其产品广泛应用于机器人关节部位，为机器人的灵活运动提供了可靠的动力支持。中大力德和双环传动则在 RV 减速器领域表现突出，为大型人形机器人提供了高扭矩的解决方案。
- **传感器**：传感器赋予了人形机器人感知环境的能力，是实现智能交互的关键部件。柯力传感、汉威科技和保隆科技是传感器领域的龙头企业。柯力传感专注于力传感器的研发和生产，其产品能够为机器人提供精确的力反馈，帮助机器人实现精准操作。汉威科技则在视觉传感器领域表现突出，其产品广泛应用于机器人视觉识别和导航。
- **电机**：电机是人形机器人的动力源，决定了机器人的运动性能。汇川技术、科力尔和鸣志电器是电机领域的代表性企业。汇川技术在无框力矩电机领域拥有深厚的技术积累，其产品能够为人形机器人提供高效的动力支持。科力尔和鸣志电器则在空心杯电机领域表现优异，为空心杯电机的小型化和高性能化作出了重要贡献。
- **控制器**：控制器是人形机器人的“大脑”，负责协调各部件的运动和行为。宁波均胜电子是该领域的代表性企业，其控制器产品能够实现对机器人运动的精准控制，为人形机器人的智能化操作提供技术支撑。

（2）中游：机器人本体制造

中游环节是人形机器人产业链的核心，主要涉及机器人本体的设计、制造和集成。中游企业需要将上游的零部件组装成完整的机器人本体，并进行测试和优化。

- **优必选**：作为全球首家上市的人形机器人企业，优必选在人形机器人领域具有深厚的技术积累和市场影响力。其产品涵盖教育、服务、娱乐等多个应用场景，推动了人形机器人在消费市场的普及。
- **埃夫特**：埃夫特是国内领先的机器人制造商，其推出的多款人形机器人样机在工业制造领域表现出色。通过不断优化机器人的性能和功能，埃夫特为人形机器人在工业场景中的应用提供了有力支持。
- **宇树科技**：宇树科技专注于足式机器人和人形机器人的研发和生产，其产品在灵活性和适应性方面表现出色。通过不断迭代和优化，宇树科技推动了人形机器人在复杂环境下的应用。

（3）下游：应用服务

下游环节是人形机器人产业链的终端，主要涉及机器人的应用场景和服务模式。下游企业通过将人形机器人应用于不同的场景，推动了机器人的市场化和产业化。

- **工业制造**：特斯拉是人形机器人在工业制造领域应用的代表性企业。其开发的人形机器人 Optimus 能够完成复杂的工业任务，如零部件搬运、装配等，显著提高了生产效率。
- **仓储物流**：亚马逊通过与 Agility Robotics 合作，将人形机器人应用于仓储物流场景。这些机器人能够实现自动化搬运和货物分拣，大大提高了物流效率。
- **家庭服务**：小米集团是国内人形机器人在家庭服务领域应用的代表性企业。其推出的人形机器人 CyberOne 能够为家庭用户提供陪伴、清洁等多种服务，推动了人形机器人在家庭场景的普及。

（二）对相关技术产业的拉动

1. 人形机器人发展对人工智能、传感器技术、高性能材料等上游技术产业的拉动作用

人形机器人的快速发展对上游技术产业产生了显著的拉动作用，尤其在人工智能、传感器技术和高性能材料等领域。这些技术不仅是人形机器人实现智能化和高效化的关键支撑，也是推动相关产业创新和市场增长的重要动力。

- **人工智能：**人形机器人的智能化依赖于深度学习、计算机视觉和自然语言处理等人工智能技术的突破。这些技术的进步不仅提升了人形机器人的感知和交互能力，还推动了人工智能在更多领域的应用。例如，科大讯飞的多模态大模型“星火”已接入机器人交互系统，为机器人提供了更智能的交互能力。
- **传感器技术：**人形机器人需要大量高精度传感器来实现环境感知和动作控制。3D 视觉传感器、六维力矩传感器和触觉传感器等技术的发展，为人形机器人提供了更丰富的感知能力。例如，奥比中光的 3D 视觉感知技术和柯力传感的六维力矩传感器已实现商业化应用，推动了传感器市场的快速增长。
- **高性能材料：**人形机器人的轻量化和高性能需求推动了高性能材料的发展，如碳纤维和聚醚醚酮（PEEK）。这些材料不仅提高了机器人的运动性能和耐用性，还降低了生产成本。

2. 案例：深圳众擎机器人

以深圳众擎机器人完成全球首例人形机器人前空翻为例，这一技术突破不仅展示了人形机器人在高动态运动控制方面的进展，还对相关技术产业产生了深远影响。

- **技术突破与市场需求：**众擎机器人通过整合自适应行走算法与高动态控制系统，实现了人形机器人完成前空翻的复杂动作。这一突破不仅提升了人形机器人在复杂环境中的适应能力，还推动了相关技术的市场需求。例如，为了实现高动态运动控制，人形机器人需要更高效的传感器和执行机构，这直接拉动了3D视觉传感器和高性能电机的市场需求。
- **产业链创新发展：**技术突破还促进了产业链上下游的协同创新。例如，摇橹船科技等企业聚焦3D视觉感知技术，为机器人动态避障与精细操作提供硬件支持；巨轮智能研发的XT减速器进入实验验证阶段，有望解决人形机器人关节承重与抗冲击难题。这些创新不仅提升了人形机器人的性能，还推动了相关技术产业的发展。
- **应用场景拓展：**技术突破还为人形机器人在更多场景中的应用提供了可能。例如，宇树科技的人形机器人G1通过算法升级，展示了高难度的武术动作，进一步拓展了人形机器人在娱乐、教育和工业等领域的应用潜力。

人形机器人的技术突破不仅推动了人工智能、传感器技术和高性能材料等上游技术产业的发展，还通过市场需求的拉动和应用场景的拓展，促进了相关技术的创新和产业化进程。

四、全球经济格局影响

（一）国际贸易与市场竞争

1. 人形机器人出口对国家贸易顺差的贡献分析

人形机器人作为新兴技术产业的代表，其出口对国家贸易顺差的贡献正逐步显现。随着技术的成熟和量产化加速，人形机器人在国际市场上展现出强大的竞争力。根据市场研究机构预测，到 2031 年，全球人形机器人市场规模将达到数千亿美元。中国作为人形机器人产业链的关键参与者，凭借成本优势和政策支持，正在加速抢占国际市场。例如，国内企业绿的谐波和柯力传感等核心零部件供应商，已逐步实现对海外产品的替代。这些企业产品的出口不仅提升了中国在全球机器人产业链中的地位，还为国家贸易顺差作出了贡献。

2. 各国人形机器人企业在国际市场上的竞争态势与市场份额争夺情况

全球人形机器人市场竞争激烈，各国企业纷纷布局，争夺市场份额。以下是对主要国家和地区企业竞争态势的分析。

- **美国**：美国在人形机器人领域拥有深厚的技术积累，特斯拉是该领域的代表性企业。其推出的人形机器人 Optimus 在技术上处于领先地位，尤其在高动态运动控制和人工智能集成方面表现出色。特斯拉凭借其强大的品牌影响力和技术优势，正在加速人形机器人的商业化应用，其目标是通过大规模量产降低成本，进一步扩大市场份额。
- **欧洲**：欧洲企业在人形机器人领域同样具有强大的竞争力，特别是在高端制造和精密零部件方面。例如，德国的库卡和瑞士的 ABB 等企业，凭借其在工业机器人领域的技术积累，正在加速向人形机器人领域拓展。欧洲企业注重技术创新和产品质量，其产品在医疗、制造业等领域占有较高的市场份额。
- **中国**：中国企业在人形机器人领域的发展迅速，凭借成本优势、政策支持和技术创新，逐步在全球市场占据一席之地。例如，优必选是全球首家上市的人形机器人企业，其产品在教育和娱乐领域具有较高的市场占有率。此外，国内企业如埃斯顿、柯力传感等在核心零部件领域也取得了显著进展，正在加速实现国产替代。
- **日本和韩国**：日本和韩国在机器人技术方面具有传统优势，尤其在精密减速器、传感器等核心零部件领域。例如，日本的发那科和韩国的现代重工（Hyundai Heavy Industries）等企业，正在加速人形机器人的研发和商业化。这些企业在亚洲市场占有较高的市场份额，并逐步向全球市场拓展，见表 3-5。

表 3-5　人形机器人国际市场竞争态势

国家 / 地区	代表性企业	技术优势	市场份额	主要应用场景
美国	特斯拉	高动态运动控制、人工智能集成	领先	工业制造、物流
欧洲	库卡（德国）、ABB（瑞士）	高端制造、精密零部件	高端市场	医疗、制造业
中国	优必选、埃斯顿	成本优势、技术创新	快速增长	教育、娱乐、工业
日本	发那科	精密减速器、传感器	传统优势	工业自动化
韩国	现代重工	机器人系统集成	逐步拓展	工业自动化、物流

人形机器人作为新兴技术产业的代表，正在对全球经济格局产生深远影响。其出口不仅为国家贸易顺差作出了贡献，还推动了相关技术产业的发展。在全球市场竞争中，各国企业凭借自身优势，加速布局人形机器人市场，争夺市场份额。随着技术的不断进步和应用场景的拓展，人形机器人将在全球经济中扮演越来越重要的角色。

（二）全球产业结构调整

1. 人形机器人如何促使全球制造业和服务业主旋律向智能化、自动化转型

人形机器人凭借其类人的感知交互能力和灵活的运动方式，正在成为全球制造业和服务业智能化、自动化转型的关键推动力量。在制造业中，人形

机器人通过高精度的机械臂和灵巧手，能够完成复杂的装配任务，提升生产效率和质量。例如，特斯拉的人形机器人 Optimus 计划率先应用于汽车制造领域，协助或替代人类完成重复性、危险性高的工作。此外，人形机器人在 3C 电子产品制造、物流仓储等领域的应用也不断拓展，推动了传统制造业向智能化制造的转型。

在服务业中，人形机器人正在逐步进入家庭养老、教育、医疗护理等领域，提供个性化服务。例如，人形机器人可以协助老年人完成日常活动，为儿童提供教育辅导，或在医院中承担护理和康复辅助工作。这种从传统人力服务向智能化服务的转变，不仅提高了服务效率，还改善了服务质量，满足了日益增长的劳动力短缺和消费升级需求。

2. 分析不同国家和地区在人形机器人产业发展中的定位与战略选择，以及对全球产业结构布局的影响

全球人形机器人产业呈现出“三极分布、技术集中、分工明确”的特点，形成了以北美、东亚和欧洲为核心的产业格局。不同国家和地区根据自身的技术优势和市场需求，制定了相应的发展战略，对全球产业结构布局产生了深远影响。

- **美国：**美国在人形机器人领域以技术创新为核心，重点发展人工智能、计算机视觉和高端硬件技术。例如，硅谷专注于 AI 技术创新，波士顿则强调硬件和控制技术的发展。美国通过《国家机器人计划》等政策支持人形机器人的研发和商业化，推动其在全球市场中的领先地位。
- **中国：**中国在人形机器人产业链中占据重要地位，特别是在“身体”类别中，中国企业占比达到 45%。中国的发展战略侧重于产业链的完善和应用推广，通过政策支持和大规模投资，推动人形机器人在工业制造、物流和家庭服务等领域的广泛应用。例如，2023 年 11 月，中国工业和信息化部印发《人形机器人创新发展指导意见》，提出到

2025 年，人形机器人创新体系初步建立；到 2027 年，构建具有国际竞争力的产业生态，综合实力达到世界先进水平。

- **欧洲：**欧洲在人形机器人领域以高端制造和特种应用为核心，德国和意大利在机械制造、动力学仿真和智能传感方面具有深厚的技术积累。欧洲通过“地平线 2020 计划”等政策支持人形机器人的研发和应用，推动其在工业制造、医疗健康等领域的广泛应用。
- **日本：**日本在精密电机和减速器等核心零部件领域表现出色，其人形机器人产业发展侧重于高端制造和精密控制。日本将机器人作为经济增长的重要驱动力，通过政策支持和技术创新，推动人形机器人在工业和服务领域的应用。

这种全球范围的分工与合作，不仅推动了人形机器人技术的快速发展，还促进了全球产业结构的优化和升级。发达国家在技术创新和高端制造方面占据优势，而新兴市场则在应用推广和产业链完善方面发挥重要作用。这种协同发展的模式，为人形机器人产业的全球化布局奠定了坚实基础，也为未来全球经济的可持续发展提供了新的动力。

五、小结

人形机器人的发展不仅是技术进步的体现，更是全球经济结构调整和产业升级的重要驱动力。从劳动力市场的优化到产业效率的提升，从新兴技术产业的崛起到底层技术的突破，人形机器人正在为全球经济注入新的活力。在全球范围内，不同国家和地区根据自身优势制定了差异化的发展战略，形成了协同发展的产业格局。未来，随着技术的进一步成熟和应用场景的不断拓展，人形机器人有望在更多领域发挥关键作用，推动全球经济向智能化、自动化方向迈进。这一变革不仅将重塑产业结构，还将为人类社会带来更加便捷、高效和可持续的未来。

第 2 节 科技竞争

人形机器人作为融合了机械工程、人工智能、材料科学等多领域前沿技术的综合体，不仅代表着未来技术发展的方向，更在经济、社会和地缘政治层面具有深远的战略意义。大国之间的政策博弈、技术标准的争夺以及产业生态的布局，都在不断重塑全球科技竞争格局。与此同时，人形机器人作为下一代基础设施的“潜力股”，其在地缘战略中的重要性日益凸显。本节将深入探讨人形机器人在科技竞争中的角色，分析大国政策博弈的背景与影响，以及人形机器人在地缘战略中的地位和未来趋势，揭示其对全球科技、经济和安全格局的深远影响。

一、大国政策博弈：中国“揭榜挂帅”与美国 AI 法案

（一）政策背景与目标

1. 中国“揭榜挂帅”机制

- **背景**：人形机器人作为战略性新兴产业，对国家经济和科技发展具有重要意义。近年来，全球人形机器人技术取得显著进展，展现出巨大的应用潜力和市场规模。然而，我国人形机器人产业仍面临诸多挑战，如关键基础部件依赖进口、操作系统自主研发能力不足、领军企业国际竞争力较弱等。在此背景下，中国通过“揭榜挂帅”机制，旨在集中力量攻克核心技术瓶颈，加速产业化进程。
- **目标**：推动人形机器人技术突破，提升产业链自主可控能力，构建完整的产业生态。具体而言，到 2025 年，初步建立人形机器人创新体

系，实现关键技术突破，整机产品达到国际先进水平，并在多个场景实现示范应用。到 2027 年，形成安全可靠的产业链供应链体系，构建具有国际竞争力的产业生态。

- **措施**：设立重大专项，通过政策引导和资金支持，鼓励产学研用联合攻关。同时，建立技术标准和专利布局，提升国际竞争力。例如，工业和信息化部等四部门印发《新产业标准化领航工程实施方案（2023 — 2035 年）》，将人形机器人作为未来产业的关键领域之一。

2. 美国 AI 法案

- **背景**：美国近年来通过一系列政策和法案，试图在全球人工智能领域保持领先地位。2025 年，美国参议院提出了《2025 年美国人工智能能力与中国脱钩法案》，旨在限制中美在人工智能领域的技术交流。此外，美国还通过出口管制措施，限制先进 AI 技术和相关硬件的出口。
- **目标**：通过立法手段，确保美国在全球人工智能领域的技术垄断地位，防范所谓的“国家安全风险”，同时推动人工智能技术的扩散。
- **措施**：该法案禁止美国人在中国境内发展人工智能，并禁止进口在中国开发或生产的人工智能技术。此外，美国还通过制定安全标准，保护先进闭源 AI 大模型，防止技术外流。

3. 中美政策对比

中国“揭榜挂帅”政策聚焦于技术创新和产业生态建设，强调国际合作与自主可控能力的提升；而美国的 AI 法案则以技术封锁和限制交流为主，试图通过立法手段维护其技术垄断地位，见表 3-6。

表 3-6　中美政策对比

维度	中国“揭榜挂帅”	美国 AI 法案
目标	推动技术创新，提升产业链自主可控能力，构建产业生态	限制技术交流，维护技术垄断地位

续表

维度	中国“揭榜挂帅”	美国 AI 法案
手段	设立重大专项，鼓励产学研用联合攻关，建立技术标准和专利布局	立法限制，出口管制，技术封锁
技术路径	以数据驱动为核心，推动技术从实验室走向产业化	保护闭源大模型，限制开源技术外流
国际影响	积极参与国际标准制定，提升国际竞争力	推动技术脱钩，维持竞争优势

（二）政策实施效果与差异

1. 中国的优势与挑战

（1）优势

- **集中力量办大事的制度优势：**中国通过集中资源的方式，能够快速推动技术突破和产业化。例如，在新能源汽车、5G 通信等领域，政府通过政策引导和资金支持，迅速整合产学研用各方力量，实现了从技术研发到大规模应用的快速转化。
- **政策引导性强：**政府在科技创新中发挥了重要的协调作用，能够有效整合高校、科研机构和企业等各方力量。这种模式不仅加快了技术的研发速度，还促进了科技成果的快速转化。

（2）挑战

- **部分核心技术仍依赖进口：**尽管中国在多个领域取得了显著进展，但在半导体芯片、高端数控机床等核心技术领域，仍高度依赖进口。这种依赖不仅制约了相关产业的自主发展，也增加了产业链的脆弱性。
- **基础研究相对薄弱：**与发达国家相比，中国的基础研究投入占比较低，基础研究占研发总投入的比例不足。这导致一些前沿技术的原始创新能力不足，技术转化效率有待提高，产业化进程可能受到制约。

2. 美国的优势与挑战

（1）优势

- **强大的基础研究能力：**美国在基础研究领域投入巨大，高校和科研机构在前沿技术研究方面处于领先地位。例如，美国的高校和研究机构在生物技术、半导体等领域拥有大量专利，这些成果为技术创新提供了坚实的基础。
- **创新生态完善：**美国的创新生态系统以硅谷为代表，形成了产学研用紧密结合的模式。这种模式不仅促进了技术的快速转化，还通过风险投资、创业孵化器等机制，推动了初创企业的快速发展。
- **技术转化路径成熟：**美国通过《拜杜法案》等，建立了高效的知识产权保护和技术转移机制。高校和科研机构的技术成果可以通过技术转移办公室（TTO）快速进入市场，实现了从实验室到商业应用的无缝对接。

（2）挑战

- **政策协调难度大：**美国的政策制定涉及多个部门和利益集团，协调难度较大。例如，在人工智能和生物技术等领域，不同部门之间的利益诉求复杂，导致政策执行效率较低。
- **部分技术发展受到伦理和安全问题的制约：**随着技术的快速发展，伦理和安全问题日益凸显。例如，基因编辑、人工智能等领域的发展引发了广泛的伦理争议，部分技术的应用受到限制。
- **国际竞争压力增大：**美国的技术垄断策略导致全球产业链断裂风险增加。例如，对中国高科技企业的制裁不仅影响了中美贸易关系，也对全球产业链的稳定造成了冲击，见表 3-7。

表 3-7　中美政策实施效果对比

维度	中国	美国
优势	集中力量办大事，政策引导性强	基础研究能力强，创新生态完善，技术转化路径成熟

续表

维度	中国	美国
挑战	部分核心技术仍依赖进口，基础研究相对薄弱	政策协调难度大，伦理和安全问题突出，国际竞争压力增大

二、地缘战略：人形机器人作为下一代基础设施

（一）人形机器人在地缘战略中的角色

1. 技术制高点争夺

（1）全球竞争态势

人形机器人融合了人工智能、机械工程、材料科学等前沿技术，成为大国竞争的关键领域。当前，全球主要经济体纷纷加大研发投入，试图在这一领域占据技术制高点。例如，美国凭借其在人工智能算法和芯片设计方面的优势，积极推动人形机器人技术的商业化应用；中国则凭借完整的产业链优势，在核心零部件和应用场景方面取得显著进展。此外，欧盟也在通过政策支持和科研投入，加速人形机器人技术的突破。

（2）技术标准与专利布局

技术标准的制定和专利布局成为各国竞争的焦点。美国、中国和欧盟等主要经济体通过专利申请和标准制定，试图在全球产业链中占据主导地位。例如，美国在人工智能算法和机器人开发平台方面拥有大量专利，而中国在核心零部件如谐波减速器和六维力矩传感器等领域加速实现国产替代。此外，国际标准化组织和电气与电子工程师协会（IEEE）等机构也在积极推动人形机器人相关标准的制定。

2. 产业生态的全球布局

（1）美国：依托技术优势，推动全球产业链整合

美国在人形机器人领域依托其强大的技术优势，通过技术输出和市场拓展，巩固其全球领先地位。其优势主要体现在以下几个方面。

- **技术优势**：美国在人工智能算法、芯片设计、视觉导航等核心技术领域占据领先地位。例如，OpenAI 的多模态大模型技术为机器人提供了强大的感知和决策能力。
- **产业链整合**：美国通过技术输出和国际合作，推动全球产业链整合。特斯拉的 Optimus 项目不仅展示了其在硬件和软件方面的技术实力，还通过供应链管理将全球资源纳入其产业生态。
- **市场拓展**：美国企业通过全球市场布局，加速人形机器人在工业、服务和家庭等领域的应用。特斯拉计划在 2026 年实现 5 万至 10 万台的年产量，并在 2027 年进一步扩大至 50 万台。

（2）中国：通过硬件突破和生态整合，构建自主可控的产业体系

中国在人形机器人领域通过硬件突破和生态整合，逐步构建自主可控的产业体系，主要体现在以下几个方面。

- **硬件突破**：中国在核心零部件领域取得显著进展，推动了人形机器人产业链的国产化替代。例如，绿的谐波在谐波减速器领域市场占有率全球前三，国产化率突破 45%；柯力传感在六维力矩传感器领域订单量增长显著。
- **生态整合**：中国通过政策支持和企业创新，加速人形机器人产业生态的构建。例如，北京和上海等地出台多项支持政策，推动具身人工智能和机器人发展。同时，华为、小米、比亚迪等头部企业通过内部研发或投资初创企业，加速技术积累。
- **应用场景拓展**：中国企业在工业制造、医疗护理、家庭服务等领域加速人形机器人的应用落地。例如，优必选的 Walker S1 在比亚迪工厂

实现了物料搬运的全流程自动化。

（3）日欧：差异化竞争优势与标准制定

日本和欧盟在人形机器人领域通过差异化竞争优势和标准制定，寻求在全球格局中的重要地位。

- **日本**：凭借在机器人技术领域的深厚积累，日本继续在高端零部件和系统集成方面保持优势。例如，日本企业在高性能 MEMS 惯性传感器等高端零部件领域占据主导地位。
- **欧盟**：欧盟通过制定伦理和安全标准，寻求在全球格局中的差异化竞争优势。例如，欧盟积极推动人形机器人在伦理、安全和隐私保护方面的标准制定，提升其在全球产业链中的影响力，见表 3-8。

表 3-8　全球人形机器人产业链竞争格局

经济体	技术优势领域	核心企业	代表性产品 / 成果
美国	人工智能算法、芯片设计	特斯拉、OpenAI	特斯拉 Optimus
中国	核心零部件、应用场景	绿的谐波、优必选、比亚迪	谐波减速器、Walker S1
日本	高端零部件、系统集成	未明确	高性能 MEMS 惯性传感器
欧盟	伦理和安全标准	未明确	伦理和安全标准制定

（二）人形机器人对地缘政治格局的影响

1. 经济层面

（1）产业升级与结构调整

人形机器人作为前沿科技的集大成者，正在重塑全球制造业和服务业的分工格局，推动产业升级和经济结构调整。

- **发达国家的高端制造业巩固**：发达国家凭借其在人工智能、芯片设计、高端零部件等核心技术领域的优势，通过人形机器人技术的应用，进一步巩固其在全球高端制造业的地位。例如，美国通过特斯拉 Optimus 项目的推进，加速了轻量化与感知集成技术的革新。

- **新兴经济体的机遇与挑战**：人形机器人技术的普及为新兴经济体提供了弯道超车的机会，但同时也带来了技术垄断和产业空心化的风险。新兴经济体需要通过技术转移和产业升级，提升自身在全球产业链中的地位。

（2）新兴经济体的机遇与挑战

人形机器人技术的快速发展为新兴经济体带来了前所未有的机遇，但也伴随着诸多挑战。

- **机遇**：人形机器人技术的普及为新兴经济体带来了显著的技术转移与产业升级机遇，同时也推动了相关市场需求的快速增长。一方面，技术的传播为新兴经济体提供了加速制造业和服务业智能化升级的机会。以中国为例，通过政策支持和企业创新，中国在人形机器人的核心零部件（如谐波减速器和伺服系统）领域取得了重要突破，从而推动了人形机器人产业链的国产化替代。另一方面，新兴经济体在家庭服务、医疗护理和工业制造等领域对人形机器人的需求不断增长，这不仅为人形机器人产业的发展提供了广阔的市场空间，也为新兴经济体的经济增长注入了新的动力。
- **挑战**：在人形机器人领域，新兴经济体面临着来自发达国家的技术垄断风险和产业空心化的双重挑战。首先，发达国家凭借其在核心技术领域的优势，如高端芯片和先进算法，可能形成技术垄断，从而限制新兴经济体的发展。例如，个别国家通过技术封锁手段，阻碍新兴经济体获取关键技术和零部件，这进一步加剧了两者之间的技术差距。其次，如果新兴经济体不能有效整合技术资源，推动产业升级，可能会出现产业空心化的问题。在这种情况下，高端制造业可能继续被发达国家垄断，而新兴经济体自身的制造业升级进程将变得缓慢，难以在全球产业链中占据更有利的位置。

（3）政策引导与国际合作

新兴经济体需要通过政策引导和国际合作，提升自身在全球产业链中的地位。

- **政策引导**：各国政府纷纷出台政策支持人形机器人产业的发展。例如，中国通过《人形机器人创新发展指导意见》明确了产业发展的阶段性目标，引导企业和科研机构围绕关键技术研发、产品制造和应用场景拓展进行布局。
- **国际合作**：新兴经济体可以通过国际合作，获取技术资源和市场机会。例如，中国与东盟国家在智能制造领域开展合作，推动人形机器人技术在区域内的应用，见表 3-9。

表 3-9　人形机器人对新兴经济体的影响

维度	机遇	挑战
技术转移	加速核心零部件国产化替代	发达国家技术垄断风险
市场需求	家庭服务、医疗护理等领域的市场需求增长	产业空心化风险
政策支持	政策引导产业升级	技术封锁与供应链碎片化
国际合作	区域合作推动技术应用	全球技术标准竞争

2. 安全层面

（1）军事与安防领域的潜在应用

人形机器人在军事和安防领域的潜在应用引发了广泛的地缘安全担忧。其在情报搜集、侦察、攻击、防御和后勤支援等方面具有显著优势，但也可能带来新的安全风险。

- **军事应用的双刃剑效应**：人形机器人能够执行高风险任务，如生还者搜索、补给支援、战场侦察等，从而提高军事行动的效率和安全性。然而，其武器化和自动化作战能力可能引发伦理和道德争议，甚至加剧军事冲突。
- **安防领域的机遇与挑战**：在安防领域，人形机器人可用于巡逻、监控和应急响应，提升公共安全水平。然而，其潜在的滥用风险，如被用于非法监视或暴力行为，需要通过严格的伦理和安全框架加以约束。

为应对这些挑战，各国需要在技术发展的同时，加强伦理和安全框架建设，防止技术滥用。

（2）数据安全与隐私保护

人形机器人作为信息终端，涉及大量数据的收集和处理，数据安全和隐私保护成为关键问题。

- **数据安全风险：**人形机器人在运行过程中会处理大量个人信息、企业数据和公共数据，数据泄露可能导致严重的隐私侵犯和安全问题。
- **隐私保护挑战：**人形机器人在服务过程中需要与用户进行交互，收集大量个人数据，如何确保这些数据的安全性和合法性成为重要课题。

为确保人形机器人技术发展符合伦理和安全要求，各国需要通过立法和监管措施加以规范。

- **立法与监管：**建立健全法律框架，规范人形机器人的数据处理和隐私保护机制。例如，中国已发布《人形机器人治理导则》，明确要求在设计、制造和应用过程中优先保护相关隐私和数据。
- **技术与管理措施：**加强数据加密、访问控制和安全认证技术，确保数据在传输和存储过程中的安全性。
- **伦理框架：**制定伦理指南，约束人形机器人的行为，确保其设计和应用符合人类价值观和伦理原则。

（三）未来趋势与战略应对

1. 技术突破与应用拓展

（1）关键节点与应用场景

人形机器人技术的发展正快速推进，未来几年将出现多个关键节点，推动其在多领域的广泛应用。在技术突破方面，人形机器人将在运动控制、感知能力和人机交互等方面取得显著进展。具体而言，运动控制技术将使机器人能够实现更灵活、稳定的动作，例如通过精确控制多自由度关节以及在复杂环境下保持动态平衡。感知能力的提升将得益于 3D 视觉传感器成本的大幅降低和精度的提高，以及六维力矩传感器精度达到 0.1 牛·米，从而让机器人能够更精准地感知周围环境。此外，具身大模型的发展将进一步提升人机交互的自然性，使机器人能够通过自然语言和手势与人类进行更有效的沟通。

在应用场景方面，人形机器人将在工业、医疗和家庭服务等领域发挥重要作用。在工业领域，人形机器人将承担更多智能制造任务，如复杂装配、质量检测和物料搬运。例如，优必选的 Walker S1 已在比亚迪工厂实现全流程自动化，展示了其在工业场景中的巨大潜力。在医疗领域，人形机器人将辅助康复训练、陪伴老年人，并在手术室中提供辅助操作，提升医疗服务的效率和质量。在家庭服务领域，人形机器人将承担家务劳动、陪伴儿童和老人等任务，预计其在家庭服务场景的渗透率将在未来几年内显著提升，为人形机器人技术的商业化应用开辟广阔空间。

（2）抢占技术与市场先机

为了抢占全球人形机器人市场的先机，各国纷纷通过政策引导和产业布局加速技术突破与应用拓展。在政策引导方面，中国出台了一系列支持人形机器人产业发展的政策。例如，《人形机器人创新发展指导意见》明确了到 2025 年初步建立创新体系、突破关键技术，并确保核心部组件安全有效供给的目标。此外，北京、浙江、广东等地也纷纷发布具身智能和人形机器人产业的行动计划，推动产业集群发展。美国则通过《国家机器人计划》重点支持人工智能、硬件创新和标准制定，推动机器人技术的全面发展。

在产业布局方面，全球正积极推动人形机器人技术生态的构建。各国整合电子电气、自动化控制和人工智能等多学科领域的力量，加快制定国际标准。供应链方面，全球呈现出“亚洲制造 + 中美创新”的格局。中国在核心零部件领域取得显著突破，例如谐波减速器的国产化率达到 45%，行星滚柱丝杠的负载能力提升了 30%，为产业的快速发展奠定了基础。同时，科技巨头如特斯拉、华为、小米等纷纷入局人形机器人领域，初创公司如 Figure AI 和 1X Technologies 也在加速技术创新。

通过政策引导和产业布局，各国正加速人形机器人技术的突破与应用拓展，努力在全球市场中占据先机。

2. 国际合作与竞争平衡

在人形机器人领域，国际合作与竞争的平衡成为全球产业发展的重要议题。一方面，人形机器人领域的国际合作潜力巨大，主要体现在技术交流、标准制定和联合研发等方面。例如，国家地方共建人形机器人创新中心，通过开源技术推动全球开发者协同创新，避免中小微企业的重复研发。此外，中国积极参与国际标准的制定，推动人形机器人标准化技术委员会的国际合作交流，促进全球技术共享。这种开放与合作的模式不仅有助于加速技术突破，还能推动人形机器人在全球范围内的产业化发展。

另一方面，如何在竞争中寻求合作，避免技术封锁和贸易摩擦，是人形机器人技术健康发展的关键。近年来，中美等国在人形机器人领域既存在竞争，也有合作潜力。例如，中美可以在人工智能、机器人标准化等方面开展合作，共同推动全球机器人技术的进步。此外，中国通过政策支持和产业布局，推动人形机器人技术的国际化发展，鼓励国内企业“走出去”，同时吸引国外企业和机构在国内设立研发中心。这种双向开放的策略有助于缓解技术封锁和贸易摩擦，促进全球产业链的协同发展。

因此，人形机器人领域的国际合作与竞争平衡需要各国在技术交流、标准制定和联合研发等方面加强合作，同时通过政策引导和产业布局，避免技术封锁和贸易摩擦，推动人形机器人技术在全球范围内的健康发展。

三、小结

人形机器人作为 21 世纪最具潜力的前沿技术之一，正在成为全球科技竞争的新高地。通过对中国“揭榜挂帅”政策与美国 AI 法案的对比分析，我们看到了不同国家在科技战略布局上的差异与共性。中国通过集中力量攻克核心技术，推动产业生态的自主可控，而美国则依托其强大的基础研究和创新生态，试图通过立法和政策支持巩固其全球领先地位。与此同时，人形机器人在全球地缘战略中的重要性愈发凸显，它不仅是技术制高点的争夺焦点，更是未来产业生态和经济格局的关键变量。随着技术的不断突破和应用场景的拓展，人形机器人将在重塑全球制造业、服务业分工以及提升国家竞争力方面发挥重要作用。然而，技术发展也带来了数据安全、隐私保护以及伦理问题等挑战。未来，各国需要在竞争中寻求合作，共同推动人形机器人技术的健康发展，确保其在全球范围内的广泛应用符合人类的共同利益。

参考文献

[1] 雪球 . 分析研究均普智能人形机器人如何赋能汽车主机厂及零部件生产[N]. 雪球，2025.

[2] 雪球 . 人形机器人产业链全景梳理[N]. 雪球，2025.

[3] 雪球 . 人形机器人深度研究报告：2025 量产元年开启，万亿产业链掘金地图[N]. 雪球，2025.

[4] 次方点评 . 专出酒店行业“爆款”的机器人公司，这次又做对了什么？[N]. 次方点评，2024.

[5] Data Bridge Market Research. 人形机器人市场规模，2031 年需求见解和统计数据[N]. Data Bridge Market Research，2024.

[6] Morgan Stanley. The Humanoid 100: Mapping the Humanoid Robot Value Chain[N]. Morgan Stanley，2025.

[7] Ferguson, M. Tesla's ambitious plan: 1 million Optimus robots by 2027 [N]. OpenTools AI，2025.

[8] 华经产业研究院. 绿的谐波研究报告：人形机器人打开谐波国产龙头第二增长曲线[N]. 华经产业研究院，2024.

[9] 中研普华产业研究院. 人形机器人：从技术奇点到产业爆发，万亿蓝海的战略突围[N]. 中研网，2025.

第二部分

技术解构：硬件、软件与系统集成

第4章 硬件系统：执行器、感知与材料革命

第1节 执行器技术

人形机器人的运动能力是其区别于其他智能设备的重要标志，而执行器作为动力输出的核心部件，堪称人形机器人的“肌肉”。其性能直接决定了机器人能否精准、高效地完成各种复杂动作，是实现人形机器人从概念到现实的关键技术支撑。本节将深入探讨执行器技术，解析不同类型执行器的工作原理、技术特点以及在人形机器人中的应用场景，揭示其如何为人形机器人赋予灵活、精准的运动能力，为后续硬件系统的设计与优化奠定基础。

一、执行器技术概述

（一）定义与功能

在人形机器人领域，执行器被定义为能够将电能、液压能或气能等能量形式转化为机械运动的装置，其核心功能是驱动机器人的各个关节进行精确运动，从而实现诸如行走、抓取、操作等复杂动作。执行器就像是人形机器人的“肌肉”，为机器人提供动力输出，使机器人能够与外部环境进行物理交互。例如，在机器人进行物体抓取操作时，执行器能够精确控制手指的开

合力度和角度，确保物体被稳定抓取；在机器人行走过程中，执行器则根据运动控制算法输出相应的扭矩和速度，驱动腿部关节完成行走动作，维持机器人的平衡与稳定，见图 4–1。

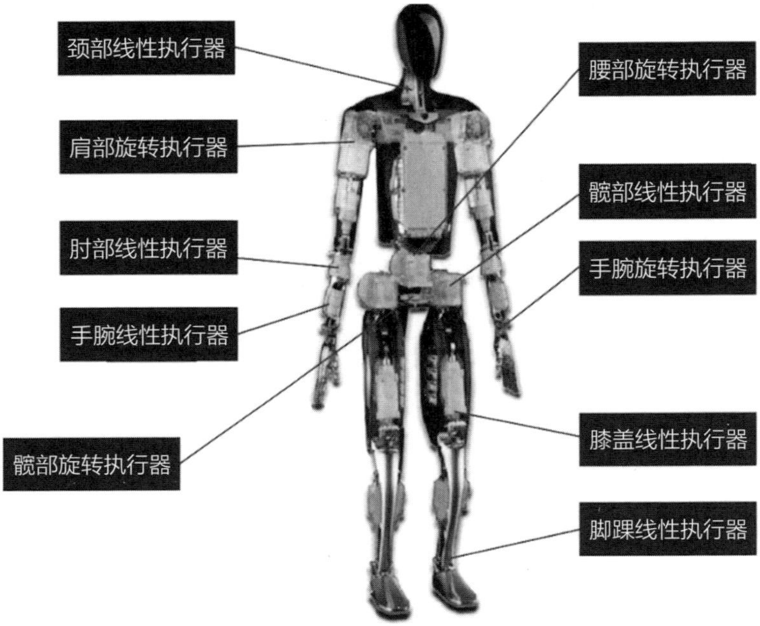

图 4–1　人形机器人主要执行器分布

资料来源：特斯拉。

（二）重要性

执行器的性能对人形机器人的运动精度、负载能力和响应速度等关键指标具有决定性影响。

在运动精度方面，高精度的执行器能够实现微小角度和位置的精确控制，这对于机器人完成精细操作任务（如装配小零件、书写绘画等）至关重要。例如，若执行器的精度误差较大，在进行精密装配时可能导致零件无法准确对接，影响装配质量。

在负载能力方面，执行器的输出扭矩或力直接决定了机器人能够承载的最大重量。对于需要搬运重物或在复杂地形行走的人形机器人，强大的负载能力是必不可少的。例如，在工业场景中，机器人可能需要搬运几十千克甚至上百千克的货物，这就要求执行器具备足够的功率和强度。

在响应速度方面，快速响应的执行器能够使机器人迅速调整动作，以适应快速变化的环境或任务需求。例如，在机器人进行高速运动或避障操作时，执行器需要在极短时间内作出反应，否则可能导致碰撞或动作失误。因此，执行器作为人形机器人动力输出和运动控制的关键环节，其性能的优劣直接关系到机器人的整体性能和应用范围，是人形机器人研发中的核心要素之一，见表 4-1。

表 4-1　执行器性能对人形机器人关键指标的影响

执行器性能指标	运动精度影响	负载能力影响	响应速度影响
扭矩输出精度	高精度扭矩输出可提高运动精度	扭矩越大负载能力越强	快速扭矩响应有助于精准控制
位置控制精度	直接决定关节位置精度	高精度位置控制可稳定负载	快速位置调整提升响应速度
速度调节精度	影响运动平稳性和精度	速度调节范围影响负载效率	快速速度响应适应动态需求

此外，健壮性也是衡量执行器性能的核心指标。健壮性是指在复杂工况下维持稳定运行的能力。健壮性直接影响机器人对环境扰动、机械磨损、突发负载变化的适应能力，是人形机器人从实验室走向实际应用的关键保障。其技术内涵包含环境适应性（如在-20℃至 80℃极端环境中连续运行 2000 小时）、抗冲击性（关节承受 20G 瞬时冲击）及故障容忍度。其提升路径聚焦材料创新、结构优化与智能控制的协同突破。未来，健壮性将成为执行器“可靠化”的核心指标，推动人形机器人从“实验室可用”走向“现实可靠”的“最后一公里”。

二、旋转关节执行器技术

（一）减速器

1. 主要分类与结构特点

精密减速机作为连接动力源和执行机构的中间机构，通过降低转速和提升扭矩，精准调节机器转动角度。目前应用在人形机器人中的减速机主要包括精密行星减速器、RV 减速机和谐波减速机。由于减速机产品技术路径的不同，在应用场景和性能表现上各具特点，见表 4–2。

表 4–2　不同类型的减速器对比

指标	行星减速机	RV 减速机	谐波减速机
产品定义	传动结构主要由行星轮、太阳轮、内齿圈三部分组成的精密减速器，其结构简单并且传动效率高，多安装在伺服电机上，用来降低转速，提升扭矩，精确定位	通过多级减速实现传动，一般由行星齿轮减速器的前级和摆线针轮减速器的后级组成，组成的零部件较多	通过柔轮的弹性变形传递运动，主要由柔轮、钢轮、波发生器三个核心零部件组成
示意图			
应用场景	目前较精密的行星减速器已应用于四足机器人和小型仿人机器人中	一般应用于多关节机器人中机座、大臂、肩部等负重载的位置	主要应用于机器人小臂、腕部和手部
优点	传动效率高，承载力强、抗冲击和振动性能好，运动平稳。结构简单，成本相对谐波、RV 低	刚性好、抗冲击能力强、传动平稳、精度高	与 RV 及其他精密减速器相比，谐波减速器体积小、重量轻、结构简单紧凑
缺点	单级精密行星减速器传动比小，多级减速的长度重量限制其使用场景。需要定期维护，高精度高效率等特殊要求会带来更高的制造成本	重量、体积较大；制造难度大，价格较贵	由于柔轮的反复变形，存在疲劳强度的问题，承载力有限

2. 技术挑战

- **长寿命**：谐波减速器的柔轮长期承受周期性弹性变形，需要尽量避免材料微观裂纹的萌生与扩展速度。另外，减速器内部润滑剂的性能退化（如高温氧化、剪切稀化）会导致摩擦功耗增加，齿面磨损加剧。
- **高精度**：减速器齿面磨损会逐渐增大啮合间隙，从而影响运行精度。另外工作时的内部摩擦生热（局部温度可达 80~120℃）引发齿轮副的热膨胀差异，也可能导致啮合状态偏离设计参数。
- **轻量化**：轻量化与机器人工作续航时间、负载能力息息相关，需通过新型材料的使用、结构优化，来控制减速器重量。
- **健壮性**：人形机器人的跳跃、跌倒等动作会产生瞬时冲击载荷（可达额定扭矩的 10 倍），传统齿轮易发生断齿。
- **国产化与量产瓶颈**：精密减速器依赖高精度加工设备（如磨齿机精度需小于 2 微米），国产化率仍较低。

（二）无框电机

1. 构造与特点

无框电机是一种去除了传统电机外壳的电机结构，由定子和转子组成，直接嵌入机器人关节内部。其设计特点如下。

- **轻量化**：无框电机去除了外壳，减少了重量和体积，适合人形机器人对关节轻量化的要求。
- **高扭矩密度**：通过优化电机的电磁设计和材料选择，无框电机能够在较小的体积内输出较高的扭矩。
- **快速响应**：无框电机的惯性较小，能够实现快速的动态响应，适合人形机器人在复杂运动中的快速调整。

2. 协同效应与应用

在人形机器人的旋转关节中，无框电机与谐波减速器的结合能够发挥显著的协同效应。

- **高精度与高扭矩输出：**谐波减速器的高精度传动与无框电机的高扭矩密度相结合，能够满足人形机器人对关节运动精度和动力输出的双重需求。
- **快速响应与动态控制：**无框电机的快速响应特性能够弥补谐波减速器在动态性能上的不足，使机器人关节在复杂运动中保持高精度和高效率。
- **紧凑设计：**两者结合后的整体尺寸较小，适合安装在人形机器人的关节部位，如肩关节、膝关节等。

三、线性关节执行器技术

（一）行星滚柱丝杠

1. 工作原理

行星滚柱丝杠是一种通过滚柱在丝杠和螺母间的滚动传动来实现直线运动的机械装置。具体来说，当电机驱动丝杠旋转时，滚柱在丝杠和螺母的螺纹之间滚动，从而将旋转运动转化为直线运动。这种传动方式类似于行星齿轮传动，滚柱就像行星齿轮一样，在丝杠和螺母之间起到传动和减速的作用。

2. 结构组成

行星滚柱丝杠主要由以下几部分组成。

- **丝杠：**丝杠是行星滚柱丝杠的核心部件之一，它通常是一个带有螺旋槽的圆柱体。丝杠的旋转运动通过滚柱传递给螺母，从而实现直线运动。

- **螺母**：螺母是另一个重要的部件，它与丝杠配合使用。螺母内部有与丝杠相匹配的螺纹，滚柱在螺母和丝杠之间滚动，使螺母能够沿丝杠轴向移动。
- **滚柱**：滚柱是行星滚柱丝杠的关键传动部件。它们通常是一些小型的圆柱体，安装在丝杠和螺母之间。滚柱在丝杠和螺母的螺纹中滚动，将丝杠的旋转运动转化为螺母的直线运动。
- **保持架**：保持架用于固定滚柱的位置，防止滚柱在运动过程中脱落。它通常是一个环形的部件，带有多个小孔，滚柱安装在这些小孔中。

3. 优势

- **高效率**：行星滚柱丝杠的传动效率非常高，通常可以达到 90% 以上。这是因为滚柱在丝杠和螺母之间滚动时，摩擦损失较小，能够有效地传递动力。
- **高刚性**：行星滚柱丝杠具有较高的刚性，能够承受较大的负载。这使得它在需要高精度和高刚性的应用场景中表现出色，如工业机器人、精密加工设备等。
- **长寿命**：由于滚柱与丝杠和螺母之间的接触应力分布均匀且摩擦较小，行星滚柱丝杠的使用寿命较长。在正常工作条件下，它可以长时间稳定运行，减少维护和更换的成本。

4. 技术挑战

- **制造精度要求高**：行星滚柱丝杠的制造精度要求非常高。丝杠、螺母和滚柱的螺纹需要精确匹配，否则会影响传动的平稳性和精度。这需要高精度的加工设备和先进的制造工艺。
- **成本较高**：由于制造精度要求高，行星滚柱丝杠的成本相对较高。这在一定程度上限制了它在一些成本敏感的应用场景中的广泛应用。

（二）直线电机

1. 工作原理

直线电机是一种基于电磁感应原理直接产生直线运动的电机。它的工作原理类似于传统的旋转电机，但将旋转运动转化为直线运动。直线电机主要由定子和动子两部分组成。定子上安装有线圈，通电后产生磁场；动子通常是由导磁材料制成的部件，在定子磁场的作用下受到电磁力，从而产生直线运动。

2. 特点

- **快速响应**：直线电机能够实现快速的启动和停止，响应时间通常在毫秒级别。这使得它在需要快速运动的应用场景中具有很大的优势，如高速加工、精密测量等。
- **高精度定位**：直线电机可以直接驱动负载进行直线运动，无须机械传动中间环节，因此能够实现高精度的定位。其定位精度可以达到微米甚至纳米级别，适用于精密制造和科学研究等领域。
- **无须机械传动**：传统的线性执行器通常需要通过丝杠、齿轮等机械传动装置将电机的旋转运动转化为直线运动，而直线电机可以直接产生直线运动，无须这些中间环节。这不仅简化了系统结构，还减少了机械传动带来的误差和损耗。

3. 与行星滚柱丝杠的适用性差异

- **应用场景**：行星滚柱丝杠适用于需要高刚性、高负载承载能力的场景，如工业机器人、重型机械等。而直线电机则更适合于需要快速响应、高精度定位的场景，如半导体制造设备、精密仪器等。
- **成本与维护**：行星滚柱丝杠的成本较高，但维护相对简单，使用寿命长。直线电机的成本相对较低，但需要定期维护，如清洁和润滑等。

- **体积与重量**：行星滚柱丝杠的体积和重量较大，尤其是在大负载应用中。直线电机则可以设计得更加紧凑和轻量化，适用于空间受限的应用场景。

行星滚柱丝杠和直线电机都是线性关节执行器的重要技术方案。行星滚柱丝杠以其高效率、高刚性和长寿命的特点，在需要高负载承载和高精度的场景中表现出色；而直线电机则以其快速响应、高精度定位和无须机械传动的优势，在需要快速运动和精密定位的场景中更具竞争力。在实际应用中，应根据具体需求和应用场景的特点，选择合适的线性关节执行器技术。

（三）行星滚柱丝杠与直线电机的技术对比

在进行线性关节执行器技术选型时，深入理解各技术特性至关重要。表 4–3 将行星滚柱丝杠与直线电机在多维度进行技术对比，以助精准抉择。两者在传动效率、负载能力等关键指标上差异显著，应用场景也各有侧重。通过该表，可快速洞察两者的特性，为不同场景下的选型提供有力依据，确保系统在性能、成本及可靠性上达到最佳平衡。

表 4-3　行星滚柱丝杠与直线电机技术对比

技术指标	行星滚柱丝杠	直线电机
工作原理	通过滚柱在丝杠和螺母间的滚动传动实现直线运动	基于电磁感应原理直接产生直线运动
传动效率	90% 以上	80%~90%
刚性	高	中等
负载能力	大	中等
响应速度	中等	快速
定位精度	高	高
制造精度要求	高	中等
成本	高	中等
适用场景	工业机器人、重型机械	半导体制造设备、精密仪器

四、灵巧手执行器技术方案

人类目前约 80% 的活动都是直接或间接通过手部来完成，人形机器人需要体现其跨场景通用性、灵活性等目标，需要具备高自由度的灵巧手模拟人的动作来完成任务。

灵巧手作为机器人的手部末端执行器，从驱动方式和传动方式上，主要分为以下类型。

（一）主要驱动方式

空心杯电机（见图 4–2）是一种具有独特转子结构的电机，其转子呈空心杯状，因此得名。这种结构使得电机在实现高转速的同时，能够保持较小的体积，目前主流技术方案是放在手掌中部，也可放在手臂中，再通过腱绳传动。当电流通过定子绕组时，产生磁场，与转子中的永磁体相互作用，驱动转子旋转。由于转子是空心的，减少了材料的使用，从而降低了电机的重量和惯性，使其能够实现高速精准控制。

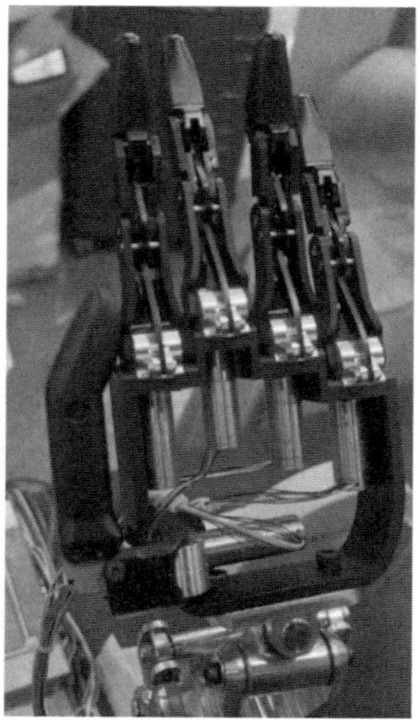

图 4–2　空心杯电机

空心杯电机具备以下技术优势。

- **重量轻：**空心杯电机的转子采用空心设计，大大减轻了电机的重量。这使得灵巧手在运动过程中惯性更小，能够更灵活地进行各种操作。
- **惯性小：**由于重量轻，空心杯电机的惯性也相对较小。这使得电机能够快速启动和停止，响应更快，适合灵巧手进行高速精准的运动控制。
- **高转速：**空心杯电机能够在较小的体积内实现较高的转速，满足灵巧手在快速运动中的需求。
- **精准控制：**空心杯电机具有较高的控制精度，能够实现灵巧手对精细操作的要求，如抓取小物件、进行精密装配等。

空心杯电机在灵巧手多指运动控制中具有重要的应用价值。灵巧手需要在复杂的环境中进行多种操作，如抓取、释放、旋转等。空心杯电机的高速精准控制能力能够满足这些需求，使灵巧手能够灵活地调整手指的位置和姿态。例如，在抓取不规则形状的物体时，空心杯电机可以快速调整手指的角度和力度，确保物体被稳定地抓取。此外，空心杯电机的小体积和轻重量也使得灵巧手的设计更加紧凑，不会增加过多的负担。

此外，还有直流无刷电机、轴向磁通电机直驱等其他驱动方式。空心杯电机凭借其小体积、低噪声、高功率密度、快速响应和精确控制能力等优势，成为目前主流选择方案。

（二）传动方式

1. 连杆传动

- **技术原理：**通过刚性连杆机构串并联，将驱动单元输出传递至指端。
- **技术特点：**优点是运动轨迹可控、传动效率高、刚度大、抓取力大；缺点是结构复杂、体积大、重量大、柔性不足。

2. 腱绳传动

- **技术原理**：以高强度纤维（如荷兰 DSM 公司生产的 Dyneema 纤维）替代刚性连杆，通过驱动单元收放腱绳牵引关节运动，类似人类肌腱工作原理。
- **技术特点**：优点是轻量化、灵活度高、结构紧凑；缺点是精度不高、抓取力不大、易磨损。

3. 齿轮传动

- **技术原理**：通过微型行星齿轮、谐波齿轮等减速增扭，将电机高速低扭矩输出转化为低速高扭矩。
- **技术特点**：优点是高传动效率、高精度、抓取力大；缺点是结构复杂、重量大、可靠性差。

五、执行器技术的发展趋势与挑战

（一）发展趋势

1. 更高集成化

未来，执行器技术将朝着更高集成化的方向发展。这意味着不同类型的执行器将与传感器、控制器等部件更加紧密地集成在一起，实现系统级的优化设计。通过集成化，可以减少系统的体积和重量，提高系统的可靠性和性能。例如，将电机、减速器、传感器和控制器集成在一个紧凑的模块中，可以实现更高效的空间利用和更快速的数据交互。

2. 智能化

智能化是执行器技术发展的另一个重要方向。未来的执行器将具备自适应、自诊断、自学习等智能功能，能够根据机器人任务和环境变化自动调整输出性能。智能化的执行器可以实时监测自身的运行状态，预测潜在故障，并采取相应的措施进行调整，从而提高系统的稳定性和可靠性。例如，通过嵌入式传感器和先进的控制算法，执行器可以自动适应不同的负载条件，优化运动控制。

3. 生物模仿

借鉴生物肌肉、骨骼的结构和工作原理，研发更加仿生的执行器，以实现更加自然、高效的运动控制。生物模仿的执行器可以模拟生物肌肉的柔性和弹性，提供更平滑、更自然的运动。这种仿生执行器在人形机器人中具有重要的应用价值，可以提高机器人的运动协调性和环境适应性。例如，仿生肌肉执行器可以实现类似于人类肌肉的收缩和放松，使机器人的动作更加逼真。

（二）技术挑战

1. 提高能效比

在保证性能的前提下，如何进一步提高执行器的能效比是一个重要的技术挑战。提高能效比可以降低机器人的能耗，延长续航时间，提高机器人的使用效率。目前，执行器的能耗仍然较高，需要通过优化设计和采用新材料来降低能耗。例如，采用高效的电机设计和节能控制算法，可以显著提高执行器的能效比。

2. 降低成本

研发更加经济高效的制造工艺和材料，降低执行器的生产成本，是推动人形机器人商业化普及的关键。目前，高性能执行器的成本较高，限制了人形机器人的广泛应用。通过改进制造工艺、采用低成本材料和优化设计，可以降低执行器的生产成本，使其更具市场竞争力。例如，采用 3D 打印技术和新型复合材料，可以降低执行器的制造成本。

3. 增强可靠性

提高执行器在复杂工况下的稳定性和耐久性，减少故障发生概率，是执行器技术发展的另一个重要挑战。人形机器人在实际应用中需要面对各种复杂的环境和任务，执行器的可靠性直接影响到机器人的整体性能和安全性。通过采用高质量的材料、优化设计和加强测试，可以提高执行器的可靠性和耐久性。例如，采用耐高温、耐磨损的材料和先进的密封技术，可以提高执行器在恶劣环境下的性能。

六、小结

综上所述，本节全面剖析了人形机器人执行器技术的各个方面，从旋转关节的谐波减速器与无框电机组合，到线性关节的行星滚柱丝杠与直线电机方案，再到灵巧手的空心杯电机与微型丝杠传动，详细阐述了各执行器技术的工作原理、优势与局限性。同时，对执行器技术的发展趋势与面临的挑战进行了深入探讨，明确了未来在集成化、智能化、生物模仿等方面的进阶方向，以及需要攻克的能效比、成本控制、可靠性等关键技术难题。这些技术的协同发展与不断创新，将为人形机器人在更多领域的应用开拓道路，推动其向着更加智能、高效、灵活的方向迈进，助力人形机器人产业蓬勃发展。

第2节 感知系统

感知系统作为人形机器人硬件系统的关键组成部分，其重要性不言而喻。在机器人技术不断发展的今天，感知系统相当于人形机器人的“感官”，使机器人能够感知并理解外部环境以及自身的状态，为后续的决策和行动提供依据。随着人工智能、物联网、大数据等技术的飞速发展，感知系统在人形机器人中的应用越来越广泛，其性能和功能也在不断提升。本节将深入探讨感知系统的各个方面，从定义与功能、分类与技术原理，到硬件实现、软件算法与数据处理，以及发展趋势与挑战，全面剖析感知系统在人形机器人中的关键作用和未来发展方向。

一、感知系统概述

（一）定义与功能

人形机器人的感知系统通过模拟人类的多种感知能力，使机器人能够像人类一样感知周围的世界，并根据感知信息作出相应的反应。具体来说，感知系统包括以下几个方面。

- **视觉感知**：通过摄像头等视觉传感器获取环境图像信息，利用计算机视觉算法进行处理和分析，实现目标识别、定位、跟踪以及场景理解等功能。
- **触觉感知**：模拟人类皮肤的触觉功能，通过在机器人表面或手指等部位安装的触觉传感器，感知接触物体的形状、硬度、表面纹理、温度等物理特性。
- **力觉感知**：主要通过六维力传感器等设备，安装在机器人的关节或末端执行器处，测量机器人与环境之间的力和力矩信息。
- **位置与姿态感知**：利用惯性测量单元（IMU）、编码器等传感器，实时监测机器人自身或其各部件的位置和姿态信息。

（二）重要性

感知系统是实现人形机器人自主性和智能性的关键。没有有效的感知系统，机器人就无法准确地获取环境信息，更无法作出合理的反应和行动，在复杂的现实环境中难以胜任各项任务。感知系统的重要性主要体现在以下几个方面。

- **自主性**：感知系统使机器人能够自主地感知环境变化，根据实际情况调整自己的行为，实现自主导航、自主抓取等任务。
- **智能性**：通过感知系统的数据输入，机器人可以利用人工智能算法进行分析和决策，实现智能交互、智能控制等功能。
- **适应性**：感知系统能够帮助机器人适应不同的环境和任务需求，提高机器人的通用性和灵活性。

二、感知系统的分类与技术原理

（一）视觉感知

1. 技术原理

视觉感知是人形机器人感知系统的重要组成部分，通过摄像头等视觉传感器获取环境图像信息。这些信息经过计算机视觉算法的处理和分析，可以实现目标识别、定位、跟踪以及场景理解等功能。视觉感知技术涵盖了二维图像处理和三维视觉重建技术，例如通过双目视觉或结构光实现对深度信息的获取。

- **二维图像处理**：对平面图像进行分析，识别物体的形状、颜色、纹理等特征。
- **三维视觉重建**：通过双目视觉或结构光等技术，获取物体的深度信息，重建三维模型。

2. 应用案例

- **工业生产**：视觉感知在工业生产中广泛应用于产品质量检测和机器人视觉导航。例如，通过视觉检测系统可以快速识别产品表面的缺陷，提高生产效率和产品质量。
- **服务领域**：在服务领域，视觉感知可用于人脸识别（Facial Recognition）进行身份验证和情感分析。例如，人脸识别技术在安防、支付等领域得到了广泛应用。

（二）触觉感知

1. 技术原理

触觉感知模拟人类皮肤的触觉功能，被称为电子皮肤。通过在机器人表面或手指等部位安装的电子皮肤，感知接触物体的形状、硬度、表面纹理、温度等物理特性。这些信息被转化为电信号，供机器人处理和分析。

- **形状感知**：通过触觉传感器感知物体的表面轮廓和形状。
- **硬度感知**：通过测量接触力的变化，判断物体的硬度。
- **纹理感知**：通过感知物体表面的微小变化，识别不同的纹理。
- **温度感知**：通过温度传感器测量物体的温度。

2. 应用案例

- **精细操作**：在精细操作场景中，如手术辅助机器人通过触觉感知实现精确的组织操作。例如，手术机器人通过触觉反馈技术，帮助医生更精确地进行手术操作。
- **抓取易碎物品**：在机器人抓取易碎物品时，触觉反馈可以帮助其控制抓取力度，防止物品损坏。例如，仓储机器人通过触觉传感器调整抓取力度，确保物品的安全运输（见图 4-3）。

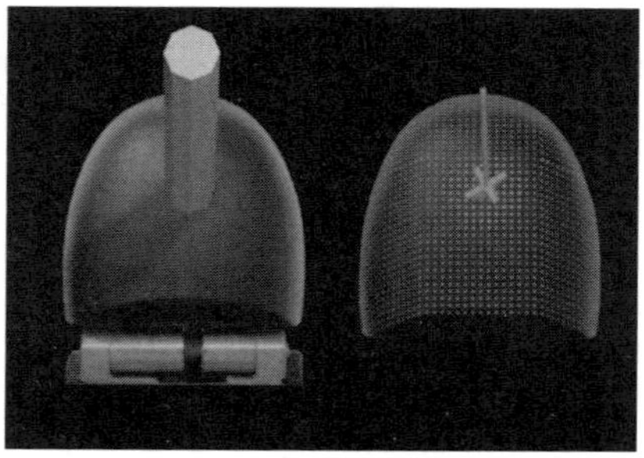

图 4-3 触感反馈示意图

资料来源：帕西尼官网。

（三）力觉感知

1. 技术原理

力觉感知主要通过六维力传感器等设备，安装在机器人的关节或末端执行器处，测量机器人与环境之间的力和力矩信息。这些信息包括法向力和切向力等，通过实时监测和反馈，实现对接触力的精确控制和调整。

- **力测量**：通过六维力传感器测量接触力的大小和方向。
- **力矩测量**：通过传感器测量接触力矩的大小和方向。
- **反馈控制**：根据测量的力和力矩信息，调整机器人的动作，实现精确控制。

2. 应用案例

- **机器人装配**：在机器人装配过程中，力觉感知技术可以精确控制机器人的抓取和装配力度，提高装配精度和效率。例如，汽车制造中的机器人通过力觉传感器，精确控制零部件的装配。

- **康复训练**：在康复训练中，外骨骼机器人通过力觉感知为残疾人提供行走助力。例如，外骨骼机器人通过力觉传感器，根据患者的行走状态调整助力力度，帮助患者更好地康复。

（四）位置与姿态感知

1. 技术原理

位置与姿态感知利用惯性测量单元、编码器等传感器，实时监测机器人各部件的位置和姿态信息。这些信息包括角度、角速度、加速度等，为机器人的运动控制和平衡保持提供关键数据支持。

- **惯性测量单元**：通过加速度计和陀螺仪测量机器人的加速度和角速度。
- **编码器**：通过编码器测量机器人的关节角度和位置。
- **数据融合**：通过数据融合算法，将不同传感器的数据整合，提高位置和姿态感知的精度。

2. 应用案例

- **机器人行走**：在机器人行走过程中，位置与姿态感知技术可以帮助机器人保持平衡和稳定。例如，双足机器人通过惯性测量单元和编码器，实时调整行走姿态，确保稳定行走。
- **飞行姿态控制**：在无人机飞行中，惯性测量单元提供的关键数据帮助无人机保持稳定飞行。例如，无人机通过惯性测量单元数据，实时调整飞行姿态，避免失控（见图 4–4）。
- **机械臂运动控制**：在机械臂的精确运动控制中，位置与姿态感知技术确保机械臂的运动精度。例如，工业机械臂通过编码器和惯性测量单元，精确控制机械臂的运动轨迹。

图 4-4　大疆无人机调整飞行姿态

资料来源：大疆公司官网。

三、感知系统的硬件实现

（一）传感器选型与集成

1. 选型原则

根据感知需求、环境条件、精度要求、成本预算等因素，选择合适的传感器类型和型号。例如，在高精度定位场景中选择高分辨率的视觉传感器；在需要实时温度监测的场景中选用响应速度快、精度高的温度传感器。

- **感知需求**：明确机器人需要感知的物理量，如视觉、触觉、力觉、位置与姿态等。
- **环境条件**：考虑传感器在实际工作环境中的适应性，如温度、湿度、光照、电磁干扰等。
- **精度要求**：根据任务需求选择合适精度的传感器，如高精度定位需要高分辨率的视觉传感器。
- **成本预算**：在满足功能需求的前提下，考虑成本因素，选择性价比高的传感器。

2. 集成方式

将多种传感器合理布局和安装在机器人本体上，确保传感器之间不相互干扰，实现数据的有效融合和协同工作。如将视觉传感器、触觉传感器与机器人的控制系统紧密集成，构建统一的感知网络。

- **合理布局**：根据机器人的结构和任务需求，合理安排传感器的位置和方向，避免相互干扰。
- **数据融合**：通过数据融合算法，将不同传感器的数据整合，提高感知系统的准确性和可靠性。
- **协同工作**：确保传感器与机器人的控制系统协同工作，实现感知数据的实时处理和反馈。

（二）传感器校准与标定

1. 校准方法

针对不同类型传感器的特点，采用相应的校准算法和设备，对传感器的输出数据进行校正，消除系统误差，提高感知数据的准确性和可靠性。

- **视觉传感器校准**：通过棋盘格标定板，利用 OpenCV 等工具进行相机内参和外参的校准。
- **触觉传感器校准**：通过已知硬度和形状的物体，对触觉传感器进行标定，建立触觉特征与物体属性的映射关系。
- **力觉传感器校准**：通过已知力和力矩的加载，对力觉传感器进行标定，确保测量的准确性。
- **位置与姿态传感器校准**：通过激光跟踪仪等设备，对 IMU 和编码器进行标定，确保位置和姿态数据的准确性。

2. 标定流程

建立传感器坐标系与机器人坐标系之间的映射关系，通过标定板、激光跟踪仪等设备，精确测量传感器的安装位置和姿态参数，为后续的数据融合和处理提供基础。

- **坐标系建立**：建立传感器坐标系与机器人坐标系之间的映射关系。
- **参数测量**：通过标定设备，精确测量传感器的安装位置和姿态参数。
- **数据融合**：将标定后的传感器数据进行融合，确保感知系统的准确性和可靠性。

四、感知系统的软件算法与数据处理

（一）数据融合算法

1. 多传感器数据融合

多传感器数据融合是感知系统的核心技术之一，旨在将来自不同传感器的异构数据进行融合处理，充分发挥各传感器的优势，提高感知系统的整体性能和可靠性。例如，将视觉信息与力觉信息融合，可以实现更精确的目标抓取控制；将 IMU 数据与视觉 SLAM（同步定位与地图构建）结果融合，可以提高机器人在复杂环境中的定位精度和稳定性。

- **视觉与力觉融合**：通过融合视觉传感器提供的物体位置和形状信息与力觉传感器提供的接触力信息，机器人可以更准确地抓取和操作物体。例如，在工业装配中，机器人可以通过视觉识别零件的位置和方向，通过力觉感知调整抓取力度，确保零件的精确装配。
- **IMU 与视觉 SLAM 融合**：IMU 提供的加速度和角速度信息可以补充视觉 SLAM 在快速运动和低光照环境中的不足，提高定位和地图构建的精度和稳定性。例如，在无人机飞行中，IMU 和视觉 SLAM 的融合可以确保无人机在复杂环境中的稳定飞行和精确导航。

2. 融合算法类型

根据具体应用场景和数据特点，选择合适的融合策略。常见的融合算法如下。

- **卡尔曼滤波**：适用于线性系统，通过预测和更新步骤，递归地估计系统状态。卡尔曼滤波在处理高斯噪声和线性动态系统时表现良好，广泛应用于导航和控制系统。
- **粒子滤波**：适用于非线性、非高斯噪声系统，通过粒子集表示概率分布，进行蒙特卡洛估计。粒子滤波在处理复杂动态系统和多模态分布时具有优势，适用于视觉跟踪和机器人定位。
- **深度学习**：通过深度神经网络自动学习数据的特征表示和融合策略。深度学习在处理大规模数据和复杂模式识别时表现出色，适用于多传感器数据融合和感知任务。

（二）特征提取与识别算法

1. 视觉特征提取

针对图像数据，提取如边缘、角点、纹理、颜色等特征信息，为后续的目标识别和分类提供关键依据。例如，利用卷积神经网络（CNN）等深度学习算法自动学习图像中的高层语义特征，实现对复杂场景中目标物体的准确识别。

- **边缘检测**：通过检测图像中的边缘信息，识别物体的轮廓和边界。常见的边缘检测算法包括 Sobel、Canny 等。
- **角点检测**：通过检测图像中的角点信息，识别物体的关键特征点。常见的角点检测算法包括 Harris、FAST 等。
- **纹理分析**：通过分析图像中的纹理信息，识别物体的表面特性。常见的纹理分析方法包括灰度共生矩阵（GLCM）、小波变换等。

- **颜色识别**：通过分析图像中的颜色信息，识别物体的颜色特征。常见的颜色识别方法包括 RGB 颜色空间分析、HSV 颜色空间分析等。

2. 触觉特征分析

对触觉传感器获取的数据进行特征提取和分析，如提取接触物体的硬度、粗糙度、形状等特征，通过机器学习算法建立触觉特征与物体属性之间的映射关系，实现对接触物体的分类和识别。

- **硬度检测**：通过测量接触力的变化，判断物体的硬度。常见的硬度检测方法包括力–位移曲线分析、接触刚度计算等。
- **粗糙度检测**：通过分析触觉传感器的高频信号，识别物体表面的粗糙度。常见的粗糙度检测方法包括功率谱密度分析、小波变换等。
- **形状识别**：通过分析触觉传感器的空间分布信息，识别物体的形状。常见的形状识别方法包括主成分分析（PCA）、支持向量机（SVM）等。

（三）实时性与健壮性优化

1. 实时性保障

优化感知算法的计算效率，采用硬件加速技术（如 GPU、FPGA 等）和高效的数据处理架构，确保感知系统能够在有限的时间内完成数据采集、处理和分析，满足机器人实时控制的要求。

- **硬件加速技术**：利用 GPU、FPGA 等硬件加速技术，提高算法的运行速度。例如，GPU 在并行计算和深度学习任务中表现出色，FPGA 在实时信号处理和控制任务中具有优势。
- **高效数据处理架构**：采用高效的算法和数据处理架构，如多线程、分布式计算等，提高系统的实时性。例如，通过多线程处理不同传感器获得的数据，分布式计算在多个节点上并行处理大规模数据。

2. 健壮性增强

研究如何提高感知系统在复杂环境条件下的抗干扰能力和适应性，如应对光照变化、噪声干扰、传感器故障等情况。通过引入鲁棒的算法模型和数据清洗、异常检测等技术，保证感知系统的稳定运行。

- **鲁棒算法模型**：采用鲁棒的算法模型，如鲁棒回归、鲁棒统计等，提高系统在噪声和异常数据下的性能。例如，鲁棒回归方法可以有效处理数据中的离群点，提高模型的泛化能力。
- **数据清洗与异常检测**：通过数据清洗和异常检测技术，去除噪声和异常数据，提高数据的质量和可靠性。例如，通过阈值检测、聚类分析等方法，识别和去除异常数据点。

五、感知系统的发展趋势与挑战

（一）发展趋势

1. 更高集成化与智能化

未来感知系统将朝着更高集成化和智能化的方向发展，实现传感器与机器人本体、控制系统以及外部网络的无缝连接和协同工作；具备自适应、自诊断、自学习等智能功能，能够根据环境变化和任务需求自动调整感知策略和参数，提高感知效率和准确性。

- **自适应**：感知系统能够实时监测环境变化，自动调整感知参数，确保在不同场景下的最佳性能。
- **自诊断**：具备自我检测和故障诊断功能，能够及时发现并报告系统故障，提高系统的可靠性和维护效率。

- **自学习：**通过机器学习和深度学习算法，感知系统能够不断优化感知模型，提高感知精度和泛化能力。

2. 生物模仿与多模态融合

借鉴生物感知系统的结构和工作原理，研发更加仿生的感知技术和传感器，模拟人类的多模态感知能力，实现视觉、听觉、触觉、嗅觉等多种感知信息的深度融合和协同处理，使机器人能够更加全面、准确地感知复杂环境。

- **仿生视觉：**模拟人类视觉系统的结构和功能，提高视觉感知的分辨率和动态范围。
- **多模态融合：**将视觉、触觉、力觉等多种感知信息进行融合，实现更全面的环境感知。例如，通过视觉和触觉信息的融合，机器人可以更准确地识别和抓取物体。

3. 微型化与柔性化

随着微纳制造技术的发展，感知传感器将朝着微型化、柔性化方向发展，具有更高的空间分辨率和灵敏度，能够适应机器人在狭小空间和复杂曲面等特殊环境中的感知需求，同时降低对机器人运动的干扰。

- **微型化：**通过微纳制造技术，将传感器尺寸缩小，提高传感器的集成度和便携性。
- **柔性化：**开发柔性传感器，能够贴合复杂曲面，提高传感器的适应性和舒适性。

（二）技术挑战

1. 提高感知精度与可靠性

在复杂多变的环境中，如何进一步提高感知系统的精度和可靠性，减少误判和漏判的情况，是一个关键挑战。这需要不断优化传感器性能、改进算法模型以及加强系统校准和标定等工作。

- **传感器性能优化**：提高传感器的分辨率、灵敏度和抗干扰能力，确保在复杂环境中的稳定性能。
- **算法模型改进**：通过深度学习和数据挖掘技术，优化感知算法，提高感知精度和泛化能力。
- **系统校准与标定**：定期对感知系统进行校准和标定，确保传感器数据的准确性和一致性。

2. 降低功耗与成本

随着感知系统复杂度的增加，其功耗和成本也相应上升。如何在保证感知性能的前提下，通过采用低功耗芯片、优化电路设计、开发高效的能量收集技术等手段，降低感知系统的功耗和成本，对于人形机器人的商业化普及具有重要意义。

- **低功耗芯片**：采用低功耗的处理器和传感器芯片，减少系统的整体功耗。
- **优化电路设计**：通过优化电路设计，提高系统的能效比，降低功耗。
- **能量收集技术**：开发高效的能量收集技术，如太阳能、动能回收等，为感知系统提供持续的能量供应。

3. 增强适应性和可扩展性

面对日益多样化和复杂化的应用场景，感知系统需要具备更强的适应性和可扩展性，能够快速响应新的任务需求和环境变化，方便进行功能升级和系统扩展。

- **适应性增强**：通过模块化设计和软件可配置性，使感知系统能够快速适应不同的任务需求和环境变化。
- **可扩展性提升**：设计可扩展的硬件和软件架构，方便进行功能升级和系统扩展，提高系统的通用性和灵活性。

六、小结

感知系统作为人形机器人硬件系统的核心之一，在实现机器人自主性和智能性方面发挥着不可替代的作用。通过模拟人类的视觉、触觉、力觉、位置觉等多种感知能力，感知系统使机器人能够准确地获取环境信息和自身状态，为决策和行动提供有力支持。在硬件实现方面，传感器的选型、集成、校准与标定是确保感知系统性能的关键；而在软件算法与数据处理方面，数据融合、特征提取与识别以及实时性与健壮性优化则是提高感知系统准确性和可靠性的核心。未来，随着技术的不断进步，感知系统将朝着更高集成化、智能化、生物模仿、微型化与柔性化等方向发展，同时也面临着提高感知精度与可靠性、降低功耗与成本、增强适应性和可扩展性等技术挑战。只有不断攻克这些难题，才能推动人形机器人感知系统的技术创新和应用拓展，使其在更多领域发挥更大的作用，为人类创造更多的价值。

第3节 轻量化与材料创新

在人形机器人的发展历程中，轻量化与材料创新正逐渐成为推动其迈向新高度的关键力量。随着应用场景的不断拓展和多元化，对于人形机器人的机动性、灵活性以及能效表现提出了更高的要求，而轻量化设计与先进材料的应用正是应对这些挑战的核心路径。本节将深入探讨轻量化在人形机器人中的关键性，剖析新型材料在实现轻量化过程中的创新方向，同时分析能源系统与轻量化及材料创新的协同作用，并通过实际应用案例来展现这一领域取得的成果与面临的挑战，为读者揭开人形机器人轻量化与材料创新这一重要课题的神秘面纱。

一、轻量化的关键性

（一）技术背景

人形机器人的应用场景正在不断拓展和多元化。从工业生产线上的精准操作到家庭环境中的智能服务，从医疗领域的辅助康复到高危环境中的救援作业，人形机器人面临着越来越多样的任务需求。在这些应用场景中，对人形机器人的机动性与灵活运动能力的要求日益增长。然而，传统的重质材料如钢铁等，往往使得机器人笨重且能耗高，难以满足现代人形机器人在复杂环境中的灵活运动需求，从而引出了轻量化设计的重要性。

轻量化设计对于人形机器人来说，具有多方面的积极作用。在提升运动效率方面，较轻的机器人结构能够减少运动过程中的惯性，使得关节和驱动系统能够更快速地响应控制指令，从而实现更精准、更流畅的动作执行。例如，在快速移动或频繁启停的情况下，轻量化的机器人能够更迅速地调整姿态和速度，减少能量损失，提高运动效率。在降低能耗方面，减轻机器人自重意味着驱动系统所需的能量减少，尤其是在执行长时间或高强度的任务时，能耗的降低对于延长机器人续航时间、降低运营成本具有重要意义。此外，轻量化还有助于增强机器人的动态性能，使其能够更好地适应复杂多变的环境和任务要求，如在执行复杂动作序列时，能够更灵活地协调各个关节和部件的运动，实现更高效的任务完成。

（二）技术挑战

然而，在实现轻量化的过程中，也面临着诸多技术挑战。首要问题是在减轻重量的同时，如何保证机器人结构的强度和刚度。人形机器人需要在各种复杂的运动和环境条件下保持稳定，其结构必须能够承受自身重量、运动产生的冲击力以及外部环境的作用力。例如，在进行快速行走、抓取重物或在不平坦地面上移动时，机器人的关节和框架结构会受到较大的应力作用。如果结构强度不足，可能导致变形甚至损坏，影响机器人的正常运行和使用寿命。因此，寻找合适的材料和结构设计，以在轻量化与结构强度之间达到平衡，是当前研究的关键问题之一。

另一个重要挑战是解决轻量化后可能带来的散热和振动问题。由于轻量化材料的热导率可能较低，机器人在运行过程中产生的热量可能无法有效散发，导致内部元件温度升高，影响性能和可靠性。同时，较轻的结构可能更容易产生振动，尤其是在高速运动或受到外部冲击时，振动可能会进一步放大，对机器人的精度和稳定性造成不利影响。因此，需要采取有效的散热和减振措施，如优化散热系统设计、采用高性能散热材料以及应用先进的减振技术等，以确保轻量化后的机器人能够稳定、高效地运行。

（三）技术应用

在实际应用中，轻量化与材料创新已经取得了一些显著的成果。例如，某些人形机器人产品通过采用镁合金、碳纤维等轻质高强度材料，在不降低结构强度的前提下，成功减轻了机器人自重，提升了其运动性能和续航能力。在工业生产线上，这些轻量化的机器人能够更快速、更精准地完成零部件组装、搬运等任务，提高了生产效率和质量控制水平。在家庭服务领域，轻量化的机器人也展现出良好的适应性，它们能够更灵活地在家庭环境中移动，为人们提供诸如清洁、护理等多样化的服务。

然而，实际应用也暴露出了一些问题和挑战。一方面，轻量化材料的成本相对较高，如碳纤维复合材料的制造工艺复杂、价格昂贵，这在一定程度上限制了轻量化人形机器人的大规模生产和普及。另一方面，轻量化设计可能导致机器人的耐久性和可靠性受到影响，例如在长期使用过程中，轻质材料可能会出现疲劳、老化等问题，需要更频繁的维护和更换部件。此外，轻量化机器人的散热和减振系统设计仍需进一步优化，以满足高强度、长寿命的运行要求。

二、材料创新的方向

（一）新型材料介绍

1. 镁合金

- **物理特性**：镁合金具有较低的密度，约为 1.8 克 / 立方厘米；强度较高，其抗拉强度可达 250 兆帕左右；比强度高，在轻量化材料中表现优异。热导率约为 40 瓦 / 米 · 开尔文，具有良好的散热性能。
- **化学特性**：镁合金耐腐蚀性较好，在空气中能形成一层致密的氧化膜，阻止进一步氧化，化学稳定性较高。
- **加工工艺**：镁合金可通过铸造、锻造、挤压等多种工艺加工成型，铸造性能良好，能生产出形状复杂、壁薄、尺寸精度高的零部件。

2. 碳纤维

- **物理特性**：碳纤维具有极低的密度，约为 1.7 克 / 立方厘米；强度极高，抗拉强度可达 3500 兆帕以上；比强度远高于传统金属材料，同时具有良好的耐热性和抗疲劳性能。
- **化学特性**：碳纤维化学性质稳定，耐腐蚀，不易受酸碱等化学物质侵蚀。
- **加工工艺**：碳纤维通常采用树脂基体复合成型工艺，如手糊成型、真空袋压成型、热压罐成型等，可制成各种形状的复合材料构件。

3. PEEK

- **物理特性：**纯 PEEK 材料密度约为 1.32 克 / 立方厘米，抗拉强度约 90 兆帕；而碳纤维增强 PEEK 复合材料密度约为 1.6 克 / 立方厘米，抗拉强度可达 300 兆帕以上，具有优异的机械性能和耐热性。
- **化学特性：**PEEK 具有良好的耐化学腐蚀性，耐酸碱、耐有机溶剂，化学稳定性高。
- **加工工艺：**PEEK 可通过注塑、挤出、模压等工艺加工成型，碳纤维增强 PEEK 复合材料则需要特殊的复合工艺。

4. 新型材料与传统材料的对比

表 4–4 对部分新型材料与传统材料进行了对比。

表 4–4　部分新型材料与传统材料性能对比

材料	密度 /（克 / 立方厘米）	抗拉强度 / 兆帕	热导率 /（瓦 / 米 · 开尔文）
钢铁	7.85	400 ~ 1000	50 ~ 60
铝合金	2.7	200 ~ 600	100 ~ 200
镁合金	1.74	150 ~ 350	60 ~ 100
碳纤维复合材料	1.5 ~ 2.0	300 ~ 700	0.1 ~ 1.0
PEEK	1.3 ~ 1.4	90 ~ 150	0.2 ~ 0.3

资料来源：SpringerMaterials.

（二）材料应用案例

1. 碳纤维机械臂

- **案例详情：**北京邮电大学成功研制出碳纤维臂杆机器人手臂。该手臂采用碳纤维复合材料制成，相较于传统金属材料，在多个方面表现出显著优势。其自重明显减轻，这对于提升机器人的机动性和灵活性至关重要。运动惯性的降低，使得机器人手臂在高速运动和快速转向时更加稳定，减少了因惯性带来的误差和振动。能耗的降低不仅有利于节约能源，还能提高机器人的续航能力，延长单次充电后的使用时间。此外，机器人手臂移动更加平稳，这对于需要高精度操作的任务，如精密装配、微创手术等场景，具有极高的应用价值。

- **经验教训**：碳纤维复合材料的成型工艺复杂，对模具和设备要求极高。在实际制造过程中，需要精准控制温度、压力和固化时间等多个参数，否则容易出现内部缺陷，影响产品的最终性能。制造成本较高也是碳纤维复合材料应用的一大瓶颈，这主要是由原材料成本、生产设备成本以及复杂的加工工艺所导致。连接工艺难度较大，碳纤维复合材料的连接方式与传统金属材料不同，需要采用特殊的连接技术和工艺，如胶接、机械连接等，这对技术人员的操作技能和经验要求较高。

2. PEEK 人形机器人

- **案例详情**：特斯拉最新一代机器人 Optimus – Gen2 成功应用 PEEK 材料。通过使用 PEEK 材料，机器人的重量减轻了 10 千克，这使得机器人的运动更加轻盈和灵活；行走速度提升 30%，在同等动力输出的情况下，能够实现更快的移动速度，提高了工作效率。其他性能如耐热性、耐化学腐蚀性、尺寸稳定性等也进一步加强，这使得机器人能够在更复杂的环境中稳定运行，拓展了其应用范围。
- **经验教训**：PEEK 材料的加工难度较大，需要特殊的加工设备和工艺。例如，在加工过程中，由于 PEEK 材料的硬度和韧性较高，对刀具的要求特殊，需要使用专门的硬质合金刀具或涂层刀具。同时，加工时的切削参数需要精确控制，否则容易出现加工变形、表面质量差等问题。材料成本较高也是限制其大规模应用的重要因素，PEEK 材料本身的价格较为昂贵，这使得机器人的制造成本大幅增加，进而影响了其市场竞争力和普及程度。

三、能源系统协同

（一）高密度电池技术

1. 高密度电池在轻量化与材料创新中的重要性

高密度电池在人形机器人轻量化与材料创新中扮演着至关重要的角色。由于其能够提供更高的能量存储密度，因此在不增加过多重量的情况下，更有利于延长机器人的续航时间，满足轻量化设计对能源效率的要求。这对于提升人形机器人的实用性和市场竞争力具有重要意义。

2. 高密度电池技术的发展现状

目前，高密度电池技术主要以锂离子电池为主流。锂离子电池因其较高的能量密度和相对适中的价格，成为人形机器人能源供应的首选。然而，尽管锂离子电池技术已经相对成熟，但在能量密度、循环寿命等方面仍无法满足未来人形机器人长时间、高负荷工作的要求。

- **锂离子电池：**目前市面上的人形机器人大多采用锂离子电池作为动力源。例如，特斯拉 Optimus Gen-2 配备的 2.3 千瓦时电池包仅能支持约 1 天的工作时间，所以要类似手机一样一天一充电。
- **固态电池：**固态电池被认为是未来解决机器人续航问题的关键技术。固态电池具有更高的能量密度和更长的循环寿命，能够为机器人提供更持久的动力。广汽 GoMate 人形机器人采用全固态电池技术，续航时间达到了 6 小时。

3. 面临的挑战

高密度电池技术在发展过程中仍面临一些挑战，主要包括安全性、充放电速度等问题。

- **安全性**：高密度电池在充放电过程中可能会产生热量，导致安全隐患。特别是在人形机器人这种复杂的环境中，电池的安全性问题更加突出。
- **充放电速度**：目前的高密度电池充放电速度仍然较慢，影响了机器人的使用效率。例如，Digit 机器人每次充满电后的工作时间仍只有 1.5 小时到 2 小时，而充电则需要 50 分钟到 1 小时。

4. 未来的发展趋势和改进方向

为了克服上述挑战，未来高密度电池技术的发展将集中在以下几个方向。

- **固态电池的进一步研发**：固态电池技术将不断优化，提高其能量密度和循环寿命，同时降低成本，使其更适合大规模应用。
- **快充技术的革新**：通过改进电池材料和充电设备，提高高密度电池的充放电速度，减少充电时间，提高机器人的使用效率。
- **结构优化**：除了电池技术的革新，通过优化机器人的结构设计，如采用轻量化材料和高效的能源管理系统，也可以有效提升机器人的续航能力。

（二）微型化热管理

轻量化和高性能电池的应用成为人形机器人的技术发展趋势。然而，传统的热管理系统往往体积较大、重量较重，与轻量化目标相悖。因此，热管理系统的微型化成为人形机器人设计中的关键问题。微型化热管理技术不仅能够有效控制机器人运行过程中的温度，还能提高其可靠性和性能，从而满足未来人形机器人在复杂环境中的应用需求。

1. 微型化热管理的必要性

人形机器人在运行过程中会产生大量热量，尤其是在高性能电池充放电、电机驱动和传感器运行时。传统的热管理系统通常采用风扇、散热片或液体冷却等方式，这些方法虽然能够有效散热，但往往体积较大、重量较重，增加了机器人的负担，降低了其机动性和灵活性。例如，特斯拉 Optimus Gen-2 机器人在运行时需要高效的散热系统来维持其高性能电池和电机的稳定运行。

2. 微型化热管理技术的原理与方法

（1）新型散热材料的应用

新型散热材料是实现热管理系统微型化的关键。这些材料具有高导热性、低密度和良好的机械性能，能够在不增加过多重量的情况下提供高效的散热效果。例如，石墨烯和碳纳米管等二维材料具有极高的导热系数，可达 5000 瓦 /（米·开尔文），能够快速传导热量。此外，金属基复合材料（如铝基复合材料）也因其良好的导热性和机械性能而被广泛应用于微型散热系统。

（2）优化散热结构设计

优化散热结构设计是实现热管理系统微型化的另一重要途径。通过采用紧凑的散热结构，如微通道散热器和多孔介质散热器，可以显著提高散热效率。例如，微通道散热器能够在有限的空间内提供更大的散热面积，其散热效率比传统散热片高出数倍。此外，多孔介质散热器通过增加流体与固体的接触面积，进一步提高了散热效果。

（3）利用相变材料

相变材料（PCM）是一种能够在相变过程中吸收或释放大量热量的材料。利用相变材料可以实现高效的热管理，同时减少散热系统的体积和重量。相变材料在吸收热量时发生相变（如固态到液态），释放热量时则发生逆向相变（如液态到固态）。这种特性使其能够在机器人运行过程中稳定温度。例如，石蜡是一种常用的相变材料，其相变温度范围在 40~60°C，能够有效吸收机器人运行时产生的热量。

3. 微型化热管理技术的创新点

（1）高效、紧凑的散热设计

微型化热管理技术通过采用新型散热材料和优化散热结构设计，实现了高效、紧凑的散热效果。例如，结合石墨烯和微通道散热器的设计能够在有限的空间内提供高效的散热性能，同时显著降低散热系统的重量。

（2）智能热管理系统

结合传感器和智能控制算法，微型化热管理系统能够实时监测机器人运行过程中的温度变化，并根据需要自动调节散热强度。这种智能热管理系统不仅提高了散热效率，还延长了机器人的使用寿命。

（3）多功能集成

微型化热管理系统还可以与其他功能模块集成，如电池管理系统和传感器模块，实现多功能一体化。这种集成设计不仅减少了机器人的体积和重量，还提高了系统的整体性能。

四、实际应用与挑战

（一）应用实例分析

1. 特斯拉 Optimus Gen-2：高性能与轻量化设计的探索

（1）设计思路与技术手段

特斯拉 Optimus Gen-2 是人形机器人领域的代表性产品之一，其设计思路充分体现了轻量化与材料创新的结合。Optimus Gen-2 采用了高性能锂离子电池作为动力源，配备 2.3 千瓦时的电池包。为了减轻重量，特斯拉在机器人结构中大量使用了铝合金和碳纤维复合材料。这些材料不仅强度高、重量轻，还能够有效降低机器人的整体惯性。

在热管理方面，Optimus Gen-2 采用了微型化散热系统，结合相变材料和微通道散热器，以应对高性能电池和电机运行时产生的热量。此外，特斯拉还优化了机器人的关节设计，采用高强度的钛合金材料，进一步提高了机器人的耐用性和可靠性。

（2）实际应用效果与用户反馈

Optimus Gen-2 在实际应用中表现出色，尤其是在物流和仓储场景中。其轻量化设计使得机器人能够快速移动和灵活操作，显著提高了工作效率。然而，用户反馈也揭示了一些问题。例如，尽管采用了高性能电池，Optimus Gen-2 的续航时间仍有限，仅能支持约 2 小时的工作。此外，其微型化散热系统在高强度任务中仍面临散热不足的挑战。

2. 广汽 GoMate：全固态电池与结构优化的实践

（1）设计思路与技术手段

广汽人形机器人 GoMate 采用了全固态电池技术，显著提高了电池的能量密度和安全性。与传统锂离子电池相比，全固态电池不仅能量密度更高，还能够实现更快的充放电速度。GoMate 的电池容量为 2.5 千瓦时，续航时间可达 6 小时。

在结构设计方面，GoMate 采用了可变轮足移动结构，这种设计不仅提高了机器人的稳定性，还大幅降低了能耗。此外，GoMate 的散热系统采用了石墨烯复合材料和相变材料，结合微通道散热器，实现了高效的热管理。

（2）实际应用效果与用户反馈

GoMate 在实际应用中表现出色，尤其是在养老陪护和医疗辅助场景中。其长续航时间和高效散热系统使得机器人能够在长时间任务中保持稳定性能。用户反馈表明，GoMate 的结构优化设计显著提高了其在复杂环境中的适应性。然而，全固态电池技术的成本较高，限制了其大规模应用。

3. Agility Robotics 的 Digit：轻量化与高效散热的结合

（1）设计思路与技术手段

Agility Robotics 的机器人 Digit 是人形机器人领域的另一代表产品。Digit

采用了石墨阳极的镍锰钴电池，这种电池是当前锂离子电池中能量密度最高的选择之一。为了进一步减轻重量，Digit的结构设计中大量使用了碳纤维复合材料。

在散热方面，Digit采用了微型化散热系统，结合相变材料和再生制动系统，能够有效回收行走和手臂动作产生的能量。这种设计不仅提高了散热效率，还延长了机器人的续航时间。

（2）实际应用效果与用户反馈

Digit在实际应用中表现出色，尤其是在物流和仓储场景中。其轻量化设计和高效散热系统使得机器人能够快速移动和灵活操作。用户反馈表明，Digit的续航时间虽然有限，但其高效的能量回收系统能够在一定程度上缓解这一问题。然而，Digit的充电时间仍较长，需要50分钟到1小时。

（二）面临的挑战与展望

1. 面临的挑战

（1）成本控制

轻量化与材料创新在人形机器人领域面临的一大挑战是成本控制。高性能材料（如碳纤维复合材料、全固态电池、钛合金等）和先进制造工艺（如增材制造、微纳加工等）的应用显著提高了机器人的性能，但同时也大幅增加了生产成本。例如，全固态电池技术虽然具有更高的能量密度和安全性，但其研发和生产成本较高。此外，碳纤维复合材料的加工难度大，生产效率低，进一步推高了成本。

成本问题直接影响了人形机器人的产业化和商业化进程。高昂的生产成本使得机器人价格居高不下，限制了其在消费市场和工业领域的广泛应用。例如，特斯拉Optimus Gen-2和广汽GoMate等先进人形机器人，由于成本因素，目前主要应用于高端科研和特定工业场景。

（2）材料加工难度

轻量化材料的加工难度是人形机器人领域面临的另一大挑战。碳纤维复合材料和钛合金等高性能材料虽然具有优异的力学性能和轻量化优势，但其加工工艺复杂，对设备和工艺要求极高。例如，碳纤维复合材料的成型需要精确控制温度、压力和固化时间，否则容易出现内部缺陷。此外，钛合金的加工难度大，切削效率低，进一步增加了生产成本。

材料加工难度不仅影响了生产效率，还限制了机器人的设计灵活性。复杂的加工工艺使得机器人结构设计受到限制，难以实现复杂的几何形状和功能集成。这在一定程度上影响了人形机器人的性能优化和功能拓展。

（3）质量一致性

轻量化与材料创新在人形机器人领域面临的另一个挑战是质量一致性。高性能材料的生产过程复杂，容易受到原材料质量、加工工艺和环境因素的影响。例如，碳纤维复合材料的性能受原材料质量和固化工艺的影响较大，不同批次的产品可能存在性能差异。此外，全固态电池的生产过程对环境要求极高，质量一致性难以保证。

质量一致性问题直接影响了机器人的可靠性和用户体验。性能不稳定的产品难以满足市场需求，限制了人形机器人的大规模生产和应用。

（4）长期可靠性

轻量化与材料创新在人形机器人领域面临的另一个挑战是长期可靠性。高性能材料在复杂工况下的长期稳定性仍需验证。例如，碳纤维复合材料在长期使用过程中可能出现疲劳损伤和性能退化。此外，全固态电池在长期充放电过程中的性能稳定性仍需进一步研究。

长期可靠性问题不仅影响了机器人的使用寿命，还增加了维护成本。可靠性不足的产品难以满足工业和消费市场的需求，限制了人形机器人的产业化和商业化进程。

2. 未来展望

（1）新型材料的研发

未来，新型材料的研发将成为推动人形机器人轻量化与材料创新的关键。例如，二维材料（如石墨烯）和纳米复合材料具有优异的力学性能和导电性，有望在人形机器人中得到广泛应用。此外，新型高性能电池材料（如锂空气电池、锂硫电池等）的研发将进一步提高机器人的续航能力。

新型材料的研发不仅能够提高机器人的性能，还能降低生产成本。例如，石墨烯复合材料的生产成本有望随着技术进步而降低。这将为轻量化与材料创新在人形机器人领域的应用提供更广阔的空间。

（2）制造工艺的创新

未来，制造工艺的创新将成为推动人形机器人轻量化与材料创新的重要手段。例如，增材制造技术（3D 打印）能够实现复杂结构的一体化制造，提高生产效率。此外，微纳加工技术能够实现高性能材料的高精度加工，降低生产成本。

制造工艺的创新不仅能够提高机器人的设计灵活性，还能降低生产成本。例如，增材制造技术能够实现复杂几何形状的制造，提高机器人的性能优化和功能拓展。这将为人形机器人的产业化和商业化提供有力支持。

（3）跨学科合作

未来，跨学科合作将成为推动人形机器人轻量化与材料创新的重要途径。材料科学、机械工程、电子工程和计算机科学等多学科的交叉融合将为人形机器人的发展提供新的思路和方法。例如，材料科学家和工程师可以合作开发新型高性能材料，提高机器人的性能。此外，电子工程师和计算机科学家可以合作开发智能控制系统，提高机器人的智能化水平。

跨学科合作不仅能够提高机器人的性能和可靠性，还能降低生产成本。例如，多学科合作可以实现高性能材料和先进制造工艺的有机结合，提高机器人的生产效率。这将为人形机器人的产业化和商业化提供有力支持。

五、小结

轻量化与材料创新无疑是人形机器人领域中极具潜力和发展前景的研究方向。通过本节的探讨，我们深入了解了轻量化对于提升人形机器人性能的关键作用，以及新型材料在其中所扮演的重要角色。从镁合金、碳纤维到 PEEK 等材料的应用，从高密度电池技术的突破到微型化热管理的创新，都在为人形机器人的轻量化发展铺就坚实的道路。然而，在实际应用中仍面临着诸多挑战，如成本控制、材料加工难度、长期可靠性等问题。但我们相信随着技术的不断进步和跨学科的深度合作，这些问题将逐步得到解决，轻量化与材料创新将继续推动人形机器人向着更加高效、智能、实用的方向迈进。

参考文献

[1] 解志杰，张传伟，薛其河，等．行星滚柱丝杠动态摩擦力矩和传动效率分析 [J]. 摩擦学学报，2019, 39(4): 489–496.

[2] 刘煜，刘静安，刘志国．镁合金加工工业及技术的发展特点与趋势 [J]. 有色金属加工，2013,42(1):1–3.

[3] 李国丽，彭公秋，钟翔屿．国产高性能碳纤维表征分析及复合材料力学性能研究 [J]. 材料工程，2020,48 (10):74–81.

[4] 商业观察．人形机器人行业观察：产业化进程加速；轻量化材料应用突破 [R]. 2025–03–03 [2025–06–23]. https://www.sygcnews.com.cn/cyh/99473.jhtml.

[5] 36 氪．产品角度剖析 Optimus 擎天柱 [EB/OL]. 2022–11–30 [2025–06–23]. https://www.36kr.com/p/2021281901521417.

[6] 腾讯新闻．“充电一小时，工作两小时”人形机器人续航问题何解？高性能电池正在开发 [EB/OL]. 2025–02–20 [2025–06–23]. https://

news.qq.com/rain/a/20250220A09KWA00.

[7] 中关村在线. 广汽造人形机器人 GoMate 即将面世：续航 6 小时、能行走能跑步[EB/OL]. 2024-12-27[2025-06-23]. https://ai.zol.com.cn/932/9322060.html.

[8] 机器人大讲堂. 从 1 小时到 8 小时：人形机器人电池的进化论[EB/OL]. 2025-02-14[2025-06-23]. https://www.leaderobot.com/news/5163

第5章 软件与算法：从大模型到运动控制

第1节 “大脑”架构

随着人工智能技术的飞速发展，人形机器人的“大脑”架构正经历着一场前所未有的革新。多模态大模型的崛起为人形机器人带来了更强大的信息处理能力，使其能够像人类一样融合多种感官信息理解世界。同时，数据飞轮的转动不断优化着机器人的决策与行动能力，从仿真训练到实体迭代，每一次循环都让机器人更适应复杂多变的现实环境。这种新架构不仅提升了人形机器人在工业生产中的应用价值，更为其迈向家庭服务、医疗护理等广泛领域铺平了道路，一场由“大脑”架构变革引领的人形机器人智能化革命正在悄然兴起，深刻影响着人类社会的未来走向（见图 5-1）。

一、“大脑”架构概述

（一）定义与功能

人形机器人的“大脑”是其核心的智能控制系统，负责处理来自各种传感器的数据，进行决策和规划，并向执行器发送指令以实现运动控制。它在机器人系统中扮演着类似人类大脑的角色，是机器人能够自主运行的关键。

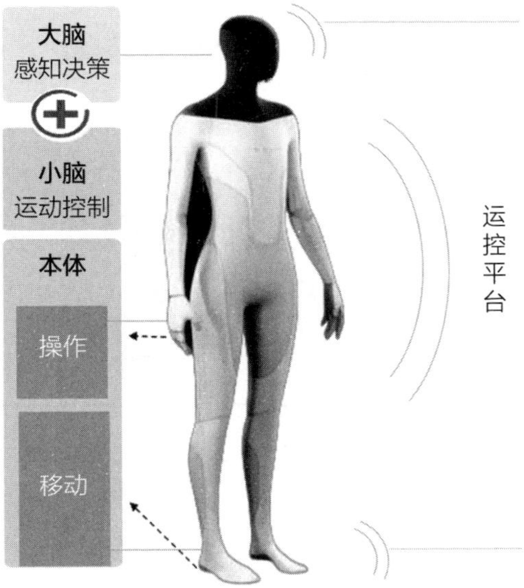

图 5-1　人形机器人架构示意图

以下是人形机器人“大脑”功能结构图，见表 5-1。

表 5-1　人形机器人“大脑”功能结构图

功能模块	描述
感知处理	接收并处理来自视觉、听觉、触觉等传感器的数据，实现对环境的感知
决策规划	根据感知信息和任务目标，制定行动策略和路径规划
运动控制	将决策指令转化为具体的运动控制信号，驱动器执行完成动作
学习优化	通过不断学习和优化，提高机器人的性能和适应性

人形机器人的“大脑”通过多模态融合技术，将来自不同传感器的信息进行整合，形成对环境的全面感知。例如，通过视觉传感器识别物体的形状和位置，通过听觉传感器理解语音指令，通过触觉传感器感知物体的质地和力度。然后，根据这些感知信息，“大脑”进行决策规划，确定机器人的行动策略。例如，在行走过程中，根据地面的状况和障碍物的位置，规划最优的行走路径。接着，“大脑”向运动控制系统发送指令，驱动机器人的关节和肌肉完成行走动作。同时，“大脑”还具有学习优化功能，通过不断的学习和适

应新的环境和任务，提高机器人的性能和智能化水平。

（二）架构演变历程

人形机器人的“大脑”架构经历了从简单到复杂、从单一功能到多功能的演变过程。以下是其架构演变历程的示意图，见表 5-2。

表 5-2　人形机器人“大脑”架构演变历程

阶段	架构特点	局限性
早期简单控制系统（1960—1980 年）	基于简单的逻辑控制，实现基本的运动控制功能	功能单一，无法处理复杂的环境信息
自动化控制系统（1980—2010 年）	引入了自动化控制技术，能够实现一定程度的自主运行	适应性差，对未知环境的处理能力有限
智能化控制系统（2010—2020 年）	结合了人工智能技术，具备了一定的学习和决策能力	计算能力有限，实时性差
复杂智能架构（2020 年至今）	多模态大模型与数据飞轮驱动，实现了高效的感知、决策和运动控制	数据安全和系统稳定性有待提高

在早期简单控制系统阶段，人形机器人的“大脑”主要基于简单的逻辑控制，只能实现基本的运动控制功能，如行走、抓取等。例如，日本的机器人 ASIMO 在早期版本中，主要通过预设的程序实现行走和简单的动作控制。然而，这种架构功能单一，无法处理复杂的环境信息。

随着自动化控制技术的发展，人形机器人的“大脑”架构进入了自动化控制系统阶段。在这一阶段，人形机器人能够实现一定程度的自主运行，例如通过传感器反馈进行简单的避障和路径规划。例如，波士顿动力的机器人 Atlas 在这一阶段能够完成一些自主的运动任务。然而，这种架构的适应性差，对未知环境的处理能力有限。

进入 21 世纪 10 年代，人工智能技术的引入使人形机器人的“大脑”架构进入了智能化控制系统阶段。这一阶段的“大脑”具备了一定的学习和决策能力，能够通过机器学习算法优化控制策略。例如，一些人形机器人开始使用强化学习算法来提高运动控制的性能。然而，这一阶段的架构计算能力有限，实时性差，无法满足复杂任务的需求。

自21世纪20年代以来，人形机器人的“大脑”架构进入了复杂智能架构阶段。这一阶段的“大脑”结合了具身大模型和数据飞轮驱动技术，实现了高效的感知、决策和运动控制。例如，特斯拉的机器人Optimus通过多模态大模型实现了对复杂环境的感知和理解，并通过数据飞轮不断优化控制策略。然而，这一阶段的架构在数据安全和系统稳定性方面仍面临挑战，需要进一步研究和改进。

二、具身智能多模态大模型

（一）概念简介

VLA(Vision Language Action)模型是一种结合视觉、语言和动作的具身智能模型，用于人形机器人的认知与决策。VLA是在视觉语言模型VLM（Visual Language Model）的基础上发展而来的。VLM是一种能够处理图像和自然语言文本的机器学习模型，VLA除了能够处理文本、图像数据外，还能够利用机器人运动轨迹的数据进行训练，从而输出可用于机器人或汽车控制的动作序列。通过这种方式，VLA可以解释复杂的指令并在物理世界中执行相应的动作。

过去一段时间以来，VLA具身模型不断迭代，主要玩家包括科技大厂（谷歌、NVIDIA等），创业企业（Physical Intelligence、Skild AI、银河通用、智元机器人等）以及科研院校（斯坦福大学、伯克利大学、纽约大学、首尔大学、清华大学等），目前仍处于快速迭代中，技术尚未收敛，见表5–3。

表 5-3　全球具身模型梳理

类别	厂商	大模型名称	发布时间	介绍
科技大厂	谷歌	PaLM-SayCan	2022 年 4 月	为实现自主可靠决策作出贡献，将 LLMs 引入机器人决策中，可将高层级任务拆分为可执行的子任务
		Gato	2022 年 5 月	为实现多模态感知作出贡献，将多模态的信息 token 化，输入 transformer 架构中
		RT-1	2022 年 12 月	专为机器人控制设计的 Transformer 架构，支持视觉和语言输入
		PaLM-E	2023 年 3 月	结合 540B PaLM 语言模型和 22B ViT 视觉模型，支持具身推理
		RT-2	2023 年 7 月	有机结合 5 种能力，将 token 化后的机器人数据输入 VLM 模型中，得到 VLA（视觉-语言-动作模型），不仅实现了自主可靠决策、多模态感知和实时精准运控能力的结合，同时展现出泛化能力和涌现能力
		RT-X	2024 年 1 月	基于 RT-1 和 RT-2 的扩展模型，支持更复杂的机器人任务
		Gemini Nano、Gemini Ultra	2024 年 2 月	Nano 为高效的多模态模型，适用于边缘设备；Ultra 为高性能多模态模型，适用于复杂任务
		Genie、Genie 2	2024 年 2 月、2024 年 12 月	Genie 是由 DeepMind 开发的基础世界模型，用于生成交互式虚拟环境。Genie 2 是其升级版，能从单张图像生成长达一分钟的 3D 交互环境，支持复杂物理模拟和角色动画。Genie 2 在多模态理解和生成方面表现出色，适用于多种场景下的智能体训练
	NVIDIA	Project GR00T	2024 年 3 月	能够帮助机器人变得更聪明的大脑，在 GR00T 的指挥之下，机器人能够理解自然语言，并通过观察人类行为模仿动作，从而适应现实环境并与之交互

续表

类别	厂商	大模型名称	发布时间	介绍
创业企业	Physical Intelligence	π0（pi-zero）	2024 年 10 月	π0 模型结合了视觉、语言和动作三种模态，能够以高达 50 赫兹的频率控制机器人执行灵巧任务，在多项任务中表现出色，包括折叠衣物、整理桌面、鸡蛋装盒、折叠纸盒和物品分拣等复杂操作任务
	Skild AI	Skild Brain	2024 年 7 月	Skild AI 宣称其模型的训练数据点至少比竞争模型多出 1000 倍，其模型展示了无与伦比的泛化和涌现能力，意味着机器人可以执行未见过的任务。长期目标是开发扎根于物理世界的通用人工智能（AGI），以打造一个通用、灵活、智能的人形机器人产品
	银河通用、北京智源人工智能研究院、北京大学、香港大学	GraspVLA	2025 年 1 月	GraspVLA 为全面泛化的端到端具身抓取基础大模型，无须大规模真实数据、仅通过合成数据达到基础模型的预训练过程，进一步通过小样本微调使基础“通才”快速成长为指定场景“专家”的能力，定义了 VLA 发展的新范式
	智元机器人	EnerVerse 4D		不同于现有方法简单应用 2D 视频 + 时间序列生成的 3D 模型，智元机器人深度结合具身任务需求，创新性地提出了机器人领域首个 4D 世界模型 EnerVerse，将生成式空间智能与机器人动作预测相结合，使机器人能够更高效、更准确地完成任务
科研院校	斯坦福大学、伯克利大学	ACT	2023 年 4 月	A Low-cost Open-source Hardware System for Bimanual Teleoperation，是一个低成本的开源双手遥控操作硬件系统，即开源机械臂，可用于双手远程操作机器人执行精细任务（例如给线缆轧带或剥鸡蛋壳）、动态任务（例如颠乒乓球），以及接触式丰富的任务（例如给自行车上链条）

续表

类别	厂商	大模型名称	发布时间	介绍
科研院校	纽约大学、首尔大学	VQ-BeT	2024 年 3 月	主要特点包括高效处理多模态动作数据、快速推理速度以及在多种任务和环境中的出色表现。它在模拟操作任务、自动驾驶任务和真实机器人任务中均优于或匹配现有最佳方法，同时保持了对数据的高保真度和多样性
	清华大学	RDT	2024 年 10 月	RDT（Robotics Diffusion Transformer）双臂机器人操作模型基于模仿学习人类动作，展现出强大的泛化能力和操作精度，能处理未见过的物体和场景。能在无须人类操控的情况下，自主完成复杂任务（如调酒和遛狗）

资料来源：作者根据谷歌、NVIDIA、智元机器人等官网、媒体资讯资料整理。

（二）主要功能：指令解析与任务规划

指令解析：多模态大模型在人形机器人的“大脑”中扮演着核心角色，它能够解析多种形式的指令，从而精准把握用户意图。表 5-4 是多模态大模型指令解析流程。

表 5-4 多模态大模型指令解析流程

步骤	描述
指令输入	接收来自用户的各种形式指令，如自然语言、手势、符号等
模态融合	将不同模态的指令信息进行融合处理，提取共有特征
意图识别	通过模型计算，识别用户的真实意图
指令输出	将识别的指令转化为机器人可执行的命令

以 GPT-4O 和 DeepSeek 等多模态大模型为例，它们在实际场景中的应

用效果显著。例如，在家庭环境中，机器人可以通过语音识别理解主人的自然语言指令，如“请帮我拿杯水”，同时结合手势识别确定主人所指的水杯位置，从而准确执行任务。在工业场景中，机器人能够理解工程师的手势和符号指令，精确完成复杂的操作任务，如设备维修和物料搬运。

任务规划：多模态大模型在理解指令后，会根据任务目标进行分解和规划，生成合理的行动步骤和策略。表 5–5 是多模态大模型任务规划流程。

表 5–5　多模态大模型任务规划流程

步骤	描述
任务接收	从指令理解模块接收具体任务
环境感知	通过传感器获取当前环境信息
路径规划	根据环境信息规划最优路径
动作序列生成	生成完成任务所需的动作序列
动态调整	根据环境变化实时调整任务规划

在家庭场景中，机器人接到“请帮我拿杯水”的指令后，会先感知周围环境，避开障碍物，规划出从当前位置到水杯位置的最优路径，然后生成一系列动作，如行走、抓取水杯、转身等，最后将水杯送到主人手中。在工业场景中，机器人在接到设备维修指令后，会根据设备故障信息和维修手册，规划出维修步骤，如拆卸部件、检查故障点、更换零件等，并在维修过程中根据实际情况动态调整维修策略。

多模态大模型在不同任务场景下的规划差异主要体现在环境感知和路径规划上。在家庭环境中，机器人需要更多地考虑家具布局和人员活动；而在工业环境中，则需要重点考虑设备分布和安全区域。这种灵活性使得机器人能够更好地适应各种复杂场景，提高任务执行的效率和成功率。

三、数据飞轮驱动“大脑”进化

（一）仿真训练

1. 基本原理

在仿真训练中，通过构建高度逼真的虚拟环境，模拟机器人可能遇到的各种场景和任务，使“大脑”架构能够在虚拟世界中进行大量的训练。这些仿真场景数据涵盖了不同的物理环境、任务目标和干扰因素等，为模型提供了丰富的学习资源。

2. 训练方法

- **强化学习算法**：常用的强化学习算法如 Q-learning、DQN、PPO 等被广泛应用在仿真训练中。以 DQN 为例，它通过深度神经网络来模拟 Q 值函数，能够处理连续状态空间和离散动作空间的问题。在仿真环境中，机器人“大脑”根据当前状态选择动作，然后根据环境反馈的奖励信号来更新网络参数，从而不断学习最优策略。
- **并行训练**：为了提高训练效率，可以采用基于仿真实验的智能并行训练方法。通过自动调整仿真设定参数，生成大量的仿真节点，并行地对“大脑”模型进行训练。各仿真节点反馈的观测空间、奖励回报和动作空间组成训练样本集，用于更新学习训练中心的价值神经网络参数。

3. 优势

- **安全性**：在仿真环境中进行训练，避免了机器人在真实物理环境中可能遇到的危险和损坏，降低了研发成本和风险。
- **高效性**：可以快速生成大量的训练数据，并且不受现实世界中时间、空间和资源的限制，大大加快了模型的训练速度。

- **可重复性**：相同的仿真场景可以反复使用，便于对模型进行多次训练和评估，确保模型的稳定性和可靠性。

4. 特斯拉的仿真训练案例

特斯拉在自动驾驶技术的研发中，大量运用了仿真训练，构建了包含各种复杂交通场景和天气条件的仿真环境，通过大量的仿真数据来训练其自动驾驶系统的“大脑”模型。这使得特斯拉的自动驾驶系统能够在各种情况下作出准确的决策，提高了系统的性能和安全性。

（二）实体迭代

1. 基本原理

实体迭代是指机器人在真实物理环境中运行时，基于实际的传感器数据和环境反馈，对“大脑”模型进行不断优化和迭代。真实环境中的数据往往更加复杂和多样化，能够反映出现实世界中的各种不确定性和特殊情况，这对于提升模型的泛化能力和适应性至关重要。

2. 迭代方法

- **数据反馈机制**：机器人在真实环境中执行任务时，通过各种传感器收集数据，如视觉传感器、激光雷达、触觉传感器等。这些数据被用来评估“大脑”模型的输出与实际环境之间的差异，然后根据差异进行模型参数的调整。
- **在线学习**：机器人可以在执行任务的过程中进行在线学习，即实时根据新的数据更新模型。这种方法能够使机器人快速适应环境的变化，不断优化自身的行为策略。

3. 与仿真训练的互补关系

- **数据多样性**：仿真训练提供了丰富多样的虚拟数据，但真实环境中的数据具有更高的复杂性和不可预测性。两者结合可以使模型接触到更全面的数据，从而提升其泛化能力。
- **验证与优化**：仿真训练可以对模型进行初步的训练和筛选，而实体迭代则可以在真实环境中对模型进行验证和进一步的优化。两者相辅相成，共同推动机器人“大脑”的智能成长。

4. 重要性

只有将仿真训练和实体迭代相结合，才能使机器人在虚拟和现实两个层面都得到充分的锻炼和提升。仿真训练为实体迭代提供了基础和方向，而实体迭代则为仿真训练提供了现实依据和反馈，两者的有机结合是实现机器人智能进化的关键路径。

（三）模仿学习

1. 基本原理

模仿学习是一种通过模仿专家行为来训练智能体的方法。其基本思路是利用专家的演示数据，让智能体学习并模仿专家的行为模式，从而在相似的任务环境中作出合理的决策。

通常包括两个主要步骤：一是收集专家的演示数据，这些数据包含专家在不同状态下的动作或行为；二是利用这些数据训练智能体的策略模型，使智能体能够在给定状态下生成与专家相似的动作。

2. 训练方案

- **行为克隆**：直接使用专家的演示数据来训练智能体的策略模型，通过监督学习的方法，让模型学习将专家的状态映射到对应的动作。这种方法简单直观，但容易受到专家数据质量的影响，在面对未见过的状态时可能泛化能力较差。

- **逆强化学习**：通过分析专家的行为轨迹，推断出专家的奖励函数，然后基于这个奖励函数来训练智能体的策略。这种方法不仅能模仿专家的动作序列，还能理解专家行为背后的动机和逻辑，从而在未见过的状态下也能作出合理的决策。
- **生成对抗模仿学习（GAIL）**：融合了生成对抗网络（GAN）的思想，引入生成器和判别器两个组件。生成器生成一系列动作或轨迹；判别器则区分专家的轨迹与智能体生成的轨迹，并为生成器提供反馈，帮助智能体不断调整行为以接近专家轨迹。
- **扩散策略**：通过人类操作员演示任务来远程操作机器人，收集演示数据。该方法适用于多模式演示和高维动作空间，能够进行稳定可靠的训练，可大规模训练机器人。

3. 主要优势

- **效率高**：相比强化学习，模仿学习不需要智能体在环境中进行大量的试错探索，而是直接利用专家的演示数据进行学习，能够更快地收敛，节省训练时间和资源。
- **数据质量高**：可以充分利用专家的高质量演示数据，快速学习到有效的策略，在一些数据稀缺或试错成本较高的任务中具有优势。
- **适用上肢精细操作训练**：可用于多种具身智能任务，尤其在人形机器人精细操作任务方面，对模型的训练效果显著。

4. 主要缺点

- **对专家数据依赖性强**：模仿学习的效果在很大程度上取决于专家数据的质量和数量。如果专家数据存在噪声、偏差或覆盖不全面，可能会导致智能体学习到错误或不完整的行为模式。

- **泛化能力有限**：虽然逆强化学习和 GAIL 等方法在一定程度上提高了泛化能力，但总体来说，模仿学习在面对与专家演示差异较大的新环境或任务时，可能仍然会出现泛化困难的问题。
- **成本高昂**：捕捉专家的动作轨迹需要专业设备（如动捕设备）、人员、时间，成本高昂。

四、"大脑"架构与其他系统协同

（一）与感知系统的交互

"大脑"架构通过接收和处理来自视觉、听觉、触觉等感知系统的数据，实现对环境的全面感知和理解，并根据感知信息调整机器人的行为和决策。以下是一些具体的交互机制和例子。

- **视觉系统**：视觉系统通过摄像头捕获环境图像，并这些图像数据传输到"大脑"进行处理。例如，Figure AI 的 Helix 模型通过双系统架构（系统 1 和系统 2）处理视觉数据，系统 2 负责场景理解，系统 1 负责快速反应，从而实现对环境的实时感知和理解。
- **听觉系统**：听觉系统通过麦克风捕获声音信号，并将这些信号传输到"大脑"中进行语音识别和理解。例如，Figure AI 的 Helix 模型能够通过语音指令进行任务分配和协作。
- **触觉系统**：触觉系统通过传感器感知接触和压力，并将这些数据传输到"大脑"中进行处理。例如，HARMONIOUS 系统融合视觉、接近（预碰撞）和触觉（碰撞后）三种感知模态，使机器人具备全身视觉-触觉感知能力。

（二）与运动控制系统的配合

“大脑”架构通过将决策指令准确传达给运动控制系统，实现精准的运动控制。以下是一些具体的通信机制和协同策略。

- **通信机制：**运动控制系统通过接收来自“大脑”的指令，执行低层运动控制操作。例如，ROSchain 中的智能体节点负责高层决策和命令生成，控制器节点负责执行低层运动控制操作。
- **协同策略：**运动控制系统通过优化算法生成关节速度指令，确保机器人动作的流畅性和准确性。例如，HARMONIOUS 系统通过微分运动学将问题转化为二次规划（QP）问题，通过优化关节速度指令，在满足多种约束的同时最小化速度幅值。

（三）示例

- **感知与决策流程示例：**在复杂环境中，机器人需要识别和分类物品。例如，Figure AI 的 Helix 模型能够通过视觉系统识别需要冷藏的食品，并将其分类，然后通过语言指令进行任务分配（见图 5–2）。
- **运动控制示例：**在机器人行走和抓取动作中，运动控制系统需要精确控制关节运动。例如，视觉机械臂的相机和机械臂结合方式（Eye–In–Hand 或 Eye–To–Hand）通过手眼标定确定坐标转换关系，实现精准抓取（见图 5–3）。

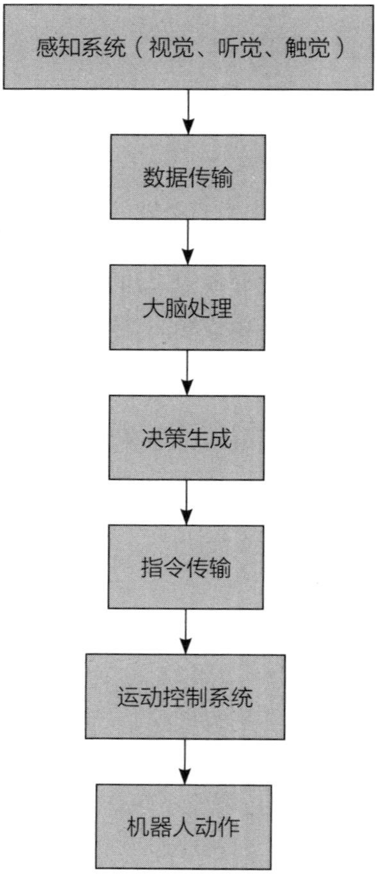

图 5-2　感知与决策流程图

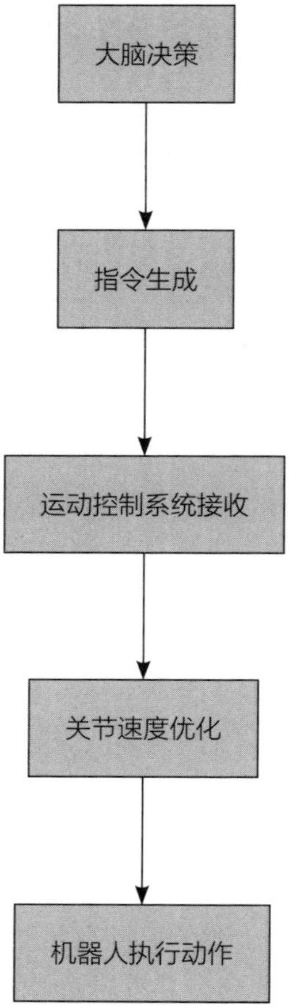

图 5-3　运动控制流程图

五、架构安全性与可靠性保障

（一）数据安全措施

1. 数据加密

在机器人“大脑”架构中，数据加密是保障数据安全的第一道防线。采用高级加密标准（AES）等对称加密算法对敏感数据进行加密，确保即使数据在传输过程中被拦截，也无法被轻易读取。例如，在医疗机器人中，患者的病历数据通过 AES-256 加密后存储和传输，有效防止了数据泄露。

2. 访问控制

访问控制是确保只有授权用户和进程能够访问特定数据的关键手段。基于角色的访问控制（RBAC）模型被广泛应用于机器人系统中。例如，在工业机器人控制系统中，操作员只能访问与操作相关的数据，而工程师可以访问更多系统配置数据，通过严格的角色划分和权限管理，降低了数据被非法访问的风险。

3. 隐私保护

隐私保护是数据安全的重要组成部分，特别是在涉及用户个人数据时。采用隐私计算技术，如联邦学习（一种机器学习方法），可以在不共享原始数据的情况下进行模型训练和数据分析。例如，在服务机器人中，通过联邦学习技术，多个机器人可以在不共享用户隐私数据的情况下协同优化服务策略，保护了用户的隐私。

4. 数据安全的重要性及风险应对

数据安全对机器人的可靠运行至关重要。一旦数据泄露，可能导致机器人行为异常，甚至被恶意控制。例如，若导航数据被篡改，机器人可能在执行任务时发生碰撞或迷路。应对措施包括定期进行安全审计，及时更新加密算法和访问控制策略，以及对数据泄露事件进行快速响应和处理。

（二）系统稳定性设计

1. 冗余设计

冗余设计是提高系统稳定性的有效方法。在机器人“大脑”架构中，关键组件如处理器、传感器和通信模块都采用了冗余设计。例如，采用双处理器架构，当主处理器出现故障时，备用处理器可以立即接管工作，确保系统的连续运行。

2. 容错机制

容错机制能够使系统在出现故障时仍能正常运行。采用故障检测和切换机制，当检测到某个组件出现故障时，系统能够自动切换到备用组件。例如，在机器人控制系统中，通过实时监测传感器数据，当某个传感器出现异常时，系统能够自动切换到其他传感器，确保数据的准确性和系统的稳定性。

3. 实时监控与恢复

实时监控与恢复是确保系统稳定运行的重要手段。采用实时监控系统，对机器人的状态进行实时监测，当出现异常时及时进行恢复。例如，通过监控机器人的温度、电压等参数，当发现异常时及时进行冷却或调整，确保系统的正常运行。

4. 系统稳定性对任务执行成功率的影响

系统稳定性直接影响机器人任务执行的成功率。稳定的系统能够确保机器人在各种复杂环境下准确执行任务。例如，在物流机器人中，通过冗余设计、容错机制和实时监控与恢复，机器人在仓库环境中的任务执行成功率提高了30%。

图 5-4 是机器人“大脑”架构安全性与可靠性保障的架构示意图。

六、未来发展趋势与展望

（一）技术发展方向

人形机器人“大脑”架构的未来技术发展将围绕计算能力、学习算法和感

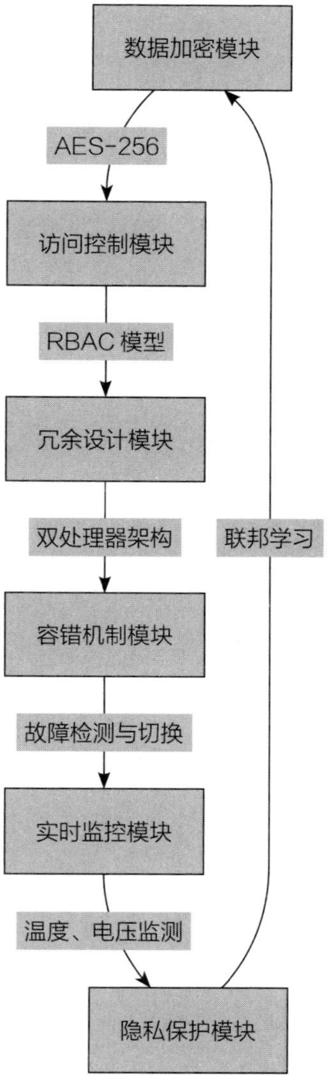

图 5-4　机器人“大脑”架构安全性与可靠性保障的架构示意图

知技术等关键领域展开，这些技术的进步将推动“大脑”架构的升级与优化。

1. 机遇

- **更强大的计算能力**：随着半导体技术的不断进步，芯片的性能将不断提升，晶体管密度增加、运算速度加快，为“大脑”架构提供了更强大的计算支持。例如，未来可能会出现专门针对机器人“大脑”设计的高性能芯片，其计算能力相比当前提升数倍甚至数十倍。这将使机器人能够更快速地处理复杂的任务，如实时的环境感知、多任务并行处理等，从而提升其在各种场景中的响应速度和决策能力。

- **更先进的学习算法：**深度学习、强化学习等人工智能算法的不断发展，将为人形机器人“大脑”架构带来更高效的学习能力。例如，未来可能会出现基于 Transformer 架构的改进版算法，其在处理序列数据（如语言、动作等）时具有更高的效率和准确性。这些算法能够使机器人更快地从大量的数据中学习知识，适应不同的环境和任务需求，实现更加智能化的行为决策。
- **更高效的感知技术：**传感器技术的进步将使机器人能够更精准地感知周围环境。例如，视觉传感器的分辨率和帧率不断提高，同时具备更强的低光和动态场景适应能力。此外，触觉、听觉等传感器的性能也将得到提升，使机器人能够更全面地获取环境信息，从而为其决策提供更丰富的数据支持。这将大大增强机器人在复杂环境中的适应性和交互能力。

2. 挑战

- **硬件限制：**尽管计算硬件在不断进步，但要实现更强大的计算能力，仍面临诸多挑战。例如，芯片的功耗问题是一个重要制约因素。随着芯片性能的提升，其功耗也会相应增加，这对机器人的续航能力和散热设计提出了更高的要求。此外，硬件的可靠性和稳定性也是一个关键问题，机器人在复杂的环境中运行，硬件容易受到损坏，这会影响其正常工作。
- **数据安全与隐私：**随着机器人“大脑”架构对数据的依赖程度越来越高，数据安全和隐私问题变得日益突出。机器人在运行过程中会收集大量的用户数据，包括个人隐私信息、行为习惯等。如果这些数据被泄露或滥用，将给用户带来严重的风险。因此，如何确保数据的安全和隐私，是未来发展需要解决的重要问题。

- **伦理与社会问题**：随着人形机器人“大脑”架构的不断发展，其智能化程度越来越高，可能会引发一系列伦理和社会问题。例如，机器人的权利和责任如何界定？人形机器人在工作和生活中与人类的关系如何处理？这些问题需要社会各界共同探讨和解决。

（二）应用前景拓展

人形机器人“大脑”架构的不断完善，将使其在多个领域展现出广阔的应用前景，对社会和产业发展产生深远影响。

1. 家庭服务领域

- **家务协助**：人形机器人可以在家庭中承担各种家务任务，如清洁、做饭、洗衣等。其高效的感知和决策能力使其能够根据家庭环境和用户需求灵活调整工作方式，为家庭成员提供更加贴心的服务。这将大大减轻家庭成员的家务负担，提高生活质量。
- **情感陪伴**：随着人工智能技术的发展，人形机器人能够更好地理解人类的情感和需求，为家庭成员提供情感支持。例如，它可以与老人和儿童进行互动，陪伴他们聊天、玩游戏等，缓解其孤独感，增强家庭的温馨氛围。

2. 医疗保健领域

- **医疗辅助**：在医疗场景中，人形机器人可以协助医生进行手术、康复训练等任务。其精准的感知和控制能力使其能够在手术中提供更稳定的操作，减少人为因素导致的误差。此外，机器人还可以为患者提供康复训练指导，根据患者的康复情况实时调整训练方案，提高康复效果。

- **护理服务：**人形机器人可以为医院和养老院等机构提供护理服务，如照顾患者日常生活、监测生命体征等。其高效的工作效率和稳定的性能可以减轻医护人员的工作压力，同时为患者提供更加优质的护理服务。

3. 工业制造领域

- **智能制造：**人形机器人可以在工业生产中承担各种复杂的任务，如装配、焊接、搬运等。其灵活性和通用性使其能够适应不同的生产流程和产品类型，提高生产效率和质量。此外，机器人还可以进行实时的生产数据分析，为企业的生产决策提供支持，推动工业制造向智能化、柔性化方向发展。
- **危险作业：**在一些危险的工业环境中，如核电站、化工厂等，人形机器人可以代替人类进行作业，避免人员受到伤害。其强大的感知和决策能力使其能够更好地应对复杂的危险环境，保障工业生产的安全运行。

4. 教育娱乐领域

- **教育辅助：**人形机器人可以作为教学助手，在教育领域发挥重要作用。它可以为学生提供个性化的学习指导，根据学生的学习进度和特点调整教学内容和方法。此外，机器人还可以通过与学生互动，激发学生的学习兴趣，提高学习效果。
- **娱乐体验：**在娱乐领域，人形机器人可以为人们提供新颖的娱乐体验。例如，它可以与人们进行互动游戏、表演节目等，增加娱乐的趣味性和互动性。

（三）未来研究和创新方向

1. 跨学科研究

人形机器人“大脑”架构的发展需要跨学科的研究与合作，包括计算机科学、神经科学、心理学、材料科学等多个领域。未来应加强这些学科之间的交流与合作，推动人形机器人技术的创新发展。

2. 脑机接口技术

脑机接口技术的发展将给人形机器人“大脑”架构带来新的机遇。通过脑机接口，机器人可以直接与人类大脑进行交互，实现更加自然和高效的沟通。未来需要进一步研究脑机接口技术在人形机器人中的应用，提高其交互性能和用户体验。

3. 可持续发展

随着人形机器人的广泛应用，其对环境的影响也日益受到关注。未来需要研究如何使机器人更加节能环保，减少对环境的负面影响。同时，还需要探索机器人在资源循环利用方面的技术，提高其可持续发展能力。

七、小结

人形机器人“大脑”架构的创新是实现其智能化与实用化的关键一步。多模态大模型与数据飞轮的协同作用，赋予了人形机器人在复杂环境下高效感知、精准决策和灵活行动的能力，使其从实验室走向实际应用成为可能。然而，这一架构仍面临诸多挑战，如数据安全、系统稳定性以及与其他系统（如运动控制系统）的深度协同等问题。未来，随着技术的不断突破和优化，人形机器人的“大脑”架构将不断完善，推动人形机器人在更多领域发挥重要作用，为人类创造更加便捷、智能的生活和工作方式。

第 2 节 “小脑”控制

在人形机器人的软件与算法体系中，“小脑”控制扮演着至关重要的角色。它类似人类的小脑，负责将“大脑”所规划的任务转化为精确、协调的运动指令，驱动机器人在复杂多变的环境中实现稳定、灵活的动作执行。随着人形机器人技术的不断发展，对于“小脑”控制算法的研究和优化成了提升机器人运动性能、实现其广泛应用的关键所在。

本节将深入探讨人形机器人“小脑”控制的各个方面，从核心的运动控制算法，如全身运动控制（Whole-Body Control，WBC）和模型预测控制（Model Predictive Control，MPC），到在动态环境中实现实时避障与动态平衡的策略，再到硬件 - 软件协同过程中的时延与能效优化等问题，全面剖析“小脑”控制的技术原理、实现方法以及面临的挑战与发展方向，旨在为读者呈现一个人形机器人“小脑”控制的完整图景，为进一步的研究和实践提供有益的参考和借鉴。

一、运动控制算法详解

（一）全身运动控制

1. 全身运动控制的基本原理

全身运动控制是一种先进的运动控制策略，旨在实现机器人多自由度的协调运动控制。其核心思想是通过任务优先级的设定和约束条件的处理，使机器人能够在复杂任务空间中优化运动轨迹和力的分布。

（1）任务优先级设定

在全身运动控制框架中，不同的任务被赋予不同的优先级。例如，机器人的平衡任务通常被设置为最高优先级，因为保持平衡是机器人稳定运行的基础。其次是手部轨迹跟踪任务，确保机器人能够准确执行操作指令。关节物理极限避免任务则被设置为低优先级，以防止关节超出其物理极限，避免损坏。

（2）约束条件处理

机器人在运动过程中会受到各种约束，如关节扭矩限制、摩擦力限制等。全身运动控制通过引入这些约束条件，确保机器人在运动过程中不会违反物理限制。例如，当机器人在行走时，关节扭矩不能超过电机的最大输出扭矩；在抓取物体时，手部施加的力不能超过物体所能承受的最大力，以避免物体损坏。

（3）数学模型和算法流程

全身运动控制的数学模型通常基于优化理论，通过建立目标函数和约束条件，求解最优的关节运动轨迹和力的分布。其算法流程主要包括任务定义、优先级设定、约束条件处理、优化求解和运动执行等（见图 5–5）。

- **任务定义**：根据机器人的应用场景和任务要求，定义不同的任务，如平衡任务、轨迹跟踪任务等。
- **优先级设定**：根据任务的重要性和紧急程度，设定任务的优先级。
- **约束条件处理**：考虑机器人在运动过程中受到的各种约束，如关节扭矩限制、摩擦力限制等。
- **优化求解**：利用优化算法，如二次规划等，求解最优的关节运动轨迹和力的分布。
- **运动执行**：将求解得到的关节运动指令发送给机器人执行机构，驱动机器人完成相应任务。

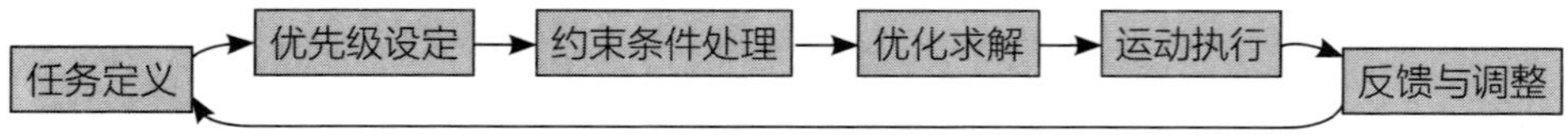

图 5-5　算法流程图

2. 全身运动控制在应对不同地形、任务场景下的优势和局限性

（1）行走任务中的表现

在行走任务中，全身运动控制能够通过调整机器人的关节运动，实现稳定、高效的行走。例如，在平坦地形上，全身运动控制可以优化机器人的步态，减少能量消耗；在崎岖地形上，全身运动控制能够根据地形变化实时调整机器人的姿态和步态，确保机器人保持平衡。

（2）抓取任务中的表现

在抓取任务中，全身运动控制可以协调机器人的手臂和手部运动，实现精确的抓取。例如，当机器人需要抓取一个不规则形状的物体时，全身运动控制可以根据物体的形状和位置，调整机器人的手部姿态和抓取力，确保物体被抓取稳定。

（3）复杂环境下的适应性问题

在复杂环境下，全身运动控制面临着诸多挑战。例如，当机器人在动态环境中行走时，需要实时感知周围环境的变化，并快速调整运动轨迹。此时，全身运动控制的实时性和适应性就显得尤为重要。如果全身运动控制算法的计算速度跟不上环境变化的速度，就可能导致机器人失去平衡或发生碰撞。

（二）模型预测控制

1. 模型预测控制的核心思想

模型预测控制是一种基于系统模型对未来状态进行预测，并通过优化求解来确定当前最优控制输入的控制方法。其核心思想是利用模型预测系统未来的行为，从而在优化中考虑这些预测，以确定最优的控制轨迹。

2. 预测模型的建立

预测模型是模型预测控制的基础，它描述了系统状态如何随时间演化。对于线性系统，状态方程可以表示为：

$$x_{k+1} = Ax_k + Bu_k$$

其中，x 是系统状态，u 是控制输入，A 和 B 是系统矩阵。

3. 成本函数的设计

成本函数是模型预测控制优化问题中的关键部分，它通常包括状态和控制输入的加权平方和。例如，一个常见的成本函数形式为：

$$cost = \sum_{k=0}^{N-1} \left(x_k^T Q x_k + u_k^T R u_k \right) + x_N^T P x_N$$

其中，Q 和 R 是状态和控制输入的权重矩阵，P 是终端成本矩阵。

4. 约束处理方法

模型预测控制能够处理各种约束条件，包括状态和控制输入的约束。这些约束可以在优化问题中显式地表示，并通过优化算法进行处理。例如，控制输入的约束可以表示为：

$u_{min} \leqslant u_k \leqslant u_{max}$ 优化过程中被严格遵守，以确保系统的安全运行。

5. 模型预测控制在人形机器人运动规划中的应用实例

（1）动态避障

在人形机器人动态避障中，模型预测控制可以预测机器人未来的位置和障碍物的运动轨迹，从而优化控制输入以避免碰撞。例如，通过预测机器人和障碍物的未来位置，模型预测控制可以生成一个最优的路径，使机器人在动态环境中安全地移动。

（2）平衡控制

在平衡控制中，模型预测控制可以预测机器人未来状态的演化，从而优化控制输入以保持平衡。例如，通过预测机器人未来的重心位置和姿态，模型预测控制可以生成一个最优的控制输入，使机器人在不稳定的表面上保持平衡。

6. 不同预测时域和采样周期对控制性能的影响

（1）预测时域的影响

预测时域 N 是模型预测控制中的一个重要参数，它影响控制性能和计算复杂度。较长的预测时域可以提供更准确的未来状态预测，从而提高控制性能。然而，较长的预测时域也会增加计算复杂度。例如，表 5-6 显示了不同预测时域对控制性能的影响。

表 5-6　不同预测时域对控制性能的影响

预测时域 N	控制性能
5	较好
10	更好
15	最好

资料来源：彭熙、潘磊、夏珺等人的论文。

（2）采样周期的影响

采样周期 dt 是另一个重要参数，它影响控制的实时性和准确性。较短的采样周期可以提供更及时的控制更新，从而提高控制性能。然而，较短的采样周期也会增加计算负载。表 5-7 显示了不同采样周期对控制性能的影响。

表 5-7　不同采样周期对控制性能的影响

采样周期 dt	控制性能
0.1 秒	较好
0.05 秒	更好

续表

采样周期 dt	控制性能
0.01 秒	最好

资料来源：《基于最优化方法的人形机器人步态规划与运动控制研究》（2021）。

模型预测控制通过基于系统模型对未来状态的预测和优化求解，能够有效地处理各种约束条件，并在人形机器人运动规划中实现动态避障和平衡控制。不同预测时域和采样周期对控制性能有显著影响，需要根据具体应用进行权衡和优化。

（三）数据驱动的运动控制

1. 基本原理

数据驱动的运动控制是一种不依赖精确数学模型的控制范式，其核心是通过采集系统运行中的输入输出数据（如传感器信号、运动轨迹、环境反馈等），利用机器学习、强化学习或优化算法直接建立从状态到动作的映射关系。其核心特征如下。

- **模型无关性**：无须预先构建被控对象的动力学方程（如刚性 / 柔性关节模型），适用于复杂非线性系统（如人形机器人、柔性机械臂）。
- **动态适应性**：通过在线数据实时更新策略，可应对系统参数时变（如负载变化、关节磨损）和环境扰动。
- **多模态融合**：整合视觉、触觉、力觉等多模态数据，实现更贴近生物体的“感知-动作”闭环。

其典型方法包括无模型自适应控制（MFAC）、迭代学习控制（ILC）、强化学习（RL）等。

2. 训练路径

数据驱动的运动控制的实现通常包含以下关键步骤。

- **数据采集与预处理**

数据源：包括运动轨迹（关节角度、速度）、力 / 力矩传感器、视觉反馈等。

清洗与标准化：去除噪声（如传感器漂移）、对齐时间戳，标准化数据分布以提高模型收敛效率。

- **特征提取与数据建模**

动力学特征：从原始数据中提取加速度、关节力矩等关键参数。

时序建模：利用 LSTM、Transformer 等网络捕捉动作序列的时序依赖性。

- **控制策略训练**

监督学习：基于专家示范数据（如人类操作记录）训练策略网络（行为克隆）。

强化学习：通过试错机制优化策略（如 DDPG、PPO），目标函数常设计为跟踪误差最小化或能耗最优。

混合训练：结合模型预测控制的滚动优化与数据驱动的在线调整（如 MBPO 算法）。

- **在线部署与迭代优化**

迁移学习：将仿真环境训练的策略迁移至物理系统，通过域随机化提升泛化能力。

持续学习：部署后通过在线数据持续更新模型，适应环境动态变化。

3. 与传统运动控制方法的关系

表 5–8 是基于运动控制的传统方法与数据驱动方法的对比。

表 5-8 基于运动控制的传统方法与数据驱动方法的对比

维度	传统方法（如全身运动控制、模型预测控制）	数据驱动方法
依赖模型	需精确动力学模型	完全模型无关或仅需简化模型
设计复杂度	高（需推导模型、设计控制器）	低（端到端训练，自动化生成策略）
适应性	对参数变化敏感（需健壮性补偿）	自适应性强（通过数据动态调整）
计算效率	在线计算量大（如模型预测控制的实时优化）	推理速度快（神经网络前向计算）
理论保障	稳定性、收敛性可严格证明	理论分析困难（黑箱特性）

4. 优劣势分析

基于数据驱动的运动控制算法具备以下优势。

- **高适应性**：可处理未建模动态（如柔性负载、环境扰动）。
- **非线性处理能力**：通过神经网络逼近复杂非线性关系。
- **端到端优化**：绕过模型简化误差，直接优化任务目标（如能耗、精度）。
- **多模态融合**：整合视觉、触觉等多源数据提升决策健壮性。

基于以上优势，数据驱动的端到端运动控制方案广泛用于人形机器人动态步态控制、柔性机械臂精密操作等领域中。

数据驱动的主要劣势包括数据依赖性大、缺乏理论保证等，可与传统 WBC、MPC 控制算法结合使用。

二、实时避障与动态平衡

（一）感知与规划的融合

1. 环境感知与运动控制的结合

在动态环境中实现机器人的实时避障，需要将环境感知信息与运动控制算法相结合。常见的环境感知设备包括深度相机和激光雷达等，它们能够获取周围环境的深度信息和障碍物位置。通过数据融合技术，可以将这些感知信息整合起来，为机器人提供更准确的环境模型。

卡尔曼滤波和粒子滤波是常用的状态估计方法。卡尔曼滤波适用于线性系统，能够通过预测和更新步骤，估计系统的状态。扩展卡尔曼滤波（EKF）和无迹卡尔曼滤波（UKF）则适用于非线性系统，能够在处理非线性模型时提供更准确的预估。粒子滤波通过粒子集合来表示系统的概率分布，适用于复杂的非线性、非高斯噪声环境，见表 5-9。

表 5-9　不同状态估计方法对比

算法	适用场景	优点	缺点
卡尔曼滤波	线性系统	计算效率高	仅适用于线性模型
扩展卡尔曼滤波	非线性系统	适用于非线性模型	计算复杂度较高
无迹卡尔曼滤波	非线性系统	精度高	计算量较大
粒子滤波	非线性、非高斯噪声环境	适用于复杂环境	计算资源需求高

2. 路径规划与轨迹跟踪

基于感知信息的路径规划是实现避障的关键步骤。A* 算法是一种启发式搜索算法，能够通过评估函数找到从起点到终点的最优路径。它在静态环境中表现出色，但在动态环境中需要结合实时更新的环境信息。快速随机树（RRT）算法则通过随机采样和树结构的扩展，能够在复杂环境中找到可行路径，特别适用于高维空间和动态障碍物的场景。

将规划的路径转化为机器人的实际运动控制指令，需要考虑机器人的运动学和动力学模型。通过逆运动学计算，可以将路径点转换为机器人的关节角度或轮速等控制指令。同时，需要实时监测环境变化，调整路径规划和运动控制，以确保机器人能够实现动态平衡和实时避障，见表 5-10。

表 5-10　不同路径规划与轨迹跟踪算法对比

算法	适用场景	优点	缺点
A* 算法	静态环境	找到最优路径	需要实时更新环境信息
RRT 算法	复杂环境	适用于高维空间和动态障碍物	路径可能非最优

（二）动态平衡控制策略

1. 平衡特性分析

人形机器人在行走和站立等不同姿态下，其平衡特性存在显著差异。在行走过程中，机器人需要不断调整自身的质心位置和姿态角，以适应步伐的变化和地面的反作用力。而在站立时，机器人则需要保持质心的稳定，防止因外界干扰而倾倒。

2. 基于零力矩点和脚底压力分布的平衡控制

（1）零力矩点（ZMP）的概念与计算

零力矩点是指在地面上存在一点，使得与地面平行轴方向的由惯性力与重力所产生的净力矩为零的点。通过计算零力矩点的位置，可以判断机器人的平衡状态。当零力矩点落在脚掌的范围以内时，机器人可以稳定行走。计算零力矩点需要考虑机器人足底受到的竖直方向力和水平方向力的分布。具体计算公式如下：

$$p_x = \frac{\int_{x_1}^{x_2} \xi p(\xi) d\xi}{\int_{x_1}^{x_2} p(\xi) d\xi}$$

其中，$p(\xi)$ 是沿足底每单位长度上的铅垂分量，p_x 为零力矩点的 x 坐标。

（2）脚底压力分布的测量与分析

脚底压力分布反映了机器人与地面接触的力的分布情况。通过测量脚底压力分布，可以获取地面反作用力的合力及其作用点，即零力矩点的位置。此外，脚底压力分布还可以用于判断机器人是否处于稳定状态，以及是否存在滑动等风险。

（3）调整质心位置和姿态角以维持平衡

为了维持动态平衡，机器人需要根据零力矩点和脚底压力分布的信息，实时调整自身的质心位置和姿态角。例如，当零力矩点偏离支撑面时，机器人可以通过调整质心的水平位置和垂直高度，以及改变身体的姿态角，使零力矩点重新回到支撑面内。这通常涉及对机器人关节扭矩的精细控制，以实现预期的运动轨迹。

3. 外部扰动下的平衡恢复策略

（1）反馈控制策略

当机器人受到外部推力或地面不平引起的扰动时，反馈控制（见图5-6）策略可以快速响应并调整机器人的运动状态。反馈控制器通过实时监测机器人的姿态、质心位置、零力矩点等信息，计算出所需的调整量，并驱动关节执行相应的动作，以恢复平衡。常见的反馈控制算法包括PID控制、模糊控制等。

（2）前馈补偿策略

前馈补偿策略是在预测到外部扰动可能发生的情况下，提前对机器人的运动进行调整，以减小扰动对平衡的影响。例如，当机器人即将踩到一个斜坡时，可以根据斜坡的角度和位置，提前调整质心的高度和姿态角，使机器人在接触斜坡时能够保持稳定。

（3）“小脑”控制算法的综合运用

“小脑”控制算法模拟人类小脑的神经控制机制，能够快速处理大量的传感器信息，并生成精确的控制指令。在外部扰动情况下，“小脑”控制算法可以综合运用反馈控制和前馈补偿策略，实现对机器人平衡的快速恢复。例如，当机器人受到突然的推力时，“小脑”控制算法可以迅速调整质心位

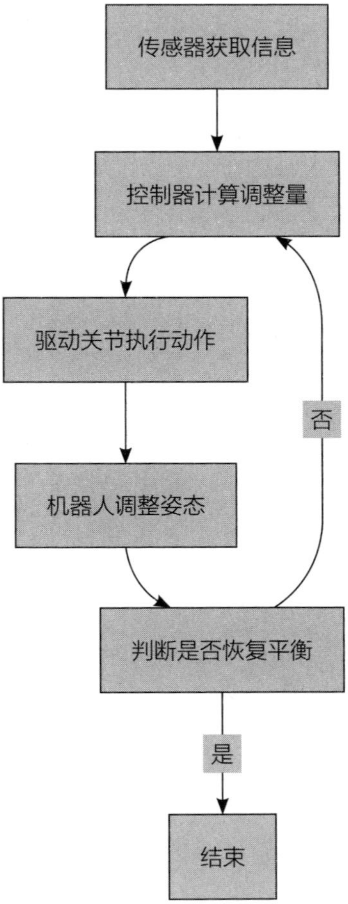

图 5-6　反馈控制流程图

置和姿态角度，同时驱动关节产生相应的反作用力，使机器人恢复平衡。

人形机器人的动态平衡控制是一个复杂的系统工程，涉及多个方面的技术和策略。通过分析机器人在不同姿态下的平衡特性，基于零力矩点和脚底压力分布的平衡控制方法，以及在外部扰动情况下利用“小脑”控制算法的综合应对策略，可以有效地提高人形机器人的动态平衡能力，使其能够在复杂环境中稳定行走和操作。

三、硬件–软件协同：时延与能效优化

（一）时延控制挑战与解决方案

人形机器人运动控制系统中的时延控制是一个复杂但至关重要的课题。时延不仅影响机器人的动作流畅性，还可能直接导致稳定性问题。我们可以从时延的来源、影响，以及硬件和软件的优化措施几个方面来剖析这个问题。

1. 时延的来源和影响：机器人为什么“慢半拍”？

人形机器人的运动控制系统中，时延主要来自三个环节：传感器数据采集、算法计算、执行器响应。每个环节的延迟叠加起来，就决定了机器人动作的响应速度。

（1）传感器数据采集

传感器是机器人的“眼睛”和“耳朵”，但它们并非完美的。比如，惯性测量单元（IMU）采集加速度和角速度数据时，信号处理和传输需要时间。如果传感器的采样率不够高，或者通信协议不够高效，数据就会“卡”在这一环节。延迟哪怕只有几毫秒，机器人对环境的感知就已经滞后了。

（2）算法计算

传感器数据采集完成后，算法需要对这些数据进行处理，比如路径规划、平衡控制、步态生成等。复杂的算法（比如基于模型预测控制的步态规划）往往需要大量的计算资源。如果算法效率低，或者处理器性能不足，计算时间就会成为瓶颈。想象一下，机器人需要快速调整步态以保持平衡，但如果算法计算慢了，它可能已经摔倒了。

（3）执行器响应

即使算法已经算出了控制指令，执行器（比如电机）也需要时间来响应。这包括信号传输延迟、机械传动延迟等。比如，液压执行器的响应速度通常比电机慢，这会进一步拉长系统的总时延。

这些延迟叠加起来，会导致机器人动作滞后、不稳定，甚至无法完成复杂的任务。比如，在动态环境中，机器人需要快速避开障碍物，但如果时延过高，它可能已经撞上了障碍物。

2. 硬件优化：让机器人“跑得更快”

硬件优化的核心是减少数据采集和传输的延迟，同时提升计算能力。

（1）高速处理器

选择高性能处理器是硬件优化的第一步。比如，NVIDIA Jetson 系列的嵌入式处理器，不仅支持多线程计算，还能通过 GPU 加速深度学习算法。这种硬件可以让复杂的步态控制算法（比如模型预测控制）在几毫秒内完成计算。

（2）低延迟传感器

传感器的性能直接影响数据采集的效率。比如，采用微机电系统（MEMS）技术的 IMU，采样率可以达到 1000 赫兹以上，数据传输延迟低至 1 毫秒。这种传感器可以让机器人更快地感知环境变化。

（3）优化通信协议

通信协议的效率也是一个关键点。传统的 CAN 总线虽然可靠，但延迟较高。相比之下，实时以太网（比如 EtherCAT）可以将通信延迟降低到微秒级。这种协议特别适合需要高实时性的机器人控制系统。

（4）专用硬件加速

对于一些计算密集型任务，可以使用 FPGA 或 ASIC 进行硬件加速。比如，在图像处理任务中，FPGA 可以将算法的执行时间缩短到传统处理器的 1/10。这种硬件加速技术在机器人视觉导航中非常有用。

3. 软件优化：让机器人“更聪明”

软件优化的目标是减少算法计算时间和任务调度延迟，同时提高系统的实时性。

（1）实时操作系统

实时操作系统（RTOS）是软件优化的核心。比如，QNX 和 VxWorks 提供了硬实时性能，可以确保高优先级任务（比如平衡控制）在规定时间内完成。美国国家航空航天局（NASA）的火星探测器就使用了 VxWorks，因为它需要在极端环境下保持高度的可靠性和实时性。

（2）算法并行化处理

利用多核处理器进行并行计算是提高算法效率的有效手段。比如，将步态规划算法拆分成多个子任务，分别在不同的 CPU 核心上运行。这种并行化处理可以显著缩短算法的执行时间。

（3）时延补偿算法

对于系统中的固定延迟，可以采用时延补偿算法，比如 Smith 预估器。Smith 预估器通过建立系统的预估模型，提前预测未来的状态，从而补偿延迟。这种方法在工业控制领域已经非常成熟，同样适用于人形机器人。

（4）任务调度优化

任务调度的优化可以减少任务等待时间。比如，采用优先级调度策略，确保关键任务（比如紧急避障）优先执行。通过实时性能分析工具（比如 HiTraceMeter），可以识别系统瓶颈，进一步优化任务调度。

另外，硬件和软件的协同优化是解决时延问题的关键。比如，在机器人步态控制中，低延迟传感器可以更快地采集环境数据，高速处理器可以加速算法计算，实时操作系统可以确保任务调度的实时性，时延补偿算法可以进一步优化系统的响应速度。通过这些措施的协同作用，可以将系统的总时延降低到最低。

时延控制不仅影响机器人动作的流畅性，还直接决定了它在复杂环境中的生存能力。硬件优化提升了系统的计算和通信效率，软件优化提高了算法的实时性和可靠性，而两者的协同作用则是解决时延问题的关键。最终，这些优化措施可以让机器人更快、更稳、更智能。

（二）能效优化策略

1. “小脑”控制算法设计中的能效考虑

在机器人控制算法设计中，特别是“小脑”控制算法，能效优化是一个关键因素。小脑在机器人运动控制中扮演着协调和优化运动的角色，类似于生物系统中的小脑功能。通过优化“小脑”控制算法，可以显著减少能量消耗，从而延长机器人的续航时间。

（1）基于能量消耗模型的运动规划

为了优化能效，首先需要建立一个能量消耗模型，该模型可以预测机器人在不同运动状态下的能量消耗。通过分析机器人关节电机的转矩和速度，可以建立一个动态能量消耗模型。例如，对于四足机器人，每个关节的电机转矩和速度可以通过联合仿真系统进行分析，以确定能量消耗的动态特性。

（2）优化运动轨迹

优化机器人的运动轨迹是减少能量消耗的有效方法。通过规划平滑且高效的运动路径，可以减少不必要的加速度和减速度，从而降低能量损耗。例如，在路径规划中，可以使用多目标优化策略，权衡路径长度和能量消耗，以找到最优的路径。

（3）关节转矩控制

关节转矩的优化控制也是能效优化的重要方面。通过精确控制关节电机的转矩，可以减少能量损耗。例如，基于最大转矩输入功率比（MTPIP）的控制策略，可以在保证转矩输出的前提下，最小化输入功率，从而提高电机的能效水平。

2. 硬件平台的能效优化

除了软件算法的优化，硬件平台的选择和设计也对能效有重要影响。选择低功耗的执行器和设计合理的电源管理系统，可以进一步提高机器人的能效。

（1）低功耗执行器的选择

选择低功耗的执行器是硬件能效优化的关键。例如，安川伺服驱动技术以其高精度、高响应性和良好的稳定性，在节能降耗方面表现卓越。通过使用高效的电机和驱动器，可以在保证运动控制性能的前提下，减少能量消耗。

（2）电源管理系统设计

合理的电源管理系统设计可以进一步优化能效。例如，设计一个动态电源管理系统，根据机器人的运动状态动态调整电源输出，可以在不需要高功率时降低能耗。

四、案例分析与实践

（一）波士顿动力机器人 Atlas 在复杂地形行走中的“小脑”控制实现

1. 算法设计思路

波士顿动力的机器人 Atlas 在复杂地形行走中，其“小脑”控制算法设计思路主要包括以下几个方面。

- **传感器融合与状态估计**：Atlas 机器人搭载了惯性测量单元（IMU）、激光雷达（LiDAR）、立体相机等多种传感器，通过卡尔曼滤波等算法进行传感器数据融合，实时估计机器人的姿态、速度和位置。
- **运动规划与控制**：采用最优控制或模型预测控制进行运动规划，目标是优化机器人关节的角度、速度或力矩，使之能按照预定轨迹运动，并考虑物理约束和动态稳定性。
- **强化学习与自主导航**：通过深度强化学习算法进行动作学习和策略优化，学习目标可以表达为马尔科夫决策过程（MDP）的贝尔曼期望方程。

2. 硬件平台搭建

Atlas 机器人的硬件平台搭建主要包括以下几个部分。

- **传感器系统**：包括惯性测量单元、激光雷达、立体相机等，用于感知环境和自身状态。
- **执行器系统**：包括关节电机、减速器等，用于实现机器人的运动。
- **控制系统**：包括高性能计算单元、通信模块等，用于处理传感器数据、执行算法和控制执行器。

3. 参数调试过程

参数调试过程主要包括以下几个方面。

- **传感器参数调试**：包括传感器的校准、滤波参数的调整等，以确保传感器数据的准确性和可靠性。
- **控制参数调试**：包括模型预测控制中的优化参数、强化学习中的奖励函数参数等，以确保机器人的运动控制性能。
- **环境参数调试**：包括地形模型的建立、路径规划参数的调整等，以确保机器人在不同环境下的适应性。

4. 实际运行效果

机器人 Atlas 在复杂地形行走中的实际运行效果如下。

- **动态稳定性**：通过传感器融合和模型预测控制，机器人 Atlas 能够在复杂地形中保持动态稳定，避免摔倒。
- **路径规划**：通过点云分割和基于图的搜索技术，机器人 Atlas 能够规划出最优路径，成功穿越狭窄通道和不平坦地形。
- **自主导航**：通过深度强化学习算法，机器人 Atlas 能够自主学习和优化动作策略，适应不同环境下的行走需求。

（二）特斯拉机器人 Optimus 在执行精细操作任务中的“小脑”控制实现

1. 算法设计思路

特斯拉机器人 Optimus 在执行精细操作任务中的“小脑”控制算法设计思路主要包括以下几个方面。

- **传感器融合与状态估计**：机器人 Optimus 搭载了多种传感器，通过传感器融合算法实时估计机器人的姿态和操作对象的状态。
- **运动规划与控制**：采用模型预测控制和肌腱驱动技术，实现精细操作任务中的运动规划和控制。
- **强化学习与自主学习**：通过深度强化学习算法进行动作学习和策略优化，提高机器人的操作精度和灵活性。

2. 硬件平台搭建

机器人 Optimus 的硬件平台搭建主要包括以下几个部分。

- **传感器系统**：包括视觉传感器、力觉传感器等，用于感知操作对象和环境。
- **执行器系统**：包括关节电机、肌腱驱动器等，用于实现精细操作。
- **控制系统**：包括高性能计算单元、通信模块等，用于处理传感器数据、执行算法和控制执行器。

3. 参数调试过程

参数调试过程主要包括以下几个方面。

- **传感器参数调试**：包括传感器的校准、滤波参数的调整等，以确保传感器数据的准确性和可靠性。
- **控制参数调试**：包括模型预测控制中的优化参数、肌腱驱动器的控制参数等，以确保机器人的操作精度和灵活性。

- **环境参数调试**：包括操作对象的模型建立、操作任务的参数调整等，以确保机器人在不同操作任务下的适应性。

4. 实际运行效果

机器人 Optimus 在执行精细操作任务中的实际运行效果如下。

- **操作精度**：通过模型预测控制和肌腱驱动技术，机器人 Optimus 能够实现高精度的操作，完成复杂的任务。
- **灵活性**：通过深度强化学习算法，机器人 Optimus 能够自主学习和优化动作策略，适应不同操作任务的需求。
- **实时性**：通过高性能计算单元和实时操作系统，机器人 Optimus 能够实现毫秒级的响应，满足精细操作任务的实时性要求。

波士顿动力机器人 Atlas 和特斯拉机器人 Optimus“小脑”控制算法的对比，见表 5-11。

表 5-11　波士顿动力机器人和特斯拉机器人控制算法对比

项目	波士顿动力机器人 Atlas	特斯拉机器人 Optimus
算法设计思路	传感器融合与状态估计、运动规划与控制、强化学习与自主导航	传感器融合与状态估计、运动规划与控制、强化学习与自主学习
硬件平台搭建	传感器系统、执行器系统、控制系统	传感器系统、执行器系统、控制系统
参数调试过程	传感器参数调试、控制参数调试、环境参数调试	传感器参数调试、控制参数调试、环境参数调试
实际运行效果	动态稳定性、路径规划、自主导航	操作精度、灵活性、实时性

五、小结

本节围绕人形机器人“小脑”控制这一关键环节，展开了深入而全面的阐述。首先介绍了运动控制算法中的全身运动控制和模型预测控制，详细讲解了它们的基本原理、实现过程以及在不同任务场景下的优势与局限性。接着探讨了实时避障与动态平衡的策略，包括感知与规划的融合以及动态平衡控制方法，强调了在复杂环境中确保机器人安全、稳定运动的重要性。此外，还分析了硬件－软件协同中的时延与能效优化问题，提出了相应的优化措施和策略，以提高“小脑”控制系统的整体性能和效率。

通过对这些内容的学习，我们对人形机器人“小脑”控制的复杂性和挑战性有了更深刻的认识，同时也了解到了当前在该领域所取得的研究成果和实践经验。未来，随着人工智能、机器学习等技术的不断发展，以及硬件技术的进一步提升，人形机器人“小脑”控制有望实现更高的精度、更快的响应速度和更强的适应性，从而推动人形机器人在更多领域的实际应用和发展，为实现人形机器人与人类社会的深度融合奠定坚实的基础。

第 3 节
系统集成挑战

在人形机器人的研发与应用进程中，系统集成扮演着至关重要的角色。它是将硬件、软件以及各类算法等众多组件有机结合，使人形机器人能够协调一致运行，实现从理论设计到实际操作的关键跨越。然而，目前人形机器人在系统集成方面面临着诸多严峻挑战，这些挑战不仅涉及硬件与软件之间的协同配合，还关乎量产时的一致性保障等诸多复杂问题，严重制约着人形机器人性能的提升和大规模商业化应用的步伐。

一、硬件-软件协同挑战

（一）时延控制难题

1. 原因分析

在人形机器人的运行过程中，硬件执行与软件指令响应之间产生时延的原因是多方面的。首先，从信号传输的角度来看，硬件组件之间的物理距离以及信号传输介质的特性，都会对信号的传播速度产生影响。例如，在复杂的机器人结构中，信号从处理器传输到执行器可能需要经过较长的线路，这会导致一定的传输延迟。其次，数据处理环节也是时延的重要来源。软件算法对传感器数据的处理需要消耗计算资源，尤其是在处理高分辨率视觉数据或复杂的环境感知数据时，由于数据量庞大且计算复杂度高，延迟会更加明显。此外，不同的硬件组件可能使用不同的通信协议，这些协议的转换和处理也会引入额外的延迟。

2. 影响

时延对人形机器人的运动控制和任务执行精度有着显著的影响。在运动控制方面，时延会导致机器人的动作滞后，无法准确地响应外部环境的变化。例如，在需要快速抓取或避障的场景中，延迟可能导致机器人错过最佳的行动时机，甚至引发碰撞等安全事故。在任务执行精度方面，时延会影响机器人的操作准确性。对于一些需要高精度操作的任务，如精细的手工制作或医疗辅助操作，延迟可能导致机器人的动作偏离预设轨迹，从而影响任务的完成质量。

3. 解决方向

为了解决时延控制难题，可以从以下几个方向入手。在硬件优化方面，采用高性能处理器和专用的 AI 加速器（如 NPU 和 TPU）可以显著减少数据处理时间。这些硬件设备具有更高的计算能力和更低的延迟特性，能够快速地处理复杂的算法和大量的数据。在通信协议优化方面，使用低延迟、高带宽的通信协议，如5G和高速以太网，可以减少信号传输延迟。此外，还可以通过优化通信协议的栈结构，减少协议转换和处理的开销。在软件优化方面，优化算法复杂度，采用边缘计算技术，将部分计算任务下放到本地设备，可以减少云端处理的延迟。

（二）能效优化困境

1. 原因分析

在人形机器人的运行过程中，硬件和软件的协同运行会消耗大量的能量。从硬件的角度来看，高性能处理器和传感器的功耗较高，尤其是在持续高负载运行时，功耗问题尤为突出。例如，一些先进的人形机器人配备了高性能的AI芯片和多种高精度传感器，这些硬件设备在运行时需要消耗大量的电能。从软件的角度来看，复杂的AI算法和多模态感知算法需要大量的计算资源，导致能耗增加。此外，缺乏有效的能量管理策略也是能效优化困境的重要原因。目前，许多机器人系统无法动态调整硬件和软件的能耗，导致能量的浪费。

2. 影响

能效问题对人形机器人的续航时间和维护成本有着直接的影响。首先，高功耗会显著缩短机器人的续航时间，影响其在长时间任务中的应用。例如，一些人形机器人在满电状态下只能运行数小时，这对于需要长时间连续工作的场景（如家庭服务或工业生产）是一个严重的限制。其次，频繁充电和更换电池会增加机器人的维护成本。对于一些需要在偏远地区或恶劣环境下工作的机器人，维护成本的增加会进一步限制其应用范围。

3. 解决方向

为了解决能效优化困境，可以从以下几个方面入手。在硬件功耗管理方面，采用动态电压频率调整（DVFS）技术可以根据任务需求动态调整处理器的电压和频率，从而降低功耗。此外，还可以通过优化硬件设计，采用低功耗的处理器和传感器，减少硬件设备的能耗。在软件算法节能优化方面，优化算法，减少不必要的计算，采用模型压缩和量化技术，可以降低算法的计算复杂度。例如，通过剪枝和量化技术，可以将大型的神经网络模型压缩为较小的模型，从而减少计算资源的消耗。在能量回收与再利用方面，设计能量回收系统，将机器人在运动过程中产生的多余能量回收并再利用，可以提高能量的利用效率。

人形机器人功耗分布，见表 5-12。

表 5-12　人形机器人功耗分布

组件	功耗占比
AI 处理单元	30%~40%
驱动系统（电机等）	25%~35%
感知系统（传感器等）	20%~30%
其他组件（通信、结构件等）	10%~15%

硬件 - 软件协同挑战是人形机器人系统集成中的关键问题。时延控制和能效优化是解决这一挑战的两个重要方面。通过优化硬件架构和软件算法，以及采用硬件 - 软件协同设计策略，可以有效提高人形机器人的性能和续航能力，为其大规模商业化应用奠定基础。

二、量产一致性挑战

（一）精密装配的难题

在大规模生产人形机器人时，确保各个零部件的精密装配是实现硬件与软件协同工作的关键。人形机器人涉及数百个零部件，每个零部件的精度和一致性直接影响机器人的整体性能。为了实现高精度的装配，先进的制造工艺和质量控制体系显得尤为重要。

- **先进的制造工艺：**高精度的制造工艺是确保零部件一致性的基础。例如，行星滚柱丝杠、谐波减速器和无框力矩电机等核心部件的国产化率提升，使得其成本较进口降低了 30%，同时提高了供应链的稳定性。这些部件的高精度制造技术为人形机器人的精密装配提供了坚实的基础。
- **质量控制体系：**严格的质量控制体系能够有效减少装配过程中的误差。例如，优必选在极氪 5G 智慧工厂中，通过多台人形机器人协同进行精密装配任务，展示了其在复杂工业场景中的灵活性与可靠性。这种质量控制体系不仅包括零部件的检验，还涉及整个装配过程的监控和优化。

（二）AI 调参的挑战

在量产过程中，针对不同个体机器人，如何快速且准确地调整软件中的 AI 模型参数，以适应硬件的微小差异，是保证每个机器人都能达到预期性能表现的关键。AI 调参技术的发展对于解决这一问题至关重要。

- **调参技术：**AI 调参技术主要包括强化学习、迁移学习和多模态推理等方法。例如，DeepSeek-R1 模型通过强化学习优化运动控制，推理性能提升了 30% 以上。这种技术能够根据不同的硬件环境自动调整参数，确保每个机器人都能在特定场景下高效运行。

为了确保量产过程中的一致性，需要综合运用多种策略，包括硬件标准化、软件模块化、自动化测试和持续改进等。

- **硬件标准化：**通过标准化零部件设计和制造工艺，减少硬件差异。例如，特斯拉计划将汽车产线的柔性制造技术迁移至 Optimus 的生产中，进一步降低成本和提高一致性。

- **软件模块化**：将软件系统分解为多个模块，每个模块负责特定的功能，便于调参和优化。例如，优必选的人形机器人群脑网络（BrainNet）软件架构，通过端云协同的推理型节点和技能型节点灵活链接，形成超级大脑和智能小脑，重新定义了人形机器人的大小脑。
- **自动化测试**：通过自动化测试系统，对每个机器人进行全面测试，确保其性能符合标准。例如，智元公司在数据采集工厂取得重要突破，已发布百万条整机数据，为通用机器人提供智能基座，助力行业应用的二次开发。
- **持续改进**：通过持续收集用户反馈和实际运行数据，不断优化设计和制造工艺。例如，优必选在极氪 5G 智慧工厂的协同实训中，不断优化多机协同控制技术和跨场域纯视觉感知技术，提升机器人在复杂工业环境中的协作能力（见图 5–7）。

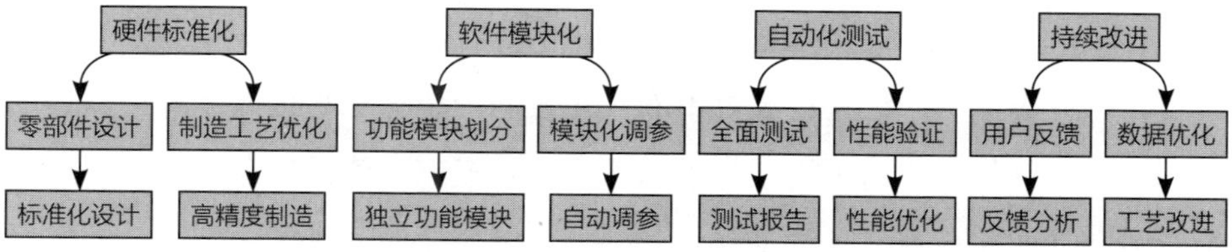

图 5–7　量产一致性保障流程

通过图 5–7 可以看出，量产一致性保障流程是确保人形机器人在大规模生产中保持性能和质量稳定的关键环节。该流程从硬件标准化和软件模块化入手，通过严格的设计规范和模块划分，减少硬件差异并优化软件调参效率。在自动化测试阶段，对每个机器人进行全面的功能测试和性能验证，生成详细的测试报告，确保其符合量产标准。同时，基于用户反馈和实际运行数据，持续收集信息并优化设计与制造工艺，形成闭环改进机制。这一流程的实施，不仅有助于提升人形机器人的量产效率，还能有效降低生产成本，推动人形机器人从工业场景向家庭等更广泛领域的商业化应用。

三、案例分析：宇树

（一）硬件–软件协同

1. 硬件设计与优化

宇树科技在人形机器人硬件设计方面采取了一系列措施以实现与软件的更好协同。例如，其人形机器人 G1 采用了高精度的传感器，包括惯性测量单元、力传感器和扭矩传感器等，这些传感器能够实时感知机器人的姿态、速度、加速度以及关节的受力情况，为运动控制算法提供准确的数据支持。此外，G1 的机械结构设计也充分考虑了运动性能的需求，采用了轻量化、高强度的材料（如碳纤维复合材料等），以提高机器人的运动灵活性和稳定性。

2. 软件优化与创新

在软件方面，宇树科技通过不断优化运动控制算法来提升硬件与软件的协同能力。例如，公司采用了先进的深度学习模型，使得机器人可以通过不断学习和适应完成更复杂的动作。此外，宇树科技还开发了一套高效的实时操作系统，用于处理来自传感器的数据并快速生成控制指令，确保机器人能够实时响应环境变化。同时，公司还积极引入人工智能技术，如计算机视觉和自然语言处理等，使人形机器人能够更好地理解和执行用户的指令。

（二）量产一致性

1. 生产过程控制

为了保障量产时的一致性，宇树科技在生产过程中实施了严格的质量控制措施。首先，公司建立了标准化的生产工艺流程，对每个生产环节都进行了详细的规范和优化，确保每个机器人都能按照相同的标准进行组装和调试。其次，宇树科技采用了先进的生产设备和自动化生产线，减少了人为因素对产品质量的影响，提高了生产效率和产品一致性。

2. 供应链管理

宇树科技还注重供应链的管理，与多家优质供应商建立了长期稳定的合作关系。公司对供应商的原材料和零部件进行严格的质量检验，确保其符合设计要求和质量标准。此外，宇树科技还通过优化供应链布局，缩短了零部件的供应周期，降低了生产成本，提高了产品的市场竞争力。

3. 质量检测与反馈

宇树科技建立了一套完善的质量检测体系，对每个下线的机器人进行全面的质量检测，包括功能测试、性能测试和可靠性测试等。同时，公司还设立了专门的质量反馈机制，及时收集和分析生产过程中出现的问题，并采取相应的改进措施。

（三）技术创新

1. 运动控制算法创新

宇树科技在运动控制算法方面不断创新，其人形机器人 G1 实现了 720 度回旋踢的技术突破，这背后是先进的运动规划和实时反馈控制算法的支撑。公司还开发了一种自适应的步态控制算法，能够根据不同的地面条件和任务需求自动调整机器人的步态，提高了机器人在复杂环境下的运动能力。

2. 传感器集成创新

在传感器集成方面，宇树科技采用了多传感器融合技术，将不同类型的传感器数据进行整合和处理，提高了机器人对环境的感知能力。例如，通过将视觉传感器与力传感器的数据相结合，机器人能够更准确地判断物体的形状、位置和质地，从而更好地完成抓取和操作任务。

3. AI 技术应用创新

宇树科技积极将人工智能技术应用于人形机器人的研发中，使其具备了更强的学习和适应能力。例如，公司开发了一种基于深度学习的视觉识别系统，能够快速准确地识别物体和场景，并生成相应的控制指令。此外，宇树科技还引入了自然语言处理技术，使人形机器人能够理解和执行用户的语音指令，提升了人机交互的体验。

（四）成效

1. 性能提升

通过上述硬件–软件协同和量产一致性措施，宇树科技的人形机器人在性能方面取得了显著提升。例如，人形机器人 G1 在执行 720 度回旋踢动作时的稳定性达到了 98%，展现了其优秀的运动规划和实时反馈能力。此外，宇树科技的人形机器人在运动灵活性、平衡能力和操作精度等方面也有了明显提高，能够完成更加复杂的任务。

2. 市场认可

宇树科技的人形机器人在市场上也获得了广泛的认可。公司的人形机器人 H1 自 2023 年发布以来，已实现了小批量量产，并在全球范围内获得了大量订单。此外，宇树科技还与多家知名企业建立了合作关系，共同推动人形机器人的商业化应用。

3. 技术创新成果

在技术创新方面，宇树科技取得了多项重要成果。公司目前已拥有与人形机器人相关的发明专利体系，涵盖了从脚到颈的结构设计、灵巧手电机 + 液冷技术等多个方面。这些技术创新成果不仅提升了宇树科技在人形机器人领域的技术实力，也为行业的技术发展提供了有益的借鉴。

四、小结

人形机器人的系统集成挑战是多方面的复杂难题，涵盖了硬件 - 软件协同以及量产一致性等多个关键领域。在硬件 - 软件协同方面，时延控制与能效优化是亟待攻克的关键技术瓶颈；而在量产一致性上，精密装配和 AI 调参的高难度要求又给大规模生产带来了极大的阻碍。尽管宇树科技等企业在应对这些挑战的实践中取得了一些成功经验，但整体来看，要彻底解决这些问题仍需付出巨大努力。未来，随着相关技术的不断进步、制造工艺的持续改良以及跨学科研究合作的日益深入，我们有理由相信人形机器人的系统集成技术将迎来更加广阔的发展前景，从而推动人形机器人在更多领域实现高效应用和广泛普及，为人类社会创造更大的价值。在此过程中，科研人员、工程师以及相关企业和机构都应积极行动起来，加大研发投入、探索创新解决方案，共同应对人形机器人系统集成的挑战，加快这一前沿科技从实验室走向千家万户的步伐。

参考文献

[1] Camacho, E. F., Bordons, C. Model Predictive Control [M]. Springer, 2004.

[2] 张启，张萌，宋雅筠，等. 一种基于无线图传的时延监控系统 [P].

CN202411326478.3,2025-01-10.

[3] AI 技术与应用．每日用数据分析一款人形机器人[EB/OL]. 发布日期[2025-06-23]. 知乎专栏，https://zhuanlan.zhihu.com/p/16828147204

[4] 东方财富证券．传感器：机器人感知核心，未来的星辰大海[R]. 2025-01-05[2025-06-23]. https://pdf.dfcfw.com/pdf/H3_AP202501051641812748_1.pdf?1736114763000.

[5] 机器人研究前沿．人形机器人核心技术发展趋势分析[EB/OL]. 2024-12-10[2025-06-23]. 知乎专栏，https://zhuanlan.zhihu.com/p/682251913.

[6] 东方财富证券．人力设备行业周报：特斯拉发布 Optimus-Gen2, 传感器、轻量化材料用量或有提升[R]. 2023-12-18[2025-06-23]. https://pdf.dfcfw.com/pdf/H3_AP202312181614462282_1.pdf.

[7] 东方财富证券．人形机器人系列深度之总览篇：黎明破晓，AI 归宿[R]. 2024-09-21[2025-06-23]. https://pdf.dfcfw.com/pdf/H3_AP202409211639970791_1.pdf?1727007935000.

[8] 搜狐网．2025 年人形机器人关键零部件市场规模预测及产业链分析[EB/OL]. 2025-03-15[2025-06-23]. https://www.sohu.com/a/866065635_121924584.

第三部分

产业链与商业化路径

第6章 全球产业链图谱

第1节 核心零部件供应链

人形机器人产业链的复杂性和高度集成性对核心零部件供应链提出了极高的要求。核心零部件不仅是人形机器人实现复杂功能和高性能的基础，更是决定其成本、可靠性和市场竞争力的关键因素。从执行器、传感器到新兴零部件，每一个环节都紧密相连，构成了人形机器人产业链的核心骨架。本节将深入剖析其核心零部件供应链的分类与层级划分、全球分布、关键技术与工艺，以及面临的挑战与未来趋势，旨在为读者呈现一个全面而清晰的供应链全景图。通过对核心零部件供应链的深入分析，我们将更好地理解人形机器人产业的底层逻辑和发展脉络，为后续章节的探讨奠定坚实基础。

一、核心零部件供应链

（一）核心零部件分类与层级划分

人形机器人的核心零部件供应链可以按照其在产业链中的位置和功能划分为三个层级：**硬件本体厂商**、**基础零部件供应商**和**新兴赛道零部件供应商**。这种层级划分不仅有助于理解各供应商的角色和作用，还能清晰地呈现供应链的上下游关系和协同机制。

1. 硬件本体厂商

在人形机器人产业链中，硬件本体厂商承担着核心整机设计、系统集成与量产制造的关键角色，是连接上游零部件供应与下游场景应用的枢纽。其主要包括以下三方面的作用。

- **技术整合与产品化**：将上游的精密减速器、伺服电机、传感器等核心零部件与软件算法结合，完成机器人本体的结构设计、运动控制及功能实现。
- **量产与商业化落地**：通过规模化生产降低成本，推动人形机器人从实验室原型向工业、消费等场景的规模化应用（如优必选 Walker 系列在汽车工厂实现质检与搬运）。
- **场景适配与创新**：根据医疗、工业、家庭等需求开发差异化产品。

2. 基础零部件供应商

基础零部件供应商处于供应链的中游，主要提供执行器总成，以及其他所需的各类基础零部件，如减速器、电机、丝杠等。这些零部件的质量和性能直接影响到执行器的可靠性和效率。

中国是全球最大的制造业国家，工业门类齐全、产业体系完整、配套能力强，并且在汽车、电子信息、自动化、智能制造等方面处于国际先进水平。人形机器人的基础零部件与以上领域的产业链高度重合。以下是与人形机器人相关领域的产业链分布情况。

（1）汽车零部件

- **主要生产地**：全球汽车零部件产业主要集中在**美国**、**德国**、**日本**等传统汽车工业强国。这些国家拥有博世、电装、采埃孚、大陆集团等全球领先的汽车零部件企业。此外，中国作为全球最大的汽车零部件市场，其零部件生产也占据重要地位。

● **区域分布特点：** 全球汽车零部件产业呈现出明显的集群化特征。例如，德国的巴登–符腾堡州、巴伐利亚州，日本的爱知县，以及美国的密歇根州，都是重要的汽车零部件生产基地。在中国，汽车零部件企业主要分布在东部沿海地区，形成了以**长三角**、**珠三角**、**京津冀**、**东北**、**华中和成渝地区**为核心的六大集聚区。

全球汽车零部件主要生产地分布，见表 6–1。

表 6–1　全球汽车零部件主要生产地分布

生产地	主要企业	特点
德国	博世、大陆集团、采埃孚等	技术领先，产品涵盖动力系统、电子系统等高端零部件
日本	电装、爱信精机等	以高精度零部件为主，如发动机、变速器等
美国	德尔福、伟世通等	电子控制系统、汽车内饰等零部件生产能力强
中国	华域汽车、潍柴动力等	产业集群化发展，涵盖中高端零部件生产

（2）**电子信息零部件**

● **主要生产地：** 电子信息零部件的生产主要集中在**亚洲**，包括中国、韩国、日本，以及东南亚的部分国家和地区。此外，美国在高端芯片和半导体领域仍占据主导地位。

● **区域分布特点：** 以苹果供应链为例，其零部件供应高度集中在少数地区。中国是苹果零部件供应链的核心区域，主要集中在**广东**、**江苏**、**上海**等省市。在城市层面，深圳、东莞、苏州、无锡等城市是重要的零部件生产地。

全球电子信息零部件主要生产地分布，见表 6–2。

表 6–2　全球电子信息零部件主要生产地分布

生产地	主要企业	特点
中国	立讯精密、瑞萨电子、安森美等	集中于芯片、面板、连接器等零部件生产
韩国	三星、LG 等	高端芯片、显示屏等零部件生产能力强

续表

生产地	主要企业	特点
日本	东芝、松下等	精密电子零部件制造技术领先
美国	英特尔、博通等	高端芯片设计与制造

（3）智能制造核心零部件

- **主要生产地**：智能制造核心零部件的生产主要集中在**欧美和东亚**国家。例如，德国、美国在高端工业机器人、数控系统等领域占据优势。中国在近年来也迅速崛起，特别是在中低端零部件领域。
- **区域分布特点**：全球智能制造零部件产业呈现出明显的区域集中化和专业化特征。例如，德国的工业机器人企业主要集中在巴登-符腾堡州和北莱茵-威斯特法伦州，中国的智能制造零部件企业则主要集中在**长三角和珠三角地区**。

全球智能制造核心零部件主要生产地分布，见表 6-3。

表 6-3　全球智能制造核心零部件主要生产地分布

生产地	主要企业	特点
德国	库卡机器人等	高端工业机器人、数控系统制造领先
美国	ABB、发那科等	工业自动化设备、高端零部件制造能力强
中国	新松机器人、华中数控等	产业集群化发展，涵盖中低端零部件生产

通过对上述核心零部件的分布情况进行分析，可以初步呈现全球核心零部件供应链的地理轮廓。

- **发达国家主导高端零部件生产**：欧美和日本凭借其技术优势，在高端芯片、精密机械、电子控制系统等核心零部件领域占据主导地位。
- **新兴国家承接中低端零部件生产**：中国、韩国、东南亚国家等在中低端零部件生产领域占据重要份额，同时也在逐步向高端零部件领域拓展。
- **产业集群化特征明显**：核心零部件生产呈现出明显的区域集中化和专

业化特征，形成了多个全球性产业集群。

- **供应链的全球化与区域化并存：**核心零部件的供应既依赖于全球化的分工协作，也依赖于区域内的产业集群效应，这种模式在汽车零部件和电子信息零部件领域尤为明显。

3. 新兴赛道零部件供应商

随着人形机器人技术的不断发展，一些新兴零部件逐渐成为供应链中的重要组成部分。这些零部件通常具有创新性和高附加值，能够为机器人提供更先进的功能和性能。

例如，**六维力传感器**和**电子皮肤**是近年来人形机器人领域的重要创新。**坤维**的六维力传感器产品从 30 毫米直径到 200 毫米直径，量程范围涵盖了 30 牛 ~20000 牛，可全面覆盖人形机器人、协作机器人和工业机器人的应用场景。**柯力传感**作为国内领先的六维力传感器供应商，其产品能够实时感知机器人与环境的交互力，为机器人的动态平衡和精准操作提供支持。**蓝点触控**是国内六维力传感器领域的头部企业，其产品涵盖人形机器人六维力传感器（足底、手腕集成）、通用六维力传感器（工业协作机械臂）及关节扭矩传感器。**汉威科技**专注于电子皮肤的研发，通过模拟人类皮肤的触觉功能，为机器人提供了更自然的交互能力。**帕西尼感知**以多维触觉传感技术为核心，研发的 ITPU 触觉传感单元（电子皮肤）可同步感知压力、温度、材质、滑动等 15 种物理属性。**因时科技**是国内仿人五指灵巧手领域的领军企业，基于公司自主研发的微型伺服电缸，公司推出了核心产品灵巧手，客户覆盖国内外多家头部本体厂商。

这些新兴零部件供应商不仅推动了人形机器人技术的进步，也为供应链的多元化发展提供了新的动力。

核心零部件供应链层级划分，见表 6–4。

表 6-4　核心零部件供应链层级划分

层级	核心零部件	代表性供应商	主要功能
Tier 1	执行器总成	拓普集团	集成基础零部件，提供完整执行器模块
Tier 2	减速器、电机、丝杠	绿的谐波、恒立液压、鸣志电器、南京工艺	提供基础动力和传动部件，确保执行器性能
新兴赛道	六维力传感器、电子皮肤、灵巧手	坤维、柯力传感、汉威科技、帕西尼感知、因时科技、灵心巧手	提供先进感知和交互功能，提升机器性能

通过对核心零部件供应链的分类与层级划分，我们可以清晰地看到各层级供应商在人形机器人产业链中的角色和作用。这种层级结构不仅有助于理解供应链的上下游关系，还能为后续的全球分布、关键技术与工艺分析提供基础框架。

（二）核心零部件供应链面临的挑战与趋势预测

1. 当前供应链面临的挑战

当前，核心零部件供应链面临着多方面的挑战，这些挑战不仅影响供应链的稳定性，还对企业的竞争力提出了更高要求。

（1）供应链的不确定性

- **地缘政治与贸易摩擦：**地缘政治冲突和贸易摩擦不断升级，导致供应链中断风险增加。例如，航运延误和运输成本上升是当前供应链面临的主要问题之一。
- **需求波动与市场变化：**下游需求的不确定性，尤其是新能源汽车和人形机器人领域的快速发展，对供应链的响应速度和灵活性提出了更高要求。
- **原材料与成本压力：**原材料价格波动和供应短缺问题依然存在，零部件企业需要在成本控制和供应链稳定性之间寻求平衡。

（2）技术与创新瓶颈

- **高端零部件依赖进口：**尽管国内零部件企业在部分领域取得了突破，但高端零部件如高端传感器、控制器等仍依赖进口，国产替代面临技术瓶颈。
- **研发与创新投入不足：**核心零部件的研发需要大量资金和时间投入，而中小企业往往难以承担这些成本，导致创新速度受限。

（3）供应链管理与协同问题

- **信息不对称与协同效率低下：**在传统供应链模式中，信息传递不畅、协同效率低下的问题依然存在，尤其是在汽车零部件和人形机器人领域。
- **库存管理难题：**零部件种类繁多，市场需求不确定，导致库存管理难度大，库存周转率低，资金占用成本高。

（4）市场竞争激烈与客户试用机会不足

- **市场竞争激烈：**汽车零部件和工业机器人市场竞争激烈，国际品牌占据高端市场，国内企业面临较大的竞争压力。
- **客户试用机会少：**终端客户更倾向于使用经过验证的国际品牌，国产零部件企业缺乏试用和优化产品的机会。

2. 未来发展趋势预测

尽管面临诸多挑战，但核心零部件供应链在未来几年仍将呈现积极的发展趋势，主要体现在以下几个方面。

（1）电动化与智能化加速

- **新能源汽车零部件需求增长：**随着新能源汽车的普及，电池、电机、电控等核心零部件的需求将持续增长。
- **人形机器人零部件市场崛起：**人形机器人产业快速发展，其核心零部件如传感器、减速器、控制器等将迎来广阔的市场空间。

（2）**数字化与智能化转型**

- **供应链数字化升级**：通过数字化管理工具和智能化技术，零部件企业将实现供应链的精准管理，提升协同效率和响应速度。
- **智能制造与零库存管理**：借助大数据、人工智能和自动化技术，零部件企业有望实现零库存管理和智能预测，降低库存成本。

（3）**国产替代与产业集群化**

- **国产化进程加速**：在政策支持和市场需求的推动下，核心零部件的国产化率将显著提升。
- **产业集群化发展**：零部件企业将通过产业集群化发展，提升协同效应和竞争力。例如，汽车零部件和人形机器人产业链的上下游企业将加强合作，形成完整的产业生态。

（4）**全球化与海外布局**

- **海外业务拓展**：国内零部件企业将通过跨境并购和海外布局，提升全球市场份额。例如，部分企业计划在欧洲、北美等地扩充产能，打造全球产销研一体化协同能力。
- **供应链区域化**：为应对贸易摩擦和物流成本上升，零部件企业将加强属地化配套，优化供应链布局。

（5）**绿色与可持续发展**

- **低碳化与环保要求**：随着“双碳”目标的推进，零部件企业将更加注重绿色制造和可持续发展，推动供应链的低碳化转型。
- **新能源与新材料应用**：新能源汽车和人形机器人领域将加速应用新材料和新能源技术，推动零部件的轻量化和高性能化。

综上所述，核心零部件供应链在未来将面临诸多挑战，但同时也将迎来广阔的发展空间。通过技术创新、数字化转型和全球化布局，零部件企业有望在未来的市场竞争中占据有利地位。

二、核心零部件供应商详解

（一）传统零部件企业

1. 拓普集团

（1）企业背景与市场地位

拓普集团是一家全球领先的汽车零部件供应商，近年来积极布局人形机器人领域。拓普集团凭借其在汽车轻量化底盘领域的技术优势，成为特斯拉人形机器人 Optimus 的核心供应商之一。

（2）产品特点与技术优势

拓普集团的执行器总成采用电机 + 减速器 + 丝杠一体化方案，具备高精度、高可靠性和模块化设计的特点。其旋转执行器和直线执行器已多次向特斯拉送样，并获得客户认可。此外，拓普集团拥有强大的研发团队和全球化的生产基地，能够为客户提供定制化的解决方案。

（3）在人形机器人供应链中的作用与影响

拓普集团作为特斯拉 Optimus 的旋转执行器独家供应商，其产品在人形机器人的腿部关节等关键部位发挥重要作用。随着特斯拉人形机器人的量产推进，拓普集团有望获得更多订单，进一步巩固其在人形机器人供应链中的地位。

2. 三花智控

（1）企业背景与市场地位

三花智控公司（以下简称三花智控）是全球领先的汽车热管理及执行器供应商，近年来积极拓展人形机器人业务。公司是特斯拉 Optimus 执行器总成的唯一供应商，其机电一体化能力在行业内具有稀缺性。

（2）产品特点与技术优势

三花智控的执行器技术具有高精度、高可靠性和低功耗等特点，能够满足特斯拉对执行器性能的高要求。此外，三花智控还布局了热管理组件，进一步提升其在人形机器人供应链中的竞争力。

（3）在人形机器人供应链中的作用与影响

三花智控的执行器总成已通过特斯拉定点，并计划随 Optimus 量产交付。三花智控还计划在墨西哥建立合资工厂，进一步提升产能。

3. 绿的谐波

（1）企业背景与市场地位

绿的谐波是国内谐波减速器领域的龙头企业，市占率超过 60%，打破了日本哈默纳科的垄断。绿的谐波是特斯拉人形机器人谐波减速器的主要供应商之一。

（2）产品特点与技术优势

绿的谐波的谐波减速器具有高精度、高可靠性和长寿命的特点，其三次谐波技术已通过特斯拉验证。

（3）在人形机器人供应链中的作用与影响

绿的谐波作为特斯拉人形机器人供应链中的关键供应商，其产品在机器人关节部位发挥重要作用。随着特斯拉 Optimus 的量产，绿的谐波有望进一步提升市场份额。

4. 北特科技

（1）企业背景与市场地位

北特科技公司（以下简称北特科技）是特斯拉人形机器人行星滚柱丝杠的核心供应商。该公司专注于高精度丝杠的研发与生产，其产品在人形机器人手部关节等部位有重要应用。

（2）产品特点与技术优势

北特科技的行星滚柱丝杠具有高承载能力和高精度的特点，单个丝杠单价约 2000 元，目标成本降至 1000 元以下。

(3)在人形机器人供应链中的作用与影响

北特科技作为特斯拉人形机器人供应链中的关键供应商，其产品在机器人手部关节等部位发挥重要作用。随着特斯拉 Optimus 的量产，北特科技有望获得更多订单。

Tier 1 供应商在人形机器人供应链中扮演着关键角色，凭借其技术优势和与特斯拉等头部企业的深度合作，有望在人形机器人市场中占据重要地位。拓普集团、三花智控、绿的谐波和北特科技等企业通过不断的技术创新和产能布局，将进一步巩固其在供应链中的核心地位。

5. 恒立液压

(1)企业概况与研发实力

恒立液压是国内领先的液压零部件制造商，专注于液压技术的研发和生产。恒立液压具备强大的研发和制造能力，尤其在行星滚柱丝杠领域取得了重要突破。恒立液压通过持续的技术创新，已实现行星滚柱丝杠的小批量供货，并向特斯拉 Optimus 灵巧手关节模组送样。

(2)产品性能与应用案例

恒立液压的行星滚柱丝杠具有高承载能力、长寿命、体积小和传动效率高等特点。其产品主要用于人形机器人的关节直线运动控制，能够有效驱动手足，配合旋转关节实现复杂的动作。目前，恒立液压已为多家核心供应商提供行星滚柱丝杠，并在人形机器人领域积累了丰富的应用案例。

(3)对供应链的成本与质量影响

行星滚柱丝杠是人形机器人中价值量最高的核心零部件之一，单台机器人丝杠价值量约 12 万元。恒立液压的加入不仅提升了供应链的国产化率，还通过规模化生产降低了成本，提升了供应链的整体效率和质量。

6. 鸣志电器

（1）企业发展与技术积累

鸣志电器公司（以下简称鸣志电器）是全球领先的空心杯电机供应商，专注于微型电机的研发和生产。鸣志电器通过收购瑞士 T Motion，掌握了空心杯电机的核心驱动技术。其产品广泛应用于机器人灵巧手动力系统，单个灵巧手需 12~20 个空心杯电机。

（2）产品优势与市场竞争力

鸣志电器的空心杯电机具有高精度、高效率和低噪声的特点，能够满足人形机器人灵巧手的高性能需求。凭借技术优势和稳定的客户资源（如华为、大疆等），鸣志电器在全球空心杯电机市场占据重要地位。

（3）在供应链中的协同作用

鸣志电器作为 Tier 2 供应商，通过与 Tier 1 供应商（如拓普集团）的紧密合作，为特斯拉等头部企业提供空心杯电机。其产品在人形机器人灵巧手的动力系统中发挥关键作用，提升了供应链的协同效率和整体性能。

7. 五洲新春

（1）企业概况与研发实力

五洲新春公司（以下简称五洲新春）是国内领先的轴承及汽车零部件制造商，近年来积极布局人形机器人领域。通过与杭州新剑传动深度合作，五洲新春开发了灵巧手微型丝杠和线性执行器行星滚柱丝杠等产品。

（2）产品性能与应用案例

五洲新春的行星滚柱丝杠产品已通过小批量验证，并定期向杭州新剑传动公司送样。2024 年，五洲新春向新剑传动公司的供货量已从每月 300~400 根提升至 3000 多根。此外，五洲新春还向 Tier 1 供应商（如三花智控、拓普集团）提供轴承和 T 型丝杠。

（3）对供应链的成本与质量影响

五洲新春通过优化生产工艺和提升产能，降低了行星滚柱丝杠的生产成本。其产品的高精度和可靠性进一步提升了供应链的质量和稳定性。

（二）新兴赛道零部件供应商

六维力传感器供应商：柯力传感

（1）企业创新与技术突破

柯力传感公司（以下简称柯力传感）是国内领先的智能传感器制造商，专注于六维力传感器的研发与生产。公司通过持续的技术创新，掌握了结构解耦、算法解耦、高速采样通信等关键技术，其六维力传感器线性精度优于0.3%FS、串扰精度优于2%FS，已达到国际先进水平。此外，柯力传感还通过控股和参股多家企业，布局了多种物理量传感器，构建了完整的传感器生态系统。

（2）产品特点与市场潜力

柯力传感的六维力传感器具有高精度、高灵敏度、抗偏载能力强、维间耦合小等特点，能够有效捕捉复杂运动状态下的力与力矩变化，提供精准的操控反馈。其产品已实现量产，并成功应用于人形机器人手腕、脚踝等关键部位。随着人形机器人市场的快速发展，六维力传感器的需求将持续增长。

（3）对供应链的补充与完善作用

六维力传感器是人形机器人实现高精度环境感知和运动控制的关键部件。柯力传感作为国内唯一能量产六维力传感器的企业，其产品不仅填补了国内技术空白，还为供应链提供了高性价比的解决方案。通过与华为、特斯拉等头部企业的合作，柯力传感进一步提升了供应链的稳定性和竞争力。

三、核心零部件供应链的协同与整合

（一）供应商之间的协同合作模式

在人形机器人供应链中，供应商之间的协同合作模式是实现高效生产和技术突破的关键。以下是几种主要的协同模式。

1. 垂直整合模式

以特斯拉为例，其供应链整合了从核心零部件到系统集成的多个环节。特斯拉通过与三花智控、绿的谐波、拓普集团等供应商的深度合作，形成了从执行器到减速器的垂直整合模式。这种模式确保了供应链的高效协同，减少了中间环节的沟通成本，同时提升了产品的整体性能和质量。

2. 生态链整合模式

小米通过米家生态链供应商资源整合，联合顺为资本实现了机器人全产业链覆盖。这种模式不仅涵盖了核心零部件研发，还延伸到终端场景应用，通过生态链的协同效应，快速推动人形机器人的研发和商业化。

（二）区域产业集群模式

长三角和粤港澳大湾区是中国人形机器人供应链的核心区域。区域内供应商通过地理优势和产业集群效应，实现了快速响应和协同创新。例如，深圳地区在具身智能供应链中占据了 55% 以上的份额，形成了从传感器到结构件的完整产业链。

1. 技术挑战

- **跨领域技术融合**：人形机器人涉及多个技术领域，包括机械、电子、材料和软件等。供应商之间的技术差异和兼容性问题需要通过标准化和接口设计来解决。

- **高精度零部件制造：**如六维力传感器、谐波减速器等核心零部件对精度要求极高，供应商需要不断提升技术水平以满足需求。
- **数据与信息安全：**随着人形机器人智能化程度的提升，数据传输和信息安全成为重要挑战。供应商需要在技术上加强数据加密和网络安全防护。

2. 管理挑战

- **供应链透明度：**复杂的供应链结构导致信息传递不畅，供应商之间的协同效率较低。企业需要通过数字化管理工具提升供应链透明度。
- **质量控制与一致性：**不同供应商的产品质量参差不齐，需要建立统一的质量标准和检测体系。
- **成本控制与优化：**在保证产品质量的前提下，供应商需要通过技术创新和规模化生产降低成本。

（三）成功的供应链协同与整合案例分析

1. 特斯拉链：执行器与热管理的协同

特斯拉通过与三花智控、绿的谐波、拓普集团等供应商的深度合作，形成了高效的供应链协同模式。三花智控作为执行器总成的唯一供应商，其投资38亿元打造的杭州机器人基地预计在2026年实现50万套谐波减速器的量产。这种协同模式不仅提升了供应链的效率，还通过技术创新降低了成本。

2. 华为链：人工智能与鸿蒙生态的协同

华为链通过整合科大讯飞、雷赛智能、金发科技等供应商，形成了以人工智能和鸿蒙生态为核心的供应链。科大讯飞作为语音交互模块的独家供应商，为华为机器人提供了先进的语音交互技术。这种协同模式不仅提升了机器人的智能化水平，还通过生态链的协同效应推动了人形机器人的商业化应用。

3. 宇树链：轻量化与运动控制的协同

宇树链专注于轻量化与运动控制技术，通过与宁德时代、奥比中光、埃斯顿等供应商的协同合作，形成了高效的技术协同模式。宁德时代作为电池的唯一供应商，为宇树机器人提供了高能量密度的电池技术。这种协同模式不仅提升了机器人的续航能力，还通过轻量化设计降低了整体成本。

人形机器人供应链的协同与整合是实现产业快速发展的关键。通过垂直整合、生态链整合和区域产业集群等模式，供应商能够实现高效协同，提升产品质量和生产效率。然而，整合过程仍面临技术与管理挑战，需要通过技术创新、数字化管理和标准化建设来解决。特斯拉链、华为链和宇树链的成功案例表明，通过高效的供应链协同，企业能够快速推动人形机器人的研发和商业化应用，为其未来的发展奠定坚实基础。

四、小结

通过对人形机器人核心零部件供应链的全景剖析，我们可以清晰地看到，从执行器总成到基础零部件供应商，再到新兴赛道的创新力量，每一个层级都在为产业的发展提供关键支撑。全球范围内的分布格局揭示了供应链的地理特征，而关键技术与工艺的突破则不断推动着行业的进步。然而，当前供应链仍面临着诸多挑战，包括技术瓶颈、成本控制以及全球竞争格局的不确定性。展望未来，随着技术的持续创新和产业的协同发展，核心零部件供应链有望迎来新的发展机遇。人形机器人产业的崛起离不开核心零部件的稳定供应和技术创新，而供应链的健康与高效发展也将成为推动人形机器人走向大规模商业化的关键力量。

第2节 制造工艺与成本拆解

对于人形机器人而言，制造工艺与成本控制是决定其商业化成败的关键因素。随着技术的不断突破，人形机器人正从实验室走向大规模量产，而在这一过程中，高效的制造工艺和精准的成本管理显得尤为重要。本节将深入剖析人形机器人制造工艺的核心环节，包括丝杠加工、减速器制造以及传感器生产，探讨不同工艺路线的优劣及其对成本的影响。同时，通过对特斯拉 Optimus 等代表性产品的成本拆解，揭示行业内的成本优化路径，并分析不同国家和地区在成本结构上的差异。通过对制造工艺与成本的深度剖析，本节旨在为读者呈现人形机器人产业在迈向大规模应用时所面临的机遇与挑战。

一、关键零部件制造工艺

(一)丝杠加工工艺

丝杠是人形机器人关节传动系统的核心部件，其加工工艺直接影响机器人的运动精度、负载能力和成本。目前，丝杠加工主要有磨削工艺和冷轧工艺两种技术路线。

1. 磨削工艺

（1）工艺原理

磨削工艺是一种高精度的机械加工方法，通过磨料（如砂轮）对丝杠表面进行切削和抛光，以达到极高的尺寸精度和表面质量。磨削工艺能够实现微米级的加工精度（可达 ±1 微米），并提供低粗糙度的表面（Ra < 0.1 微米），从而确保丝杠在高负载和高精度传动中的性能表现。

（2）应用案例

磨削工艺广泛应用于对精度要求极高的丝杠制造中。例如，日本的哈默纳科公司（以下简称哈默纳科）是全球领先的谐波减速器制造商，其丝杠加工主要采用磨削工艺。哈默纳科的丝杠在人形机器人关节中表现出卓越的传动精度和可靠性，广泛应用于波士顿动力的 Atlas 机器人和特斯拉 Optimus 等高端产品。

2. 冷轧工艺

（1）工艺原理

冷轧工艺是一种在常温下通过轧辊对金属材料进行变形加工的方法。其优势在于生产效率高（加工速度可达磨削的 3~5 倍），材料利用率高（减少切削浪费），并且能够实现较高的表面硬度。冷轧工艺适用于大批量生产，尤其在对精度要求相对较低但对成本敏感的场景中具有显著优势。

（2）成本与精度对比

冷轧工艺与磨削工艺的主要区别在于精度和成本。磨削工艺虽然精度更高，但设备投资大、加工效率低；冷轧工艺则在精度上稍逊一筹，但在成本控制和生产效率方面更具优势。以下是两种工艺的对比分析，见表 6–5。

表 6–5　磨削工艺与冷轧工艺的对比分析

指标	磨削工艺	冷轧工艺
加工精度	±1 微米	±5 微米
表面粗糙度	Ra < 0.1 微米	Ra < 0.5 微米
生产效率	低（加工速度慢）	高（加工速度快）
设备成本	高（高精度磨床）	低（冷轧机）
材料利用率	较低（切削量大）	较高（变形加工）
适用场景	高精度、小批量生产	大批量生产、成本敏感场景

丝杠加工工艺是人形机器人核心零部件制造的关键环节。磨削工艺以其高精度和高表面质量，适用于高端应用场景；冷轧工艺则凭借其高效率和低成本，更适合大规模量产。企业需根据自身产品定位和市场需求，权衡精度与成本，选择合适的工艺路线。未来，随着人形机器人市场的进一步细分，磨削工艺和冷轧工艺将长期共存，共同推动产业的发展。

（二）减速器制造工艺

减速器是人形机器人关节传动系统的核心部件之一，其性能直接影响机器人的运动精度、负载能力和使用寿命。目前，人形机器人中常用的减速器主要有谐波减速器和行星减速器。

1. 谐波减速器

（1）齿形设计

谐波减速器的核心部件是柔性齿轮和刚性齿轮，其齿形设计是影响传动效率和寿命的关键因素。齿形精度决定了齿轮的啮合效果，进而影响传动效率和负载能力。高精度的齿形设计能够减少齿间摩擦，提高传动效率，同时延长减速器的使用寿命。例如，采用优化的齿形设计后，传动效率可提高至85%以上，使用寿命可延长至1000万次以上。

（2）柔性轴承工艺

柔性轴承是谐波减速器的核心部件之一，其制造工艺对减速器的整体性能起决定性作用。柔性轴承的材料选择通常为高强度、高弹性模量的合金钢，如马氏体不锈钢。加工精度方面，柔性轴承的内径和外径公差需控制在微米级（±5微米），以确保其在高负载下的稳定性和可靠性。此外，柔性轴承的表面处理工艺（如渗碳处理）能够进一步提高其耐磨性和抗疲劳性能。

（3）企业案例

日本哈默纳科是全球谐波减速器领域的龙头企业，其技术优势在于高精度的齿形设计和先进的柔性轴承制造工艺。哈默纳科的谐波减速器在人形机器人领域占据超过 60% 的市场份额，广泛应用于波士顿动力的 Atlas 机器人、特斯拉 Optimus 等高端产品。其产品在传动精度（≤ 1 弧分）和使用寿命（≥ 5000 万次）方面表现卓越，成为行业内的标杆。

2. 行星减速器

（1）工艺特点

行星减速器的制造工艺特点在于其齿轮加工精度和装配工艺。行星齿轮系统由多个齿轮组成，其加工精度直接影响传动精度和负载能力。行星减速器的齿轮加工精度通常要求在 ±2 微米以内，以确保齿轮之间的啮合效果。装配工艺方面，行星减速器需要高精度的装配设备和严格的质量控制流程，以保证其在高负载下的稳定性。

（2）应用场景

行星减速器在人形机器人中的适用场景主要集中在负载能力要求较高的关节，如腿部关节和腰部关节。其优势在于高负载能力和较高的传动精度（一般在 1~3 弧分）。例如，在人形机器人的腿部关节中，行星减速器能够承受行走、跳跃、爬楼梯等动作产生的较大负载，同时保证关节运动的精准性，使机器人能够平稳地在不同地形上行走，保持良好的平衡性和运动协调性。在腰部关节，行星减速器可以提供足够的扭矩来支撑整个上半身的重量，并且能够精确地控制腰部的扭转和弯曲动作，让机器人在进行搬运、操作物体或进行复杂动作时，动作更加自然流畅，减少因负载过大或传动不精准导致的机械故障和运动误差。

3. 工艺创新与成本控制

（1）创新案例

近年来，行业内企业在减速器制造工艺上进行了多项创新实践。例如，国内的绿的谐波通过引入新材料（如高性能合金钢）和新加工技术（如精密磨削和激光淬火），显著提高了谐波减速器的性能和寿命。同时，恒立液压在行星减速器的制造中采用了先进的自动化装配线，提高了生产效率和产品质量。

（2）成本分析

工艺创新对减速器制造成本的影响显著。通过新材料的应用和加工工艺的优化，企业能够在保证性能的前提下降低生产成本。例如，采用激光淬火技术后，谐波减速器的使用寿命得以延长，而加工成本得以降低。此外，自动化装配线的应用使得行星减速器的生产效率有效提高，单位成本有效降低。这些创新实践为满足人形机器人大规模量产的需求提供了有力支持。

减速器制造工艺是人形机器人产业链中的关键环节，谐波减速器和行星减速器各有其技术特点和应用场景。谐波减速器以其高精度和高可靠性广泛应用于高端人形机器人；而行星减速器则在负载能力方面表现出色，适用于人形机器人的腿部等关键关节。随着工艺创新的不断推进，企业在保证性能的同时大幅降低了制造成本，为人形机器人的大规模量产奠定了基础。未来，随着技术的进一步发展，减速器制造工艺将继续优化，以满足人形机器人产业快速发展的需求。

（三）传感器制造工艺

1. 六维力传感器

（1）工作原理

六维力传感器是一种能够同时测量三个力分量（*Fx*、*Fy*、*Fz*）和三个力矩分量（*Mx*、*My*、*Mz*）的传感器，广泛应用于人形机器人的力觉反馈和环境感知。其核心原理基于电阻应变片或电容变化，通过弹性体的微小形变引起电阻或电容值的变化，进而实现力和力矩的测量。传感器内部的应变片或电容元件将机械能转化为电信号，再通过信号处理单元进行解耦和计算，最终输出精确的力和力矩数据（见图6–1）。

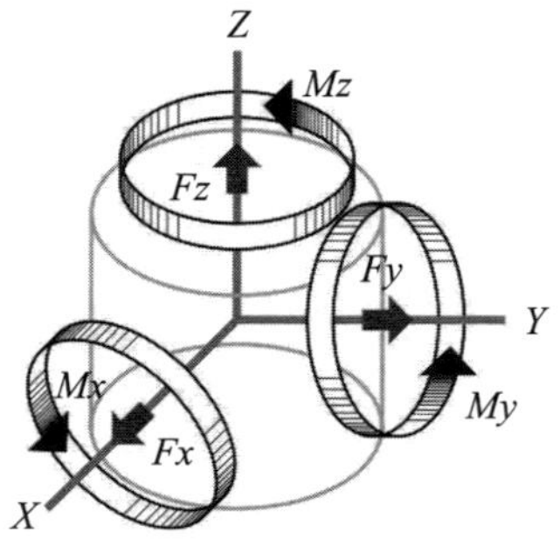

图 6-1　六维力传感器

（2）制造难点

六维力传感器的制造过程面临多项技术挑战。

- **高精度应变片贴装：** 应变片的贴装精度直接影响传感器的测量精度，需要在微米级范围内进行操作。
- **信号处理与解耦：** 由于多方向力和力矩的相互干扰，需要复杂的算法和高精度的标定设备来消除耦合效应。
- **材料与工艺：** 高性能金属材料和应变片的选型是关键，同时标定检测需要六维联合加载设备，涉及机械设计、控制系统和测量技术的综合应用。

（3）企业竞争格局

六维力传感器市场具有较高的技术壁垒，图 6-2 展示了 2023 年我国六维力传感器行业的市场份额分布情况。从图中可以看出，ATI 占据了最大的市场份额，显示出其在行业中的领先地位。宇立仪器紧随其后，市场份额也较为可观。Epson、蓝点触控和坤维科技等企业也在市场中占据了一定的份额，显示出它们在六维力传感器领域的竞争力。此外，Robotiq、AMTI、Robotous、Fanuc 和 Onrobot 等企业也在市场中扮演着重要的角色。值得注意的是，“其他”类别的市场份额总和也占据了较大比例，这意味着除了上述列出的主要企业外，还有许多其他企业在六维力传感器市场中活跃着。整体来看，各企业在不同的应用领域和技术优势上各有侧重，共同推动了六维力传感器行业的发展，见图6-2。

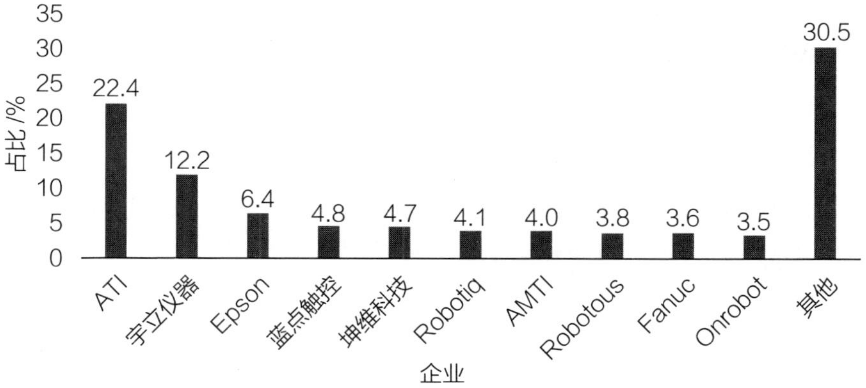

图6-2 2023年中国六维传感器市场份额占比

资料来源：华经产业研究院《2024—2030年中国六维力传感器行业市场深度研究及投资规划建议报告》。

2. 电子皮肤

（1）技术路线

电子皮肤是人形机器人实现触觉感知的关键技术，其核心是柔性传感器，主要有以下几种技术路线。

- **电阻式传感器**：通过压力变化引起电阻或电流变化，具有灵敏度高、结构简单的特点，但信号一致性较差。
- **电容式传感器**：通过改变电容器极板间的距离或介质常数来检测压力，具有高空间分辨率和温度稳定性。
- **压电式传感器**：利用压电材料的特性，将机械能转化为电能，具有自发电能力和高灵敏度。

（2）制造工艺

电子皮肤的制造工艺涉及多层结构的材料合成和薄膜制备。

- **基底层**：使用聚酰亚胺（PI）、聚酯（PET）等柔性材料，提供机械支撑和柔韧性。

- **介电层：** 采用氧化铝（Al_2O_3）、二氧化硅（SiO_2）等材料，用于绝缘和保护。
- **传感层：** 包括金属薄膜、石墨烯、纳米银线等导电材料，用于信号传输和感知。
- **顶层：** 通常为保护层，防止外界干扰和损伤。

制造工艺的难点在于大面积生产时的材料均匀性和导电一致性，以及如何在保持高灵敏度的同时提高耐久性（见图 6–3）。

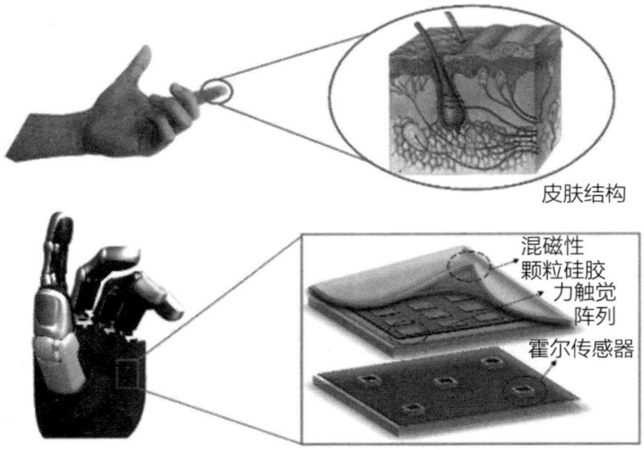

图 6-3　人形皮肤和电子皮肤示意图

资料来源：彭欢、熊鹏文、张宇等人的论文。

（3）应用前景

电子皮肤在人形机器人中的应用前景广阔，主要用于模拟人类皮肤的触觉反馈，实现对物体的抓取、操作和环境感知。随着技术的不断进步，其市场潜力巨大。此外，电子皮肤还在医疗康复、可穿戴设备等领域展现出广阔的应用前景，见表 6–6。

表 6-6　不同技术路线电子皮肤对比

技术路线	优点	缺点	应用场景
电阻式	灵敏度高、结构简单	信号一致性差	物体抓取、轻量化应用
电容式	高分辨率、温度稳定性好	信号采集复杂	精密操作、环境感知

续表

技术路线	优点	缺点	应用场景
压电式	自发电、高灵敏度	需要高精度材料	高负载应用、能源回收

六维力传感器和电子皮肤是人形机器人感知系统的核心部件，分别用于力觉反馈和触觉感知。六维力传感器的制造难点在于高精度应变片贴装和复杂的信号处理，而电子皮肤则面临材料均匀性和大面积生产的挑战。随着技术的不断进步，头部企业在六维力传感器领域占据主导地位，而电子皮肤市场则呈现出百家争鸣的局面。未来，随着人形机器人市场的快速增长，传感器技术将不断优化，为机器人的智能化和通用性提供更强有力的支持。

二、成本拆解与优化路径

（一）特斯拉 Optimus BOM 成本分析

特斯拉 Optimus 作为全球领先的人形机器人项目，其成本结构和供应链管理是实现商业化和大规模量产的关键因素之一。本部分将详细分析特斯拉 Optimus 的成本构成，包括执行器、传感器、结构件与材料、能源系统等方面，并探讨特斯拉通过供应链协同和技术优化实现成本控制的策略。

1. 执行器成本占比

（1）成本构成

特斯拉 Optimus 的执行器是其成本最高的部分，主要包括旋转执行器、直线执行器、灵巧手等核心部件。根据行业研究数据，执行器在特斯拉 Optimus 总成本中的占比约为 60%。

- **旋转执行器**：采用行星滚柱丝杠和无框力矩电机的组合，单个成本约为 1000 元。
- **直线执行器**：采用行星滚柱丝杠技术，成本较高，单件价格可达千元级。

- **灵巧手**：Optimus 的灵巧手包含多个高精度电机和减速器，成本占比约为 31.64%。

特斯拉 Optimus 执行器成本拆解，见表 6-7。

表 6-7　特斯拉 Optimus 执行器成本拆解

部件类型	成本占比 /%	单价 / 元	备注
旋转执行器	11.07	1000	行星滚柱丝杠
直线执行器	6.64	1000	行星滚柱丝杠
灵巧手	31.64	50000	包含 6 个电机
总计	60	—	—

资料来源：https://www.hangyan.co/charts/3221268125177611415.

（2）供应链协同

特斯拉通过与全球顶级供应商合作，优化执行器成本。

- **拓普集团**：作为特斯拉的一级供应商，拓普集团凭借其在汽车轻量化领域的经验，为特斯拉 Optimus 提供结构件和执行器总成。
- **绿的谐波**：作为谐波减速器的供应商，绿的谐波为特斯拉 Optimus 提供了高精度的减速器，单机需求量达 14 台。

特斯拉通过供应链整合，将执行器成本从早期的 3.5 万 ~4 万美元降低到目前的 2 万~3 万美元。

2. 传感器成本占比

（1）传感器种类

特斯拉 Optimus 配备了多种高精度传感器，用于环境感知和力觉反馈，主要包括以下几种。

- **六维力传感器**：用于关节力觉反馈，成本占比约为 3.81%。
- **视觉传感器**：包括三目摄像头和鱼眼相机，用于视觉导航，成本占比约为 0.51%。

- **IMU 惯性传感器**：用于姿态控制，成本占比约为 0.51%。

特斯拉 Optimus 传感器成本拆解，见表 6-8。

表 6-8　特斯拉 Optimus 传感器成本拆解

传感器类型	成本占比 /%	单价 / 元	备注
六维力传感器	3.81	860	—
视觉传感器	0.51	418	鱼眼相机
IMU 传感器	0.51	115	—
总计	4.83	—	—

资料来源：https://www.hangyan.co/charts/3221268125177611415.

（2）成本控制策略

特斯拉在传感器采购和研发方面采取了多种成本控制策略。

- **自研与外购平衡**：部分传感器（如视觉传感器）采用外购，而部分核心传感器（如六维力传感器）则通过自研或与供应商联合研发，以降低成本。
- **供应商谈判与国产化替代**：通过与供应商的深度合作，特斯拉逐步推动高价值传感器的国产化替代，进一步降低采购成本。

3. 其他部件成本

（1）结构件与材料

特斯拉 Optimus 的结构件主要采用轻量化材料，如镁合金和碳纤维，以降低整体重量并提高性能。结构件成本占比约为 10%，具体如下。

- **镁合金骨架**：重量约为 27 千克，成本占比约为 0.17%。
- **碳纤维外壳**：用于躯干和外壳，成本占比约为 5%。

特斯拉 Optimus 结构件成本拆解，见表 6-9。

表 6-9　特斯拉 Optimus 结构件成本拆解

部件类型	成本占比 /%	备注
镁合金骨架	0.17	重量 27 千克
碳纤维外壳	5	—
总计	10	—

资料来源：https://www.hangyan.co/charts/3221268125177611415.

（2）能源系统成本

能源系统是特斯拉 Optimus 的重要组成部分，主要包括电池组和微型化热管理系统。其成本占比约为 10%，具体如下。

- **电池组**：采用 4680 电池，成本约为 2384 元，占能源系统成本的 75%。
- **热管理系统**：采用微型化设计，成本占比约为 25%。

特斯拉 Optimus 成能源系统成本拆解，见表 6-10。

表 6-10　特斯拉 Optimus 成能源系统成本拆解

部件类型	成本占比 /%	单价 / 元	备注
电池组	75	2384	4680 电池
热管理系统	25	—	微型化设计
总计	10	—	—

资料来源：https://www.hangyan.co/charts/3221268125177611415.

特斯拉 Optimus 的 BOM 成本主要集中在执行器、传感器、结构件与材料以及能源系统。其中，执行器成本占比最高，约为 60%，传感器成本占比约为 5.83%，结构件与材料成本占比约为 10%，能源系统成本占比约为 10%。特斯拉通过供应链协同、自研与外购平衡以及技术优化，逐步降低各部件成本，目标是将特斯拉 Optimus 的总成本从目前的 3 万 ~4 万美元降低到 2 万美元。未来，随着国产化替代的推进和技术创新的加速，特斯拉 Optimus 的成本有望进一步降低，为其大规模商业化奠定基础。

（二）行业成本优化路径

随着人形机器人技术的快速发展，成本优化成为实现大规模商业化和量产的关键。本部分将从规模效应、技术创新、产业链协同等方面，探讨人形机器人行业成本优化的路径、挑战与机遇。

1. 规模效应与成本下降

（1）产能扩张

产能扩张是实现规模效应的重要手段之一。特斯拉计划在 2025 年实现数千台人形机器人的量产，并在 2027 年将产量提升至几十万台。通过大规模生产，特斯拉能够显著降低单位成本，预计单台成本从当前的 3 万 ~4 万美元降至 2 万美元。此外，国内企业也在加速产能建设，例如恒立液压的线性驱动器项目已投产，其设计产能达 20 亿元，滚珠丝杠产品已实现小批量供货。

（2）产业链协同

产业链上下游的协同合作是降低成本的有效途径。特斯拉通过与拓普集团、三花智控等供应商的深度合作，优化了执行器和能源系统的成本。此外，国内产业链在成本优化方面具有显著优势，特别是在核心零部件的国产化替代方面，如谐波减速器（绿的谐波）、空心杯电机（优必选）等，这些部件的国产化率逐步提升，带动整机成本下降。

2. 技术创新降本

（1）新材料应用

新材料的应用是降低成本的重要手段之一。特斯拉在最新一代人形机器人中采用了聚醚醚酮（PEEK）材料，不仅减轻了机器人重量（约 10 千克），还提升了行走速度（30%）。此外，碳纤维材料也被广泛应用于机械臂和结构件，降低了自重、减少了震动和能耗。这些新材料的应用不仅提升了性能，还显著降低了材料成本。

（2）制造工艺创新

制造工艺的创新对成本优化至关重要。例如，3D 打印技术被用于制造复杂的零部件，降低了生产成本和周期。此外，自动化生产线的引入提高了生产效率，降低了人工成本。例如，恒立液压通过自动化生产线实现了滚珠丝杠的快速放量，提升了产能和效率。

3. 成本优化的挑战与机遇

（1）挑战分析

人形机器人成本优化过程中仍面临诸多挑战。

- **高性能部件的国产化替代**：尽管国内企业在部分核心零部件上取得了突破，但高性能部件的国产化率仍较低，如六维力传感器、高端谐波减速器等。
- **供应链稳定性**：全球供应链的不确定性，特别是关键零部件的供应，可能影响量产进度。
- **技术瓶颈**：如谐波减速器的柔轮疲劳断裂、传动速比受限等问题，仍是当前技术优化的重点。

（2）机遇展望

成本优化为人形机器人带来了广阔的市场机遇。

- **中低端市场的潜力**：随着成本的降低，中低端人形机器人市场有望快速崛起。例如，国产化替代加速，使得空心杯电机和六维力传感器的成本大幅降低。
- **新兴应用场景的拓展**：人形机器人在工业制造、医疗康复、家庭服务等领域的应用不断拓展。例如，上汽临港基地通过机器人协同作业将单车下线时间缩短至 70 秒，而情感交互机器人和老年护理机器人也进入原型测试阶段。

人形机器人行业正通过规模效应、技术创新和产业链协同等路径实现成本优化。产能扩张和产业链协同显著降低了单位成本，而新材料和制造工艺的创新进一步提升了性能和效率。尽管高性能部件的国产化替代和供应链稳定性仍面临挑战，但随着技术的不断突破和市场需求的增长，人形机器人有望在未来实现大规模商业化，拓展到更多应用场景，成为继电动汽车之后的下一个万亿级赛道。

（三）不同经济体企业成本结构差异

1. 美国

（1）技术领先与成本优势

美国在人形机器人制造工艺和成本控制方面具有显著的技术优势。例如，波士顿动力的 Atlas 机器人以其高精度的运动控制和先进的感知系统著称，其技术核心在于高精度的谐波减速器和高性能的伺服电机。此外，Figure AI 通过与 OpenAI 合作，利用先进的 AI 技术优化机器人感知与控制算法，进一步降低了软件开发成本。这些技术优势使得美国企业在高端人形机器人市场占据领先地位。

（2）政策支持与产业生态

美国政府通过 DARPA 等机构为机器人研发提供资助，推动技术创新和成本控制。例如，DARPA 的“机器人挑战赛”不仅促进了技术突破，还通过集中资源降低了研发成本。此外，美国的产业生态完善，波士顿动力和 Figure AI 等企业与供应商深度合作，优化供应链管理，进一步降低了生产成本。

2. 中国

（1）硬件制造优势

中国在人形机器人硬件制造方面具有显著的成本优势，主要体现在完善的供应链体系和强大的加工制造能力。例如，宇树科技通过自研关节模组和灵巧手，减少了对外部供应商的依赖，显著降低了核心部件成本。此外，国内企业在行星减速器、空心杯电机等关键零部件上逐步实现国产化替代，进一步降低了硬件成本。

（2）成本控制策略

中国企业通过技术创新和市场策略实现成本控制。例如，智元通过模块化设计和小尺寸产品策略，降低了材料和制造费用。此外，规模化量产也显著降低了边际成本，预计未来人形机器人成本将在 3 万 ~15 万美元。

3. 日本和欧洲地区

（1）技术储备与标准制定

日本和欧洲地区企业在人形机器人制造工艺和成本控制方面具有深厚的技术储备。例如，本田 ASIMO 在人形机器人领域积累了大量技术经验，其高精度的运动控制和可靠的硬件设计使其在高端市场占据一席之地。此外，欧盟在安全标准和碳足迹监管方面制定了严格的标准，这些标准虽然增加了成本，但也提升了产品的可靠性和市场竞争力。

（2）市场定位与成本策略

日本和欧洲地区企业的人形机器人市场定位主要集中在高端应用场景和工业自动化领域。例如，本田 ASIMO 和 ABB 等企业的产品主要用于工业制造和医疗康复，其成本策略侧重于高性能和高可靠性。通过优化设计和高端材料的应用，日欧企业确保了产品在高端市场的竞争力，同时也通过技术授权和合作降低了研发成本。

不同国家和地区在人形机器人成本结构上存在显著差异。美国凭借技术领先和政策支持，在高端市场占据优势；中国通过硬件制造优势和成本控制策略，推动了人形机器人的商业化进程；日本和欧洲地区则依靠深厚的技术储备和严格的标准制定，在高端应用场景中保持竞争力。未来，随着技术的进一步发展和市场规模的扩大，各国企业将通过技术创新、供应链优化和市场拓展，进一步降低人形机器人的成本，推动其在全球范围内的普及。

三、小结

通过对人形机器人制造工艺与成本的全面分析，我们可以看到，尽管技术的不断进步为人形机器人的大规模量产提供了可能，但在制造工艺的选择和成本控制方面仍面临诸多挑战。丝杠加工、减速器制造以及传感器生产等关键环节的工艺创新，是提升产品性能和降低成本的关键。特斯拉 Optimus 等代表性产品的成本拆解进一步揭示了行业内的优化路径，尤其是在规模效应、技术创新以及产业链协同方面的潜力。然而，不同经济体在成本结构上的差异也表明，全球产业链的协同发展和本地化策略对于人形机器人产业的可持续发展至关重要。未来，随着技术的进一步成熟和成本的持续优化，人形机器人有望在更多应用场景中实现突破，从而推动整个产业迈向新的高度。

参考文献

[1] 雪球．人形机器人三大核心供应链（特斯拉链、华为链、宇树链）[EB/OL]. 2025-02-22 [2025-06-23]. https://xueqiu.com/4610845688/324505352.

[2] 雪球．人形机器人产业链全景梳理：从核心零部件到应用场景 [EB/OL]. 2025-01-18 [2025-06-23]. https://xueqiu.com/2642994643/321739962.

[3] 雪球．机器人灵巧手供应链企业分析：兆威机电、鸣志电器等公司的核心优势与市场潜力 [EB/OL]. 2025-03-06 [2025-06-23]. https://xueqiu.com/2303270949/326140855.

[4] 雪球．行星滚柱丝杠市场空间及杭州新剑主要供应商 [EB/OL]. 2025-

02–18 [2025–06–23]. https://xueqiu.com/1978848765/323887386.

[5] 钛媒体 . 人形机器人爆火背后，寻找中国供应链的“隐形冠军”[EB/OL]. 2025–03–06 [2025–06–23]. https://h5.ifeng.com/c/vivo/v0028epWZyTzpmPIpKFOUsNgI2vXSFGBzoBZU1764d1WkHM.

[6] 王超，巩亚东，尹国强等 . 刀具直径和磨料粒度对微铣磨表面粗糙度的影响 [J]. 东北大学学报 (自然科学版),2013,34 (12):1759–1762.

[7] 包仲南，徐泷，李代明等 . 金属冷轧层状复合工艺发展趋势 [J]. 中国金属通报，2022,41 (5):98–107.

[8] 王大号，周丹，陈凯强等 . 谐波减速器齿形设计及可靠性研究 [J]. 技术 · 创新 / 日用电器，2022 (10):49–52.

[9] 雪球 . 哈默纳科与国内谐波减速机企业技术差距及国产替代分析 [EB/OL]. 2025–01–25 [2025–06–23]. https://xueqiu.com/7198808810/321719961.

[10] 西部证券 . 人形机器人赛道深度之减速器：减速增扭，需求倍增 [R]. 人形机器人行业专题报告，2025.

[11] 彭欢，熊鹏文，张宇等 . 面向机器人交互识别的抗干扰多模态柔性电子皮肤 [J]. 机器人，2025, 47 (1): 55–63.

[12] 东方财富网 . 人形机器人核心部件市场规模及供应链解析 [EB/OL]. 2025–01–13 [2025–06–23]. https://caifuhao.eastmoney.com/news/20250113225111514811780.

[13] 雪球 . 人形机器人减速器国产化率提升路径分析 [EB/OL]. 2025–01–05 [2025–06–23]. https://xueqiu.com/8730228692/320242890.

[14] 搜狐网 . 2025 年全球人形机器人产业政策与市场趋势报告 [EB/OL]. 2025–02–10 [2025–06–23]. https://news.sohu.com/a/862307089_121781381.

第7章 商业化场景与竞争格局

第1节 应用场景演进

从工业生产线到复杂多变的服务领域，人形机器人正肩负起越来越多样的任务，不断融入并改变着人类的生产生活。技术的飞速进步与市场需求的持续增长，共同推动着人形机器人应用场景不断向更高层次迈进，每一次演进都凝聚着人类智慧的结晶，预示着人形机器人产业无限广阔的发展前景，也必将为人类社会带来更为深远而持久的影响。本节将深入探讨人形机器人应用场景的演进历程，剖析各阶段的特征与影响因素，展望未来的发展趋势。

一、短期应用场景（1~3年）

（一）工业巡检

人形机器人在工业巡检领域的应用现状十分广泛。它们通过搭载多种先进传感器，如视觉传感器、红外热成像仪、气体传感器、振动传感器等，对工业设备和生产环境进行全面、精准的监测。在巡检过程中，机器人能够按照预设路线自主行走，利用视觉传感器识别设备的运行状态、仪表读数等信息，通过红外热成像仪检测设备是否存在过热故障，借助气体传感器判断环境中是否存在有害气体泄漏，依靠振动传感器感知设备的异常振动情况，并及时发现异常，发出预警信号，有效提高工业生产的安全性和效率。

例如，宇树机器狗在特定工业场景中的巡检实践取得了显著成效。其研发的机器狗产品已在一些大型工厂和工业园区投入使用，通过定制开发的巡检软件系统，实现了对巡检数据的实时采集、传输和分析，大大减少了人工巡检的工作量和风险，提高了巡检的频率和准确性，为企业节省了大量的人力成本和设备维护成本，提升了整体生产效益（见图 7–1）。

图 7–1　宇树机器狗工作现场

资料来源：宇树科技官网。

（二）物流搬运

人形机器人在物流搬运环节的作用日益凸显。它们能够在大型仓库和物流中心灵活搬运货物，通过先进的导航系统和定位技术，在复杂的货架和通道之间准确穿梭，高效完成货物的搬运任务。与传统物流设备相比，人形机器人具有显著的优势。其灵活性表现在能够适应不同形状、大小和重量的货物，可根据货物的特点自动调整搬运方式和力度，避免货物的损坏；智能化程度高则体现在机器人能够通过物联网技术与仓库管理系统实时通信，获取货物信息和搬运指令，实现物流过程的自动化和智能化管理。

以极智嘉公司（Geek+）为例，该公司在物流机器人领域取得了领先地位，其研发的人形机器人产品在多个大型物流仓库得到广泛应用。这些机器人不仅能够独立完成货物的拣选、搬运和码放等工作，还可以与仓库工作人员协同作业，提高工作效率。然而，当前也存在一些技术难题和限制因素，如机器人在复杂环境下的导航精度和稳定性有待进一步提高，以应对仓库内货物摆放不规则、光线变化等情况；机器人的负载能力和续航能力也需要持续优化，以满足高强度物流搬运需求（见图 7–2）。

图 7-2　Geek+ 物流搬运机器人

资料来源：极智嘉公司官网。

二、中期应用场景（3~5 年）

（一）医疗护理

人形机器人在医疗护理领域的应用前景广阔。它们可以协助医护人员照顾患者，进行康复训练等，有效缓解医疗资源紧张情况，提高护理质量。目前，一些医疗机器人辅助康复的项目已初现雏形。例如，瑞士洛桑联邦理工学院（EPFL）开发的护理机器人可连续 72 小时监测患者生命体征，其搭载的多光谱成像系统能提前 2 小时预警癫痫发作。未来，人形机器人有望在更多医疗场景中发挥作用，但需要突破的技术瓶颈包括提高机器人的精细操作能力和智能决策能力，以满足医疗操作的高精准度要求。同时，其面临的伦理挑战，如患者隐私保护、医疗责任界定等问题也亟待解决。

（二）高危作业

人形机器人在高危作业场景中的应用具有重要意义，它们可以在核辐射环境、深海作业、火灾救援等危险场所替代人工进行作业，保障人员安全。以 Figure AI 的人形机器人在宝马工厂中参与高危作业为例，其技术实现依赖于先进的传感器和控制系统，通过激光雷达、视觉传感器等设备感知周围环境，利用强大的计算能力进行实时决策和路径规划，确保在复杂危险环境中稳定作业。在作业流程方面，机器人首先对高危区域进行环境扫描和风险评估，然后根据预设任务进行作业，如在核辐射环境中进行设备维护，在火灾救援中进行人员搜救等。在不同高危场景下，人形机器人需要具备特定的功能和性能，如在核辐射环境中的辐射防护和抗辐射能力，在深海作业中的耐压和水下行动能力，在火灾救援中的耐高温和烟雾穿透能力等（见图 7-3）。

图 7-3　高危作业中的人形机器人

资料来源：宝马官网。

三、长期应用场景（5~10 年）

（一）家庭服务

人形机器人在家庭服务领域的应用前景广阔，它们可以承担家务劳动、陪伴老人和儿童等任务，深度融入家庭生活，为人们提供便捷、个性化的服务。例如，人形机器人能够通过搭载的传感器和智能算法，实现对家庭环境的智能感知和自动导航，高效完成清扫、擦拭等家务劳动。同时，它们还可以通过语音交互和表情显示，与老人和儿童进行自然、亲切的交流，提供情感陪伴和生活协助。

实现这一场景需要技术和社会条件的双重支持。在技术方面，人机交互技术的进一步提升至关重要。机器人需要能够准确理解人类的意图和情感，实现更加自然、流畅的交流。在社会方面，提高社会对机器人的接受程度也必不可少。这需要加强对机器人的宣传，消除人们对机器人的误解和恐惧，让人们更加愿意接受机器人作为家庭成员的一部分。

（二）情感陪伴

人形机器人在情感陪伴方面的发展趋势备受关注。结合特斯拉“2 ∶ 1 人机比”愿景，人形机器人有望在改善人类情感生活、缓解孤独感方面发挥重要作用。特斯拉的这一愿景强调了人形机器人在数量和功能上与人类的密切配合，通过大规模部署人形机器人，为人类提供更加丰富、多样化的情感支持。

当前情感机器人技术的研究现状显示出良好的发展势头。情感识别技术不断取得突破，通过分析人类的语音、表情、肢体语言等多模态信息，机器人能够更加准确地感知人类的情感状态。情感表达技术也在持续进步，机器人可以通过语音合成、表情显示、肢体动作等方式，生动地表达自己的情感，与人类建立更加紧密的情感连接。

未来，情感机器人技术的发展方向将聚焦于进一步提升情感交互的深度和真实性。机器人需要具备更加精细的情感识别能力，能够理解人类复杂、微妙的情感变化，并作出恰当的回应。同时，机器人的情感表达也需要更加自然、真实，让人类能够真正感受到机器人的情感陪伴。

表 7-1 列举了长期应用场景中的家庭服务和情感陪伴的指标对比，见表 7-1。

表 7-1 家庭服务和情感陪伴的指标对比

指标	家庭服务	情感陪伴
主要任务	家务劳动、陪伴老人和儿童	提供情感支持、缓解孤独感
技术要求	智能感知、自动导航、人机交互	情感识别、情感表达、自然交流
社会接受度	中等	待提高
技术成熟度	部分成熟	部分成熟
应用广度	家庭内部	家庭和社会场所

注：表中内容为示例，实际应用中各项指标可能因具体技术和场景而有所不同。

四、应用场景演进的挑战与机遇

（一）技术挑战

人形机器人在不同应用场景演进过程中面临多项技术难题。

1. 运动控制精度

人形机器人需要在复杂环境中进行高精度的运动控制。例如，在工业生产中进行精密装配，或在医疗领域进行手术辅助，都需要机器人具备极高的运动控制精度。目前，谐波减速器的柔轮易疲劳断裂，将增加人形机器人故障率；其传动速比受限，致使精度与响应速度下降。

2. 感知能力

为了在各种场景中有效运作，人形机器人需要具备强大的感知能力。多模态感知数据的整合对于机器人全面理解环境至关重要，但目前在复杂环境下人形机器人的感知准确性和实时性仍有待提高。

3. 能源供应

人形机器人需要高性能的电源来提供持久动力。目前锂离子电池在能量密度、循环寿命等方面无法满足未来人形机器人长时间、高负荷工作的要求。

（二）市场机遇

随着应用场景的拓展，人形机器人产业迎来了巨大的市场机遇。

1. 新的商业模式

人形机器人在多个领域的应用催生了新的商业模式。例如，在服务业中，人形机器人可以通过提供客户服务、导购等服务，提高企业的运营效率和客户满意度，从而实现盈利。

2. 产业生态的变化

人形机器人的发展将推动整个产业生态的变化。从硬件制造到软件开发，从系统集成到售后服务，围绕人形机器人的产业链将不断完善和优化。这将为相关企业带来更多的合作机会和发展空间。

人形机器人技术挑战与市场机遇指标对比，见表 7-2。

表 7-2　人形机器人技术挑战与市场机遇指标对比

指标	技术挑战	市场机遇
主要问题	运动控制精度、感知能力、能源供应	商业模式创新、产业生态优化

续表

指标	技术挑战	市场机遇
解决方案	技术研发、材料改进	应用拓展、合作联盟
发展影响	技术突破推动应用	市场需求促进技术发展
企业应对策略	加强研发投入、技术合作	把握市场趋势、创新商业模式

注：表中内容为示例，实际应用中各项指标可能因具体技术和场景而有所不同。

五、小结

人形机器人应用场景的演进从短期的工业巡检、物流搬运，到中期的医疗护理、高危作业，再到长期的家庭服务与情感陪伴，每一步都经历了技术的打磨与市场的检验。这一过程充分展现了人形机器人在适应人类社会需求方面的巨大潜力和强大生命力。然而，在演进的道路上，技术瓶颈、市场接受度、伦理道德等诸多挑战依然存在，需要全球各界共同努力，协同攻克。展望未来，随着技术的持续突破和产业生态的逐步完善，人形机器人将在更多领域绽放光彩，与人类携手书写更加美好的明天，其应用场景的拓展也将持续为人类社会的发展注入新的活力与动力，让我们满怀期待地迎接人形机器人时代全方位、深层次的变革浪潮。

第2节 全球竞争格局

人形机器人已经成为各国竞相角逐的焦点领域。从美国的技术引领到中国的硬件突围，从日欧的技术储备与标准制定到新兴力量崛起，人形机器人全球竞争格局呈现出复杂多变且充满活力的态势。美国凭借特斯拉、Figure AI、波士顿动力等企业的强大实力，在技术研发和市场应用方面占据领先地位；中国以宇树科技、智元等企业的硬件创新和华为的生态整合为契机，逐步在产业链上攀升；日欧则依靠本田 ASIMO 等项目的技术沉淀以及欧盟伦理框架等标准规范，在全球竞争中占据重要一极。而其他国家和地区也在积极探索，试图在这一领域崭露头角。深入剖析全球人形机器人竞争格局，不仅有助于理解当前行业的分布态势，更能为未来的发展趋势提供关键线索，这也是本节探讨的核心所在。

一、美国

（一）技术领先企业

在美国的人形机器人领域，特斯拉、Figure AI 和波士顿动力是最为突出的三家企业。

- **特斯拉**
  - **技术优势：**特斯拉在人形机器人领域展现出了强大的技术整合能力。其 Optimus 依托于公司在电动汽车制造中积累的电池技术、动力系统设计以及先进的软件算法，实现了高度自主的运动控制。例如，Optimus 的关节运动精度能够达到亚毫米级别，这使得它在执行复杂任务时，如在生产线上的精细操作，能够表现出色。
  - **代表产品：**Optimus 是特斯拉在人形机器人领域的代表作。它身高约为 1.73 米，重量约为 73 千克，具备 28 个自由度。其躯干由轻量化但高强度的材料制成，内部集成了复杂的冷却系统，以确保高性能电池组和电子设备的稳定运行。Optimus 的手部设计尤为精巧，灵巧度足以完成使用工具等精细动作。
  - **研发方向：**特斯拉对 Optimus 的研发主要集中在提高其自主性和通用

性。一方面，通过不断优化软件算法，提升机器人在复杂环境中的决策能力；另一方面，对硬件进行持续升级，例如开发更高效的电机和传感器，以增强机器人的运动能力。特斯拉还致力于让 Optimus 能够更好地与人类进行互动，包括语音交互和手势识别等技术。

- Figure AI
  - **技术优势**：Figure AI 与 OpenAI 的紧密合作为其提供了强大的人工智能技术支持。它能够利用 OpenAI 的先进语言模型和视觉算法，使人形机器人具备更自然的人机交互能力。例如，Figure AI 的机器人可以通过语音理解并准确回答各种问题，并且能够通过摄像头实时感知周围环境，对物体和人物进行精确识别。
  - **代表产品**：Figure AI 的人形机器人产品主要用于工业场景中的辅助工作。它在宝马工厂的试点工作取得了一定的成果。这款机器人可以与工人协同工作，完成一些重复性高、危险性大的任务，如在生产线上搬运重物和进行设备巡检。
  - **研发方向**：Figure AI 重点关注如何将其人工智能技术更好地与工业应用相结合。它正在研发更专业的机械臂和末端执行器，以适应不同工业场景下的特定任务需求。同时，它也在不断优化机器人的能源管理系统，提高其续航能力和能源利用效率。
- **波士顿动力**
  - **技术优势**：波士顿动力在机器人运动控制技术方面处于领先地位。其 Atlas 机器人是双足人形机器人领域的标杆产品，能够完成诸如跳跃、翻跟头等一系列高难度动作。这种卓越的运动控制能力得益于波士顿动力先进的机械设计和复杂的控制算法，其关节电机的响应速度和扭矩控制精度都非常高。
  - **代表产品**：机器人 Atlas（第三版）身高约为 1.75 米，重量约为 82 千克。它具备 28 个自由度，全身覆盖了各种传感器，包括视觉传感器、惯性测量单元等，使其能够实时感知自身姿态和周围环境。Atlas 在灾难救援模拟训练中表现出色，能够在复杂地形中快速移动并完成救援任务，如翻越障碍物、打开门等。

○ **研发方向**：波士顿动力在继续提升 Atlas 的运动控制能力的同时，也在探索其在更多领域的应用。例如，在建筑行业，利用 Atlas 进行高空作业的可行性研究；在物流领域，开发基于 Atlas 的货物搬运解决方案。此外，波士顿动力也在尝试降低机器人的制造成本，以提高其市场竞争力。

（二）技术研发投入

- **政府投入**：美国政府通过国防部高级研究计划局（DARPA）资助了多个机器人研究项目，旨在开发能够在军事和紧急救援场景下发挥关键作用的人形机器人技术。DARPA 的经费直接来源于美国国防部的“研究、开发、测试和评估”（RDT&E）预算，2023 财年 DARPA 的申请预算为 41.18 亿美元。其中，基础研究经费为 4.83 亿美元，应用研究经费为 16.51 亿美元，先期技术发展经费为 18.84 亿美元。虽然 DARPA 的预算分配中并未明确指出专门用于人形机器人技术的资金规模，但其在人工智能、微电子和生物技术等前沿领域的投入不断增加，表明人形机器人技术作为跨学科的前沿应用，可能受益于这些领域的基础研究成果。
- **企业投入**：美国企业在人形机器人技术研发方面也表现出极高的积极性。例如，Figure AI 在 2024 年 2 月完成了 6.75 亿美元的融资，投资方包括亚马逊、微软、英伟达和 OpenAI 等大型科技公司。这笔资金将用于扩大研发团队、建设生产设施以及开展市场推广活动。这些企业的大量投入不仅推动了自身技术的发展，也带动了整个产业链的升级和创新。
- **投入影响**：这些资金投入对行业发展产生了深远影响。一方面，吸引了大量顶尖人才进入人形机器人领域，促进了技术创新和突破。例如，一些材料科学家在资金支持下开发出了更轻、更强的机器人材料，提高了机器人的性能。另一方面，加快了人形机器人技术的产品化和市场化进程，使得越来越多的企业能够参与到人形机器人的研发和生产中来，形成了良好的产业生态。

（三）市场应用现状

- **工业应用**：在美国的工业领域，人形机器人已经开始发挥重要作用。许多制造业企业引入人形机器人用于生产线上的辅助工作，如汽车制造企业利用人形机器人进行零部件装配和质量检测。例如，在特斯拉自己的工厂中，机器人 Optimus 已经开始承担部分生产线巡检和物料搬运工作，大大提高了生产效率，同时也降低了人工成本和出错率。
- **服务业应用**：在服务业方面，人形机器人也展现出了广阔的市场前景。一些酒店开始尝试使用人形机器人进行客房服务，如送餐、打扫卫生等。此外，在医疗康复领域，人形机器人被用于辅助医生进行康复训练，为患者提供个性化的康复服务。例如，Figure AI 正在开发针对老年人和残疾人的护理机器人，这些机器人能够提供基本的生活照料和安全监护服务。

二、中国

（一）硬件突围企业

- **宇树科技**
  - **硬件产品特点**：宇树科技的人形机器人以轻量化、高性价比为显著特点。其研发的 Unitree G1 机器人，采用极简主义设计，减少了不必要的复杂结构，使得机器人更易于生产和维护。这种设计哲学不仅降低了机器人的制造成本，也提高了其在市场上的竞争力。

- ○ **技术突破：**在执行器技术方面，宇树科技采用空心杯电机驱动方案，这种电机具有高扭矩密度、低惯性和高响应速度等优点，能够实现精确的运动控制。同时，宇树科技在机器人关节设计上也有所创新，采用了行星滚柱丝杠传动，提高了关节的精度和刚性。
- ○ **市场竞争力：**凭借其独特的产品特点和技术突破，宇树科技的人形机器人在消费级市场上获得了较高的关注度。其低至 9.9 万元的定价策略，降低了消费者进入门槛，推动了人形机器人在消费级市场的普及。同时，宇树科技还通过举办机器人开发者大赛等活动，吸引了大量的开发者和爱好者，进一步扩大了其市场影响力。

● **智元**

- ○ **硬件产品特点：**智元的人形机器人注重灵巧性和通用性。其产品在手部设计上具有较高的灵巧度，能够完成各种精细操作，如使用工具、写字等。此外，智元的机器人还具备良好的人机交互能力，能够通过语音、手势等方式与用户进行自然交互。
- ○ **技术突破：**智元在机器人控制系统方面取得了一定的技术突破。其自主研发的运动控制算法，能够实现机器人的实时避障和动态平衡控制。同时，智元还开发了一套基于深度学习的人脸识别系统，使得机器人能够更好地识别和理解用户的情感和意图。
- ○ **市场竞争力：**智元的人形机器人在教育、医疗等领域具有广阔的应用前景。例如，在教育领域，智元的机器人可以作为教学辅助工具，帮助学生更好地理解和学习各种知识；在医疗领域，其机器人可以用于康复治疗、护理等场景，为患者提供个性化的服务。

（二）生态整合企业

● **华为**

- ○ **生态整合优势：**华为在人形机器人生态整合方面具有显著优势。其强大的技术底座，如盘古大模型和鸿蒙操作系统，为机器人提供了强大的人工智能和物联网支持。盘古大模型能够为机器人提供高效的语言理解和生成能力，使得机器人能够更好地与用户进行交互；鸿蒙操作系统则实现了机器人与其他智能设备的无缝连接和协同工作。

○ **生态建设举措**：华为通过与兆威机电、禾川科技等企业合作，建立了完善的人形机器人硬件生态。兆威机电为华为提供高精度的灵巧手解决方案，禾川科技则为华为提供先进的运动控制系统。此外，华为还与多家软件企业合作，共同开发了多种适用于人形机器人的应用程序，丰富了机器人的功能和应用场景。

○ **战略野心**：华为致力于通过生态整合，定义中国版“机器人操作系统”标准。其目标是打造一个开放、共赢的人形机器人生态体系，推动中国机器人产业的发展和创新。通过与产业链上下游企业的紧密合作，华为有望在人形机器人领域建立起长期的领先地位。

（三）政策支持与市场规模

- **政策支持**：中国政府对人形机器人产业给予了大力支持。在国家层面，工业和信息化部发布了相关指导意见，提出了要加快人形机器人技术研发和产业化进程，推动人形机器人在工业、服务业等领域的广泛应用。同时，各地政府也纷纷出台了一系列政策措施，如税收优惠、财政补贴、人才引进等，以扶持本地人形机器人企业的发展。
- **市场规模**：中国庞大的市场规模为本土人形机器人企业提供了广阔的发展空间。根据中国电子学会预测，到 2030 年，中国人形机器人市场规模有望达到 8700 亿元。随着人口老龄化的加剧和劳动力成本的不断上升，人形机器人在家庭服务、医疗护理、工业生产等领域的应用需求将不断增加，进一步推动市场规模的扩大。

三、日欧

（一）技术储备与传承

- **本田 ASIMO 技术积累**：本田的 ASIMO 是人形机器人领域的一个重要里程碑。ASIMO 的研发始于 1986 年，经过多年的发展，它在行走、平衡和操作等方面的技术都达到了很高的水平。例如，ASIMO 采用了先进的零力矩点（ZMP）控制技术，能够在各种地形上稳定行走。此外，ASIMO 还具备灵活的手指运动能力，能够完成拧开瓶盖、倒液体等精细动作。
- **技术传承**：ASIMO 的技术积累对日本乃至全球的人形机器人发展都产生了深远的影响。本田 ASIMO 项目培养了一批专业技术人才，并推动了机器人技术在汽车、工业自动化等领域的应用。尽管本田已经在 2018 年停止了 ASIMO 的研发工作，但其技术成果仍然在其他机器人项目中得到应用和传承。

（二）标准制定与规范

- **欧盟标准制定**：欧盟在人形机器人领域制定了多项标准和规范，涵盖了伦理、安全、能效等多个方面。例如，欧盟发布的《机器人伦理指南》强调了机器人的安全性、透明性和问责性等原则，要求机器人在设计和使用过程中必须遵循这些伦理规范。此外，欧盟还制定了严格的机器人安全标准，规定了机器人在工作过程中必须满足的安全要求。
- **标准引导作用**：这些标准的制定对全球人形机器人产业的发展起到了重要的引导作用。一方面，促使企业更加注重机器人的安全性和伦理性，提高了机器人产品的质量和可靠性；另一方面，推动了全球机器人行业的规范化发展，促进了不同国家和地区之间的技术交流与合作。

（三）企业合作与创新

- **合作模式**：日欧企业在人形机器人领域采取了多样化的合作模式。例如，日本企业和欧洲企业之间经常开展技术研发合作，共同攻克机器人领域的关键技术难题。此外，双方还在市场推广方面进行合作，通过优势互补，拓展国际市场。例如，本田与欧洲的一些科研机构合作，共同研究机器人在医疗、养老等领域的应用。
- **创新成果**：这些合作取得了不少创新成果。例如，日本的川崎重工推出了第八代人形机器人 Kaleido 和保姆机器人 Friends。这些机器人在功能和性能上都有了很大的提升，能够更好地满足市场需求。此外，欧洲的英国人形机器人初创公司 Humanoid 发布了首款人形机器人 HMND 01，其全身具备 41 个自由度，能够适应工业场景的多种需求。

四、其他经济体

（一）新兴力量与发展潜力

1. 以色列

- **创新成果**：以色列在人形机器人领域展现出了强大的创新能力。例如，以色列的机器人初创公司 Roboy 以独特的人形设计和先进的运动控制技术吸引了全球关注。Roboy 的机器人采用了仿生学原理，能够模仿人类的行走和操作方式。
- **发展潜力**：以色列政府对机器人技术的研发给予了大力支持，推动了该领域的发展。此外，以色列拥有世界一流的研发实力和创新生态系统，为机器人技术的发展提供了坚实的基础。

2. 韩国

- **创新成果：**韩国在人形机器人领域的发展也不容小觑。例如，韩国的机器人企业正在研发具有高度自主性和智能的人形机器人，这些机器人能够在工业生产和服务业中发挥重要作用。
- **发展潜力：**韩国政府通过专项资金和政策规划扶持企业研发，推动了机器人技术的发展。此外，韩国在电子技术和机械制造方面具有强大的产业基础，这为韩国的人形机器人发展提供了有力支持。

（二）国际合作与交流

1. 韩国与欧美合作

- **合作模式：**韩国与欧美企业在人形机器人领域开展了广泛的合作。例如，韩国的现代汽车与美国的波士顿动力合作，共同研发人形机器人技术。双方在技术研发和市场推广方面进行了紧密合作，共同推动人形机器人的商业化。
- **合作成果：**通过与欧美企业的合作，韩国在人形机器人领域取得了显著的进步。双方的合作不仅提升了韩国的技术水平，还扩大了韩国企业在国际市场的影响力。

2. 全球初创公司合作

- **合作模式：**全球范围内的人形机器人初创公司之间也开展了广泛的合作。例如，英国的 Engineered Arts 公司与全球多家初创公司合作，共同开展人形机器人技术的研发和应用。这些合作通常涉及技术共享、联合开发和市场推广等方面。
- **合作成果：**这些合作促进了人形机器人技术的快速发展和应用。通过合作，各方能够充分发挥各自的优势，加快技术的成熟和产品的上市。例如，英国的 Engineered Arts 公司与合作伙伴共同开发了多款人形机器人产品，成功应用于多个领域。

五、全球竞争格局总结

（一）技术层面竞争

在全球人形机器人技术竞争中，各经济体呈现出不同的优势和差距。美国在人工智能和软件算法方面具有显著优势，其企业如特斯拉、波士顿动力等在运动控制和人机交互技术上处于领先地位。例如，特斯拉的机器人 Optimus 采用了先进的 AI 技术，能够实现自主学习和优化运动控制。中国在硬件制造和供应链整合方面表现出色，企业如宇树科技、智元等在机器人机械结构和执行器技术上取得了突破。日本和欧洲则在精密制造和机器人灵活性方面具有优势，本田的 ASIMO 机器人展示了高度灵活的动作能力。然而，中国在软件算法和 AI 技术方面与美国相比仍有差距，而美、日、欧在硬件制造成本和大规模生产方面则面临挑战。

全球人形机器人技术竞争态势，见表 7-3。

表 7-3　全球人形机器人技术竞争态势

经济体	运动控制	感知技术	人机交互
美国	领先（特斯拉、波士顿动力）	卓越（AI 算法、视觉感知）	先进（自然语言处理）
中国	进步显著（宇树科技、智元）	发展中（传感器技术）	改进中（人机交互体验）
日欧	灵活（本田 ASIMO）	精准（传感器技术）	自然（表情识别、语音交互）

（二）市场层面竞争

全球人形机器人市场竞争激烈，各国在市场份额、应用领域和品牌影响力方面各有侧重。美国在高端市场占据重要地位，特斯拉的机器人 Optimus 在工业和服务业领域广泛应用。中国凭借庞大的市场规模和制造优势，在中低端市场占据较大份额，宇树科技、优必选等企业的产品在教育、服务等领域表现突出。日本和欧洲在特定领域如工业自动化和医疗服务市场具有竞争力，本田的 ASIMO 和英国 Engineered Arts 的 Ameca 机器人在各自领域有显著影响。然而，中国在高端市场品牌影响力相对较弱，而美、日、欧在中低端市场的成本控制和市场渗透方面面临挑战。

（三）未来发展趋势预测

未来，全球人形机器人产业将呈现技术深化、市场扩大和竞争加剧的趋势。技术层面，AI 与机器人技术融合将更加紧密，进而推动人形机器人智能化水平提升。市场层面，随着技术成熟和成本降低，人形机器人在家庭、教育、医疗等领域的应用将进一步拓展。中国凭借政策支持和产业链优势有望在核心零部件和场景应用领域实现弯道超车，而美国将在高端市场继续巩固其技术领先地位，日本和欧洲则在特定领域保持竞争力，全球人形机器人竞争格局将动态演变。

六、小结

回顾全球人形机器人竞争格局，美国在技术革新与市场拓展上持续发力，通过大量研发投入和企业间的紧密协作，不断巩固其领先地位；中国以硬件制造优势为基石，加速推进人形机器人产业化进程，并借助政策支持和庞大的市场潜力，有望在全球产业链中向高端攀升；日欧在技术传承与创新以及标准制定方面发挥着重要作用，为全球人形机器人产业的规范化发展提供了有益借鉴；其他新兴力量也不容小觑，它们通过国际合作与自主创新，正逐步在全球竞争中崭露头角。综合来看，全球人形机器人竞争格局正处于快速演变阶段，技术突破、市场应用、政策支持等多重因素交织在一起，共同推动着这一产业向前发展。未来，各经济体之间以及企业之间的竞争与合作关系将更加紧密，人形机器人有望在更多领域实现应用突破，为人类社会带来更加深远的影响，而当前的竞争格局也将随着技术进步和市场变化不断被重塑。

第3节 商业模式创新

在人形机器人蓬勃发展的当下，商业模式创新成为推动其商业化进程的关键力量。这不仅关乎企业如何在市场中立足，更影响着整个行业的未来走向。从技术复用到生态整合，从产品简化到服务拓展，多样化的商业模式创新正在为人形机器人产业注入新的活力。本节将深入探讨这些创新模式的类型、实践案例以及未来前景，揭示人形机器人如何通过商业模式的革新实现从实验室到市场的跨越，开启商业化的全新篇章。

一、创新类型剖析

（一）技术复用型创新

1. 定义与原理

技术复用型创新是指将原本应用于其他领域的技术引入人形机器人领域，通过跨领域技术整合实现功能提升和成本优化。这种创新模式能够有效降低研发成本，并加速人形机器人从实验室走向市场的进程。例如，电动汽车领域中的电池技术和自动驾驶技术，通过适当的改造和适配，可以为人形机器人提供稳定的动力支持和智能的导航能力。

2. 实例分析

特斯拉是技术复用型创新的典型代表。特斯拉将其在电动汽车领域的先进技术应用于人形机器人 Optimus 的研发。具体而言，特斯拉在电池技术方面积累了丰富的经验，能够为 Optimus 提供高效、持久的动力解决方案。同时，其自动驾驶技术中的环境感知、路径规划等算法，经过适当的调整和优化，被应用于 Optimus 的运动控制和环境交互中。这种跨领域技术整合使得 Optimus 在性能和功能上具有显著优势，见表 7–4。

表 7–4　跨领域技术整合举例

技术来源	应用领域	具体应用	优势
电动汽车电池技术	人形机器人动力系统	高能量密度电池组	长续航、稳定动力输出
自动驾驶技术	人形机器人环境感知与导航	环境感知算法、路径规划	精准导航、避障能力

3. 优势与挑战

技术复用型创新的优势在于能够显著降低研发成本，并加快产品上市速度。通过利用已有的技术成果，企业可以避免从头开始研发所需的时间和资源投入。同时，这些技术在原应用领域已经经过了市场的验证，具有较高的可靠性和稳定性。然而，这种创新模式也面临一些挑战。首先，不同领域的技术在适配过程中可能会出现兼容性问题，需要进行大量的调整和优化工作。其次，市场上的竞争激烈，技术复用型企业需要不断关注和应对来自其他领域的技术创新和市场竞争压力。

（二）生态整合型创新

1. 定义与原理

生态整合型创新是指通过整合软件、硬件及服务等多方面资源，构建一个完整的人形机器人生态系统，以此提升用户体验和市场竞争力。这种创新模式强调各要素之间的协同作用，使整个生态系统中的产品和服务相互配合，形成一个有机的整体，为用户提供更加全面、便捷的解决方案。

2. 实例分析

华为在人形机器人领域推行了生态整合型创新。凭借其盘古大模型、鸿蒙操作系统以及强大的代工能力，华为打造了一个具有端到端能力的人形机器人生态系统。盘古大模型为人形机器人提供了强大的人工智能能力，使其能够理解和处理复杂的语言、图像等信息；鸿蒙操作系统则实现了人形机器人与其他智能设备之间的无缝连接和协同工作，提升了用户的使用体验；而强大的代工能力则保障了人形机器人的高质量生产和大规模供应，见表 7–5。

表 7–5　华为人形机器人的生态整合型创新

要素	具体内容	作用
软件	盘古大模型	提供人工智能能力，支持语言理解、图像识别等功能
操作系统	鸿蒙操作系统	实现设备间无缝连接和协同工作，提升用户体验
硬件	代工能力	保障高质量生产和大规模供应

3. 优势与挑战

生态整合型创新的优势在于其能够提高产品协同性和增加用户黏性。通过整合软件、硬件及服务，企业可以为人形机器人用户提供更加全面、便捷的解决方案，从而提高用户的使用体验和满意度。同时，这种创新模式还有助于企业建立长期的竞争优势，因为生态系统中的各要素相互配合，形成了一定的进入壁垒。然而，生态整合型创新也面临一些挑战。首先，整合软件、硬件及服务需要协调多方资源，涉及不同部门和团队之间的合作，管理难度较大。其次，生态系统的构建需要大量的资金投入和技术研发，对于企业的实力要求较高。

（三）产品简化型创新

1. 定义与原理

产品简化型创新是指通过简化人形机器人的功能和设计，降低产品的复杂度和成本，以满足特定的市场需求。这种创新模式主要针对那些对价格较为敏感，但对功能要求相对较低的用户群体，通过提供性价比高的产品来扩大市场份额。

2. 实例分析

宇树科技的机器人 Unitree G1 是产品简化型创新的成功案例。Unitree G1 采用极简主义设计，去掉了许多复杂的功能模块，专注于基本的运动控制和简单的交互功能。这种设计使得 Unitree G1 的定价低至 9.9 万元，成功引发了市场的广泛关注。在教育、娱乐等领域，Unitree G1 以其高性价比和易用性，得到了广泛应用，为宇树科技在消费级市场赢得了良好的口碑，见表 7-6。

表 7-6　宇树科技机器人的产品简化型创新

简化内容	优势	市场反馈
功能简化	专注于基本运动控制和简单交互	满足教育、娱乐等基础需求
设计简化	极简主义设计	降低生产成本，提高产品性价比

3. 优势与挑战

产品简化型创新的优势在于能够快速占领市场，扩大用户群体。通过降低产品的价格门槛，企业可以吸引更多的用户购买人形机器人，从而提高市场份额。同时，这种创新模式也有助于企业降低研发成本和生产成本，提高企业的盈利能力。然而，产品简化型创新也面临一些挑战。首先，简化功能可能导致产品的适用范围有限，无法满足一些高端用户的需求。其次，市场上对于简化型产品的认可度可能存在差异，企业需要通过有效的市场推广和品牌建设，提高产品的知名度和美誉度。

总之，人形机器人领域的商业模式创新主要包括技术复用型创新、生态整合型创新和产品简化型创新。这三种创新模式各有优劣，企业在选择时需要根据自身的资源、技术实力以及市场定位进行综合考虑，以实现可持续发展。

二、创新实践案例

（一）案例一：特斯拉的人形机器人商业模式

1. 背景介绍

特斯拉作为全球电动汽车领域的领军企业，其在电池技术、自动驾驶技术和软件算法等方面积累了丰富的经验。这些技术为其人形机器人 Optimus 的研发提供了坚实的基础。特斯拉在电动汽车领域的成功经验使其在品牌知名度和市场影响力方面具有显著优势，为其人形机器人业务的开展奠定了良好的基础。

2. 创新路径

特斯拉的人形机器人 Optimus 的创新路径主要包括以下几个方面。

- **汽车供应链复用**：特斯拉将其在电动汽车领域的电池技术、伺服电机等零部件应用于 Optimus，实现了供应链的复用。例如，Optimus 的电池组采用了与特斯拉汽车相似的高能量密度电池技术，提供了长续航和稳定的动力输出。同时，其伺服电机也来自汽车供应链，确保了 Optimus 的运动性能。
- **人形机器人研发**：特斯拉在 Optimus 的研发过程中，注重运动控制算法、感知技术和人工智能的应用。通过大量的实验和优化，特斯拉成功地使 Optimus 具备了灵活的运动能力和智能的交互功能。
- **工厂自用和 To C 销售**：特斯拉首先在自己的工厂内部使用 Optimus，进行物流搬运、设备维护等工作，以验证其性能和可靠性。在工厂自用的基础上，特斯拉逐步将 Optimus 推向消费市场，通过举办发布会、展示活动等方式，提高市场对 Optimus 的认知度和接受度。

3. 市场反馈

特斯拉 Optimus 在技术展示和市场预期管理方面取得了显著的成果。Optimus 的灵活运动和智能交互功能给市场留下了深刻的印象，引发了广泛的关注和讨论。然而，Optimus 也面临一些挑战和争议。一方面，市场对其技术适配性存在疑虑，担心其在复杂场景下的表现是否能够满足需求；另一方面，Optimus 的成本较高，限制了其大规模应用和普及。此外，市场竞争激烈，其他企业也在积极研发人形机器人，给特斯拉带来了不小的竞争压力。

（二）案例二：华为的人形机器人商业模式

1. 背景介绍

华为作为全球领先的通信和科技企业，在通信技术、人工智能和软件开发领域拥有深厚的技术积累。华为的盘古大模型、鸿蒙操作系统等技术为其人形机器人业务提供了强大的支持。同时，华为在消费电子市场的品牌影响力和市场份额也为其人形机器人的推广奠定了良好的基础。

2. 创新路径

华为的人形机器人商业模式有以下几种创新路径。

- **大模型、操作系统和代工生态的整合：**华为通过整合盘古大模型、鸿蒙操作系统和代工生态，构建了完整的人形机器人生态系统。盘古大模型为人形机器人提供了强大的语言理解和生成能力，使其能够与用户进行自然的对话和交互。鸿蒙操作系统则实现了人形机器人与其他智能设备的无缝连接和协同工作，提升了用户的使用体验。代工生态方面，华为与多家硬件厂商合作，共同研发和生产人形机器人零部件，确保了供应链的稳定和产品的质量。
- **具体措施：**华为在人形机器人研发过程中，注重算法优化和硬件设计的协同。通过大量的实验和测试，华为不断优化人形机器人的运动控制算法，提高其在复杂环境下的稳定性和灵活性。在硬件设计方面，华为采用了高性能的传感器和执行器，确保了人形机器人的感知和运动能力。

3. 市场反馈

华为在人形机器人领域的战略野心和市场布局引起了市场的广泛关注。华为的人形机器人生态系统为用户提供了更加全面和便捷的解决方案，增强了产品的竞争力。然而，华为也面临着一些竞争和合作机会。一方面，市场竞争激烈，其他企业也在积极布局人形机器人领域，给华为带来了不小的竞争压力。另一方面，华为与其他企业也存在合作的机会，共同推动人形机器人技术的发展和应用。

（三）案例三：宇树科技的人形机器人商业模式

1. 背景介绍

宇树科技在人形机器人硬件研发和制造方面具有显著的技术优势。其在人形机器人的关节设计、传感器集成和材料选择等方面拥有丰富的经验。宇树科技专注于消费级市场，致力于为消费者提供高性价比的人形机器人产品。

2. 创新路径

宇树科技的人形机器人商业模式创新路径主要包括以下几个方面。

- **极简主义产品设计**：宇树科技的 Unitree G1 采用了极简主义设计，去掉了许多复杂的功能模块，专注于基本的运动控制和简单的交互功能。这种设计使得 Unitree G1 的结构更加简单，生产成本大幅降低。
- **低成本定价策略**：通过极简主义设计和优化生产流程，宇树科技成功地将 Unitree G1 的定价降至 9.9 万元，极大地降低了消费者的购买门槛。
- **市场推广和用户反馈的循环优化**：宇树科技通过举办产品发布会、参加展会等方式，积极推广 Unitree G1。同时，宇树科技注重用户反馈，根据用户的需求和建议不断优化产品设计和功能。

3. 市场反馈

宇树人形机器人在市场普及方面取得了显著的成效。Unitree G1 以其高性价比和易用性，在教育、娱乐等领域得到了广泛应用，受到了消费者的喜爱和好评。然而，宇树人形机器人也面临着一些挑战。一方面，简化功能可能导致产品的适用范围有限，无法满足一些高端用户的需求。另一方面，市场竞争激烈，其他企业也在推出类似的产品，给宇树科技带来了不小的竞争压力。

三、前景与趋势

（一）市场增长预测

根据中商情报网的预测，全球人形机器人市场规模展现出强劲的增长势头。2024 年，全球人形机器人的市场规模是 34 亿美元。2025 年其市场规模有望达到 53 亿美元，2026 年有望扩大到 84 亿美元。到 2027 年，其市场规模预计将达到 131 亿美元。而到 2028 年，其市场规模有望达到 206 亿美元。这一系列数据不仅反映了人形机器人市场的快速发展，也预示着未来几年内该行业将迎来爆发式增长，潜力巨大，前景广阔，见图 7–4。

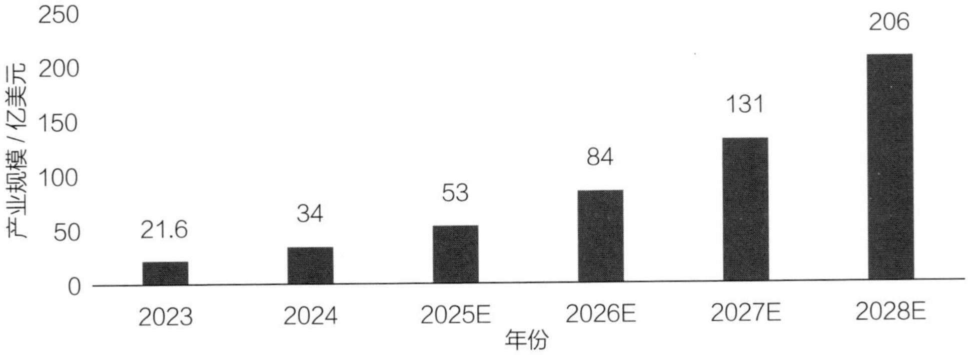

图 7–4　2023—2028 年全球人形机器人市场规模预测

资料来源：中商产业研究院《2025—2030 年中国人形机器人行业分析及发展前景研究预测报告》。

（二）技术发展方向

未来人形机器人技术的关键突破点主要包括人工智能、材料科学和能源技术的进步。人工智能技术的提升将使人形机器人具备更强的感知和交互能力。材料科学的发展将为人形机器人提供轻量化、高强度和耐用的材料，提升其运动性能和使用寿命。能源技术的创新将为人形机器人提供更高效、长续航的动力支持，见表 7–7。

表 7–7　未来人形机器人技术的关键突破点和对商业模式的影响

技术领域	关键突破点	对商业模式的影响
人工智能	多模态大模型、自然语言处理	提升用户交互体验，拓展应用场景
材料科学	轻量化、高强度材料	降低生产成本，提升产品性能
能源技术	高效电池、能源管理	延长续航时间，提高使用效率

（三）行业竞争格局演变

不同商业模式创新类型在行业竞争中各具优势和劣势。技术复用型创新能够降低研发成本、加速产品上市，但可能面临技术适配性问题。生态整合型创新能够提高产品协同性和用户黏性，但需要协调多方资源。产品简化型创新能够快速占领市场、扩大用户群体，但可能限制产品的适用范围，见表 7–8。

表 7–8　不同商业模式创新类型在行业竞争中的优劣势分析

商业模式创新类型	优势	劣势	企业案例
技术复用型创新	降低研发成本、加速产品上市	技术适配性问题	特斯拉
生态整合型创新	提高产品协同性和用户黏性	需要协调多方资源	华为
产品简化型创新	快速占领市场、扩大用户群体	产品适用范围有限	宇树

未来，随着技术的不断进步和市场的逐渐成熟，人形机器人行业可能会迎来市场整合和洗牌趋势。企业之间的竞争将更加激烈，只有不断创新和提升自身竞争力，才能在市场中脱颖而出。

四、小结

人形机器人的商业模式创新是实现其大规模应用和市场拓展的必由之路。通过技术复用、生态整合和产品简化等创新模式，企业能够有效降低成本、提升竞争力并满足不同市场需求。特斯拉、华为和宇树科技等企业的实践案例为我们展示了商业模式创新在人形机器人领域的巨大潜力和多种可能性。未来，随着技术的不断进步和市场的逐渐成熟，人形机器人的商业模式将更加多样化和精细化，推动整个行业迈向新的发展阶段，为人类社会带来更多变革和机遇。

参考文献

[1] 中国出海半导体网. 人形机器人行业研究：盘点国外人形机器人之波士顿动力 Atlas[EB/OL]. 2023-12-18[2025-06-23]. https://china.exportsemi.com/company-post/humanoid-robot-industry-research-an-inventory-of-boston-power-atlas-of-foreign-humanoid-robots/.

[2] 元宇宙之心. 估值 20 亿美元的 Figure AI 再创融资奇迹，科技巨头纷纷偏爱的机器人公司是何方神圣?[EB/OL]. 36 氪，2024-02-27[2025-06-23].

[3] 简单 AI. 中国人形机器人产业加速跑，未来有望成为千亿级市场[EB/OL]. 搜狐网，2025-02-21[2025-06-23]. https://www.sohu.com/a/861972735_121798711https://www.sohu.com/a/861972735_121798711

第四部分

政策、资本与社会挑战

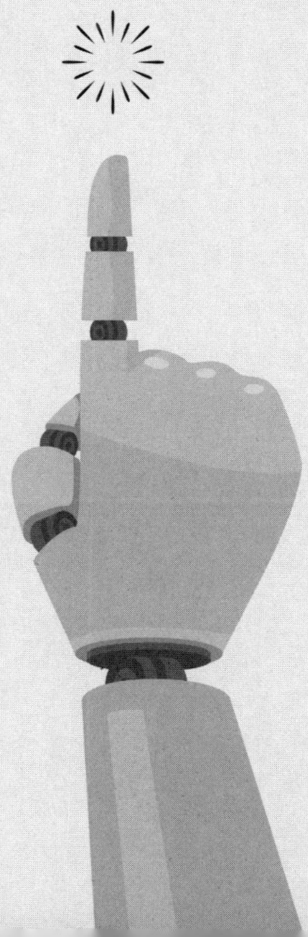

第8章 政策图谱与地缘博弈

第1节 全球政策对比

随着人形机器人技术成为引发新工业革命的重要力量，全球各国纷纷意识到这一领域所蕴含的巨大潜力和战略意义。在这场关乎未来科技主导权和经济格局重塑的竞赛中，不同国家和地区基于自身的技术优势、产业基础以及发展需求，纷纷出台了各具特色的政策来推动人形机器人的发展。从中国工业和信息化部的指导意见及地方产业集群的蓬勃发展，到美国 DARPA 的科研资助与人工智能伦理框架的构建，再到欧盟严格的安全标准与碳足迹监管，全球人形机器人政策呈现出多样化和复杂性的特征。本节将深入对比这些不同经济体的政策，分析其背后的逻辑与考量，以及这些政策在促进技术创新、产业培育以及市场规范等方面的成效与面临的挑战，旨在为全面理解全球人形机器人产业发展的政策环境提供清晰的图谱和深入的洞见。

一、中国政策分析

（一）国家层面的战略规划

1. 总体目标与战略定位

工业和信息化部在《关于推动人形机器人产业发展的指导意见》中明确提出，到2025年，我国人形机器人产业规模要突破500亿元，形成一批具有国际竞争力的骨干企业和产业集群，关键技术取得重大突破，产业生态基本完善。这一目标不仅体现了我国对人形机器人产业的高度战略定位，更是为整个行业的发展指明了方向。该指导意见还提出要将人形机器人产业作为智能制造、养老服务等领域的重点发展方向，推动我国从制造业大国向制造业强国转变。

2. 对行业创新的引导

为实现上述目标，该指导意见提出了一系列具体措施，包括加强核心技术研发、推动标准体系建设、培育壮大产业集群等。其中，核心技术研发方面，重点支持运动控制、感知交互、人工智能等关键技术的攻关与创新。通过财政补贴、税收优惠、科研项目支持等政策手段，引导企业加大研发投入，提高自主创新能力。这些措施的实施，将有力地促进人形机器人技术的快速发展，提升我国在全球产业竞争中的地位。

（二）地方政策的支持与协同

1. 广东省的政策实践

广东省作为我国人形机器人产业的重要基地之一，地方政府积极响应国家政策，出台了一系列支持措施。例如,《广东省人形机器人产业发展行动计划》提出，要打造珠三角人形机器人产业集群，通过资金扶持、税收优惠、人才培养与引进等政策手段，推动产业集聚发展。在资金扶持方面，设立专项产业基金，对重点项目和企业进行投资；在税收优惠方面，对符合条件的企业给予增值税、所得税等税收减免；在人才培养与引进方面，加强高校和职业院校相关专业建设，同时引进国内外高端人才。

2. 上海市的政策实践

上海市侧重于推动人形机器人在智能制造和服务领域的应用。《上海市推动人形机器人产业创新发展实施方案》提出，要建设人形机器人创新中心，开展关键技术攻关和应用示范；同时，鼓励企业开展国际合作，引进先进技术和人才。在资金支持上，对创新中心建设和重大项目给予财政补贴；在应用示范方面，优先在智能制造、养老服务等领域推广应用人形机器人产品。这些措施有效促进了人形机器人技术在上海的落地应用，推动了产业的发展。

（三）政策实施的成效与面临的挑战

1. 政策实施的成效

在国家和地方政策的双重推动下，我国人形机器人产业取得了显著成效。一方面，技术创新不断取得突破，如在运动控制算法、伺服电机等关键技术领域，部分企业已达到国际先进水平；另一方面，产业规模不断扩大，企业数量快速增长。据统计，2022 年我国人形机器人相关企业注册量同比增长超过 50%，产业集聚效应初步显现。这些成效表明，政策在推动产业发展方面发挥了积极作用。

2. 政策实施面临的挑战

政策实施面临着一些挑战。首先是政策细化和精准度不足，目前部分政策在具体实施过程中存在操作性不强、针对性不足的问题，导致一些企业难以充分享受到政策优惠。其次是跨部门协调难度大，人形机器人产业发展涉及多个部门，需要加强跨部门的协同配合。但目前在实际工作中，部门之间沟通协调机制尚不完善，一定程度上影响了政策的执行效果。此外，人才短缺问题突出，人形机器人领域对高端人才的需求旺盛，但目前国内人才培养体系尚不完善，人才供给与产业需求之间存在较大缺口。

（四）政策优化的建议与展望

为了进一步推动人形机器人产业的发展，需要在以下几个方面进行优化。首先是细化政策，提高政策的精准度和可操作性，针对不同类型的主体和项目，制定更加具体的政策措施。其次是加强跨部门协同，建立完善的跨部门协调机制，明确各部门的职责分工，形成工作合力。此外，还需加大人才培养力度，完善人才培养体系，加强高校和职业院校相关专业建设，同时鼓励企业与高校、科研机构合作开展人才培养项目，为产业发展提供充足的人才支撑。

展望未来，随着政策的不断优化和完善，我国人形机器人产业将继续保持快速发展态势。关键技术取得重大突破，产业生态基本完善。同时，在国家和地方政策的双重推动下，人形机器人将在更多领域得到广泛应用，为我国经济社会发展注入新的动力。

二、美国政策分析

（一）政府资助与科研推动

美国政府通过 DARPA 等机构在人形机器人领域投入大量资金，推动技术研发。DARPA 资助波士顿动力公司研发了多个代表性机器人，如 BigDog、LS3、

Sand Flea、PETMAN 和 ATLAS 等。这些项目推动了机器人在复杂地形行走、负载能力、静音技术和运动控制等方面的进步。例如，Sand Flea 机器人能够在战场上翻越障碍物，执行侦察任务，展示出了卓越的军事应用潜力，见表 8–1。

表 8-1　部分军用机器人及其应用

机器人名称	主要应用	特点
BigDog	物资运送	复杂地形行走、负载能力强
LS3	物资运送	静音能力好、体积庞大、负载能力更强
Sand Flea	侦察	跳跃翻越障碍物
PETMAN	化学防护服测试	直立行走、模拟士兵动作
ATLAS	多任务执行	驾驶车辆、穿越障碍、使用工具等

（二）伦理与安全监管框架

美国在人形机器人领域构建了较为完善的伦理与安全监管框架。2021 年，美国发布《联邦数据战略：数据伦理框架》，规范人工智能和数据处理。这一框架要求企业和研究机构在开发人形机器人时，确保数据收集、存储和使用的合法性，保护用户隐私和数据安全。例如，特斯拉在开发 Optimus 时，注重数据隐私保护，确保用户数据不被滥用。

（三）政策的市场影响

美国政策对本土人形机器人市场竞争格局和国际产业合作产生了深远影响。在本土市场，特斯拉的 Optimus 在政策支持下迅速发展。特斯拉通过与国内供应商合作，降低生产成本，提升市场竞争力。例如，与绿的谐波合作生产减速器，与三花和拓普合作开发其他零部件。在国际产业合作方面，美国与其他国家保持合作与竞争态势。波士顿动力的机器人技术在全球享有盛誉，其产品和研发成果对全球人形机器人产业产生了积极影响。然而，美国也面临着来自中国、欧盟等经济体的竞争压力。各经济体在技术研发、市场应用和政策支持等方面展开了激烈竞争，推动了全球人形机器人产业的快速发展。

（四）政策优化的方向

尽管美国在人形机器人领域取得了显著成就，但其政策仍需不断优化。首先，政府应进一步明确资助重点，提高科研项目的针对性和效率。其次，需要加强对企业的政策引导，鼓励企业加大研发投入，提高自主创新能力。此外，还需加强国际合作，共同制定行业标准和规则，促进全球人形机器人产业的健康发展。美国政策在人形机器人产业的发展中发挥了重要作用。通过政府资助推动技术创新，构建伦理与安全监管框架规范行业发展，并在全球市场竞争中保持优势地位。未来，美国应继续优化政策，加强国际合作，推动人形机器人技术的持续进步和产业的健康发展。

三、欧盟政策分析

人形机器人作为第四次工业革命的关键技术，欧盟在推动其安全与标准化建设、碳足迹监管与可持续发展，以及区域协同效应方面发挥了重要作用。通过分析欧盟在人形机器人领域的政策举措，有助于深入理解其对产业发展和市场规范的影响。

（一）安全与标准化建设

欧盟在人形机器人安全与标准化建设方面走在全球前列，其制定的一系列标准和认证体系对规范市场秩序、保障消费者权益和促进产业健康发展具有重要意义。

- **标准内容与严格程度：**欧盟制定的人形机器人安全标准框架全面且严格。例如,《人形机器人安全标准框架》对机器人稳定性、材料安全性、电气安全等均有详细规定。在稳定性方面，要求机器人在各种地形和操作条件下保持平衡，防止意外倾倒造成伤害；在材料安全性上，限制使用有害物质，确保接触材料无毒无害；在电气安全方面，规范布线、绝缘和过载保护，防止漏电和短路。这些标准的严格执行，保障了市场上人形机器人的安全性和可靠性。
- **对市场和消费者的影响：**欧盟的安全与标准化建设对市场和消费者的积极影响显著。一方面，规范市场秩序，提升产品质量，减少不合格产品带来的安全隐患，增强消费者对人形机器人产品的信任，促进市场良性发展。另一方面，保障消费者权益，确保使用过程中的安全性和隐私保护，提升消费体验。

（二）碳足迹监管与可持续发展

欧盟在人形机器人产业中积极实施碳足迹监管政策，推动企业在全生命周期内实现节能减排和可持续发展。

- **碳足迹监管政策：**欧盟的碳足迹监管政策要求人形机器人制造商评估和控制产品全生命周期的碳排放量，从原材料采购、生产制造、运输分销到使用和报废处理，每个环节都要测量和记录碳排放数据。企业需提交碳足迹报告，遵守严格限值，超标企业将面临罚款等措施。
- **对企业与市场的推动作用：**该政策推动企业走可持续发展道路，注重节能减排。企业通过采用环保材料、优化生产流程、使用可再生能源等措施，降低碳排放，提升可持续发展水平。这不仅有助于减少环境污染，还能提升企业的国际竞争力，符合消费者对环保产品的需求，促进人形机器人产业绿色转型和可持续发展。

（三）政策的区域协同效应

欧盟通过政策促进成员国在人形机器人产业的协同合作，实现资源共享和优势互补，推动区域产业整体发展。

- **“地平线 2020”计划推动合作**：欧盟的“地平线 2020”计划为人形机器人研发提供了资金支持和合作平台，促进了成员方之间的技术交流和资源共享。例如，在“人类大脑计划”中，德国、法国等成员方的科研机构和企业合作研究人形机器人的人工智能和神经网络技术，通过共享实验数据、技术成果和人才资源，加速了人形机器人技术的研发和创新。
- **成效与典型案例**：欧盟政策在促进区域协同效应方面取得了显著成效。例如，德国在机器人制造和自动化控制方面技术先进，法国在人工智能算法和应用方面有深入研究，意大利在机器人设计和创意方面独具特色。各国通过合作项目，充分发挥各自优势，共同开发出具有国际竞争力的人形机器人产品和技术。同时，政策支持下的合作项目也促进了人才交流和培养，推动了区域人形机器人产业的发展。

（四）政策的优化方向与未来展望

尽管欧盟在人形机器人政策方面取得了显著成效，但仍需根据技术发展和市场需求不断优化。未来，欧盟应加强政策宣传指导，简化项目申报流程，促进中小企业参与创新；强化数据隐私和安全保护，完善伦理审查机制，确保技术应用合法合规；同时，深化国际合作，共建标准体系，推动全球人形机器人产业可持续发展。欧盟政策在人形机器人产业的发展中发挥了重要作用。通过安全与标准化建设保障市场秩序和消费者权益，碳足迹监管推动企业可持续发展，区域协同效应促进成员国合作创新。未来，欧盟应继续优化政策，深化合作，推动人形机器人技术进步和产业发展。

四、其他经济体政策概览

（一）日本政策

1. 财政资金支持

日本经济产业省早在 2015 年就决定在未来 5 年内拨出 20 亿日元预算，补助研发新世代智能机器人。2023 年 7 月 28 日，日本再次宣布将向机器人和工具制造商提供高达 400 亿日元的补贴，以促进机器人产业的发展。这些资金主要用于支持机器人的研发、生产以及应用推广等环节，推动机器人在更多领域的普及和应用。

2. 税收优惠政策

日本为机器人制造企业提供了税收减免和加速折旧等优惠政策，以鼓励企业加大在人形机器人领域的研发投入和生产规模。这些政策涵盖了从研发费用的税收减免到购置设备的税收优惠，直接降低了企业的研发成本，提高了企业开展研发活动的积极性。同时，加速折旧政策允许企业在设备使用初期多计提折旧，减少应税所得，从而降低前期税收负担，使企业能够更快回收设备投资成本，加速技术更新换代。这些措施不仅为企业提供了更多的资金用于技术研发、市场拓展和人才培养，还推动了人形机器人产业的整体发展。

3. 科研项目推动

日本积极主导或参与了众多与人形机器人相关的科研项目，为其产业发展提供了强大的技术支持和人才保障。例如，日本资助的关于人形机器人人工智能算法优化的科研项目，吸引了东京大学、早稻田大学等高校的科研团队，以及索尼、本田等知名企业的研发力量参与。

4. 知识产权保护

日本完善的知识产权保护法律法规对人形机器人产业的发展产生了深远的积极影响。它激发了企业和科研机构的创新热情，使他们愿意投入更多资源进行技术研发，推动人形机器人技术不断突破。

（二）韩国政策

韩国政府在人形机器人领域也出台了一系列政策支持措施。例如，韩国产业通商资源部发布了《机器人产业振兴计划》，计划到 2027 年将韩国打造成全球机器人产业强国。该计划提出，将重点支持人形机器人在医疗、养老、教育等领域的应用，同时加大对机器人研发的投入，推动机器人技术的创新和发展。

（三）加拿大政策

加拿大政府在人形机器人领域也给予了一定的政策支持。例如，加拿大创新科学与经济发展部设立了专项基金，用于支持人形机器人相关的研发项目。这些资金主要支持机器人在人工智能、运动控制等关键技术方面的研究，推动人形机器人技术的进步。

（四）政策对比与影响

1. 政策对比

与中、美、欧政策相比，日本、韩国和加拿大在人形机器人领域的政策各有特点。日本政策更加注重技术研发和产业培育，通过财政资金支持、税收优惠和科研项目推动等方式，促进人形机器人技术的创新和发展。韩国政策则更加关注机器人在民生领域的应用，推动机器人在医疗、养老、教育等领域的普及。加拿大政策则侧重于支持机器人技术的研发，通过专项基金等方式，推动机器人在人工智能等关键技术方面的突破。

2. 对全球人形机器人产业格局的影响

这些国家的政策对全球人形机器人产业格局产生了重要影响。一方面，日本、韩国和加拿大在人形机器人领域的政策支持，促进了本国机器人产业的发展，提升了本国在全球人形机器人产业中的竞争力。例如，日本通过政策支持，成功培育了一批具有国际竞争力的机器人企业，如本田、索尼等。另一方面，这些国家的政策也促进了全球人形机器人技术的交流与合作，推动了全球人形机器人产业的发展。例如，日本与欧美国家在机器人技术方面的合作，促进了机器人技术的共享与创新。

（五）未来展望与挑战

尽管日本、韩国和加拿大在人形机器人领域取得了一定的政策成效，但也面临一些挑战。例如，如何进一步加大对人形机器人产业的支持力度，如何加强国际政策协调与合作，如何应对机器人技术快速发展带来的伦理和安全问题等。未来，这些国家需要继续优化政策，加强合作，共同推动全球人形机器人产业的可持续发展。

五、全球政策对比与总结

（一）政策目标对比

- **中国：**政策目标是快速提升技术创新能力，构建安全可靠的产业链供应链体系，形成具有国际竞争力的产业生态，使其综合实力达到世界先进水平。例如,《人形机器人创新发展指导意见》提出到 2027 年培育产业链上下游核心企业不少于 50 家，形成产品不少于 50 款等目标，旨在通过政策引导推动产业规模发展和技术突破，以在全球市场中占据重要地位。

- **美国**：美国政策侧重于通过政府资助和监管框架维持其在人形机器人领域的技术领先地位。DARPA 等机构资助波士顿动力等公司的研发项目，推动机器人技术在军事和商业领域的应用，确保美国在人工智能和机器人技术前沿的地位。同时，其构建的伦理与安全监管框架旨在规范企业研发行为，保障技术应用的合法性和安全性，以防范潜在风险。
- **欧盟**：欧盟的政策目标集中在规范市场秩序、保障消费者权益和促进产业健康发展方面。通过制定严格的安全标准和认证体系，确保市场上人形机器人的安全性和可靠性，提升消费者对产品的信任度。此外，实施碳足迹监管政策，推动企业在设计、生产和使用环节注重节能减排，实现可持续发展目标，引领全球机器人产业向绿色、可持续方向发展。
- **日本**：日本政策延续了对经典人形机器人项目的支持方式，并在后 ASIMO 时代调整政策导向。其早期对本田 ASIMO 等项目给予财政资金支持、税收优惠和科研项目推动，促进了人形机器人技术研发。如今，新的政策导向侧重于培育新兴企业和创新技术，如对小型机器人制造企业提供低息贷款等，以推动人形机器人产业的多元化和可持续发展。
- **韩国**：韩国通过制定《智能机器人法》等法律法规，明确产业政策制定的会商体系，推动人形机器人的开发及普及。韩国设立机器人产业政策审议会，组织各中央机关和相关部门共同商讨产业发展计划，并推动计划的实施和监督，力求在医疗、养老、教育等领域实现人形机器人的广泛应用，提升本国产业竞争力。

（二）政策手段对比

- **资金支持**：中国通过工业和信息化部等多部门联合发布指导意见，各地积极响应并出台相关政策，共同推动人形机器人产业加速发展。如北京、上海、深圳等地均出台了行动方案或发展规划，明确了时间节点和具体目标，有力地推动了产业聚集和创新发展。美国主要依赖政府资助与科研推动，DARPA 等机构为高校、科研机构和企业提供资金支持，推动人形机器人技术研发。例如，资助波士顿动力公司开发多款代表性机器人，提升美国在该领域的技术水平和竞争力。欧盟实施碳足迹监管与可持续发展政策，要求企业评估和控制人形机器人全生命周期的碳排放，通过补贴等措施鼓励企业采用环保技术和材料，推动产业绿色发展。同时，欧盟通过“地平线 2020”计划等项目促进成员国间的人形机器人研发合作。日本则对人形机器人产业给予财政资金支持、税收减免和加速折旧等优惠政策，主导或参与众多人形机器人相关科研项目，为产业发展提供技术支持和人才保障。韩国政府通过产业通商资源部等多部门协同，制订机器人产业政策五年基本计划，并按年度提交执行情况和行动计划，确保产业政策的实施和监督得到有效落实。
- **科研资助**：中国在政策密集出台的同时，各地纷纷出台支持人形机器人发展的政策文件，制定了发展路径及相应保障措施，以推动人形机器人产业创新发展，实现产业聚集，抢占人形机器人产业化机遇。例如，浙江、安徽、山东等省份相继出台人形机器人产业发展三年行动计划。美国政府资助的科研项目聚焦于人形机器人的人工智能算法优化、运动控制技术研发等，吸引了高校和企业的科研团队参与，推动了机器人技术的创新和进步。这些资助项目促进了机器人在复杂环境下的自主决策、行动规划等能力的提升，为美国人形机器人产业的发展提供了坚实的技术支撑。欧盟的资金支持主要体现在对科研项目的资助上，例如通过“地平线 2020”计划等人形机器人研发项目，为成员国的科研团队提供资金支持，促进技术研发、产业链整合和市场拓展方面的合作。日本积极主导或参与的科研项目，为人形机器人产业发展提供了强大的技术支持和人才保障。这些项目涉及机器人的运动控制、感知交互、人工智能等关键技术领域，通过产学研合作，加速了机器人技术的创新和应用。

- **税收优惠**：中国为推动人形机器人产业发展，出台了一系列税收优惠政策。例如，对符合条件的企业给予增值税、所得税等税收减免，有效降低了企业的运营成本，提高了企业的赢利能力和市场竞争力。这些政策鼓励了企业加大研发投入，推动了技术创新和产业升级，促进了人形机器人产业的快速发展。日本为机器人制造企业提供了税收减免和加速折旧等优惠政策，降低了企业的研发成本和资金压力，促进了人形机器人技术的创新和发展。
- **监管措施**：中国通过政策引导和监管规范市场秩序，如制定相关标准和规范，加强对人形机器人生产、销售和应用的监管，保障市场公平竞争和消费者的合法权益。同时，推动行业自律，引导企业遵守法律法规和行业规范，加强知识产权保护，营造良好的产业发展环境。美国构建了伦理与安全监管框架，对与人形机器人相关的 AI 伦理、数据安全和隐私保护进行监管。这一框架要求企业在研发和应用过程中遵守相关规定，保护用户数据安全和隐私，防范技术滥用带来的风险，引导市场预期，为产业发展营造了良好的社会环境。

（三）政策影响对比

- **中国**：中国政策在推动人形机器人技术研发、企业成长和市场拓展方面的成效显著。技术创新不断取得突破，产业规模不断扩大，企业数量快速增长。同时，政策促进了人形机器人在工业、服务、特种等领域的应用，如工业领域的生产制造、物流搬运，服务领域的医疗护理、教育娱乐，以及特种领域的危险作业和抢险救灾等。中国政策通过与韩国、日本、欧盟等经济体的合作与交流，促进了国际人形机器人产业的技术合作和市场拓展，提升了中国在全球人形机器人产业中的影响力。

- **美国：**美国政策促进了本土人形机器人市场的竞争和创新。特斯拉在政策环境下积极发展人形机器人，其 Optimus 机器人取得了一定的进展。美国与日本、韩国等国家在人形机器人领域保持合作与竞争态势，共同推动技术进步和产业发展。
- **欧盟：**欧盟政策规范了市场秩序，保障了消费者权益，促进了产业健康发展，推动了人形机器人在欧盟境内的广泛应用和市场推广，同时也促进了欧盟在全球人形机器人产业中的地位提升。欧盟的安全与标准化建设和碳足迹监管政策为全球人形机器人产业提供了可持续发展的示范和参考。
- **日本：**日本政策推动了人形机器人产业的技术创新和市场推广。本田、索尼等企业的人形机器人产品在世界范围内具有一定的影响力，技术上不断取得突破。日本也在与其他经济体进行合作交流，共同推动人形机器人技术的发展。
- **韩国：**韩国政策促进了人形机器人在医疗、养老、教育等领域的应用，推动了本国产业竞争力的提升，并为全球人形机器人产业发展提供了新的思路和方法。

全球人形机器人产业在各经济体政策的推动下呈现出蓬勃发展的态势。中国、美国、欧盟、日本、韩国等经济体的政策在目标、手段和影响等方面各有特点。中国政策在产业生态建设、美国政策在技术引领、欧盟政策在标准化和可持续发展、日本政策在技术研发和市场推广、韩国政策在应用推广等方面都有值得借鉴的经验。在未来的发展中，各经济体应继续加强合作与交流，共同应对人形机器人技术发展带来的挑战和机遇，推动全球人形机器人产业的可持续发展。同时，企业应关注各经济体政策动态，合理利用政策资源，加强技术创新和市场拓展，以在全球人形机器人产业中占据有利地位。

六、小结

通过对全球主要经济体人形机器人政策的深入对比分析可以发现，各国政策在目标定位、实施手段以及侧重点上均存在显著差异，但都紧紧围绕着如何最大限度地发挥自身优势、弥补短板并抢占全球人形机器人产业的制高点而展开。中国的政策体系以其强大的战略规划能力和资源整合优势，在推动产业快速发展和技术创新方面取得了令人瞩目的成绩，但也面临着如何进一步细化政策、加强跨部门协同等挑战。美国则凭借其在人工智能和机器人研发领域的深厚积累，通过政府资助和伦理监管等手段，致力于保持其在全球人形机器人技术前沿的地位，然而在如何平衡技术创新与伦理风险方面仍需不断探索。欧盟以其在标准化和可持续发展领域的丰富经验，为人形机器人产业制定了严格的安全和环保标准，为全球产业的规范发展提供了重要参考，但在一定程度上也可能对创新速度产生一定的影响。展望未来，随着全球人形机器人产业的持续发展和国际竞争的日益激烈，各经济体政策也将不断演进和调整，以适应技术变革和市场变化的新趋势，而深入理解和把握这些政策的动态变化，对于企业和研究机构在制定发展战略、开展国际合作以及推动全球人形机器人产业健康可持续发展等方面都具有极为重要的意义。

第 2 节
资本逻辑与投融资热潮

在 2024 年，人形机器人领域的投融资成了科技与商业交汇的焦点。从 Figure AI 的 6.75 亿美元融资到宇树科技等企业的资本涌入，这一现象揭示了资本对人形机器人市场的高度关注与期待。人形机器人不再仅仅是科幻作品中的想象，如今正逐步走进现实，成为全球科技竞赛和产业变革的重要参与者。而资本逻辑作为推动这一进程的关键力量，深刻影响着人形机器人的技术研发、市场拓展和全球格局的塑造，其背后所蕴含的投资热点、产业推动以及地缘战略考量等多方面因素，值得我们深入剖析与探讨。

一、资本入局概况

（一）全球

近年来，全球对人形机器人的投资呈现出显著增长的趋势。图 8-1 数据显示，从 2020 年到 2024 年（截至 2 月 27 日），投资金额从 3.08 亿美元增长到 7.75 亿美元，显示出投资者对人形机器人领域的高度关注和信心。

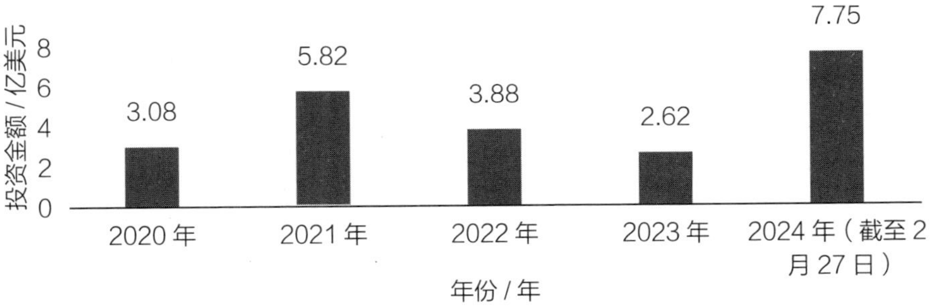

图 8-1　2020—2024 年全球人形机器人投资金额

资料来源：CBInsights.

2021 年，投资金额达到 5.82 亿美元，较 2020 年增长了 89%，显示出市场对人形机器人的兴趣和需求在迅速增加。尽管 2022 年和 2023 年投资金额有所下降，分别为 3.88 亿美元和 2.62 亿美元，但 2024 年的数据表明，投资者对人形机器人的热情依然高涨，投资金额再次大幅上升。

这种投资热潮反映了全球对人形机器人在各个领域的应用潜力的认可，

包括医疗、教育、服务和娱乐等领域。随着技术的不断进步和应用场景的扩展，人形机器人有望在未来发挥更大的作用，推动相关产业的发展和创新。投资者的积极态度和持续投入，将进一步推动这一领域的研究和商业化进程，为全球经济带来新的增长点。

（二）中国

中国对人形机器人的投资热情在 2023 年和 2024 年持续高涨，投资数据表明这一领域的吸引力正在不断增强。图 8-2 数据显示，2023 年融资总金额达到 54.05 亿元，而 2024 年这一数字略有下降至 50.95 亿元，但整体仍保持在较高水平。这表明尽管市场环境可能存在波动，但投资者对人形机器人的长期发展潜力依然充满信心。在投资公司数量方面，2023 年有 24 家公司参与投资，而 2024 年这一数字显著增加至 40 家，显示出更多的企业和资本开始关注并进入这一领域。此外，投资方出手次数也从 2023 年的 30 次增加到 2024 年的 56 次，这一显著增长进一步证明了人形机器人赛道的活跃度和吸引力。

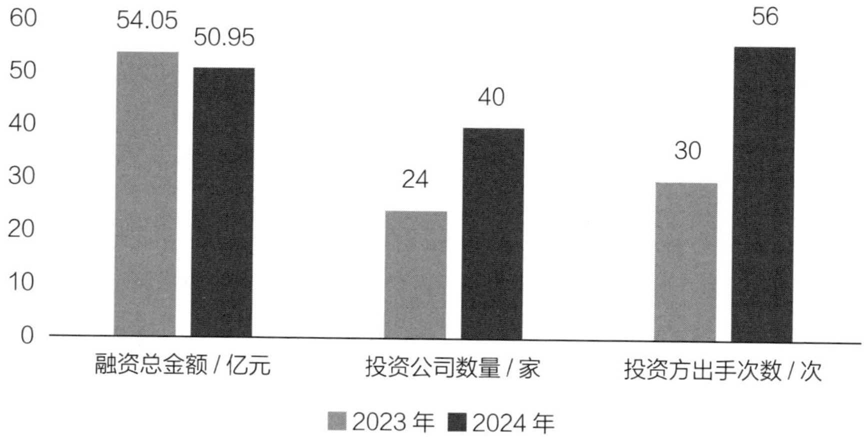

图 8-2　2023—2024 中国人形机器人赛道投资数据

资料来源：IT 桔子。

这种投资热潮不仅反映了中国在人形机器人科技创新和产业升级方面的战略布局，也显示了市场对人形机器人在医疗、教育、服务等多个领域的应用前景的高度期待。随着技术的不断进步和应用场景的扩展，人形机器人有望在未来发挥更大的作用，推动相关产业的发展和创新。投资者的积极态度和持续投入，将进一步推动这一领域的研究和商业化进程，为中国乃至全球经济带来新的增长点。

二、投资热点分析

（一）硬件领域投资聚焦点

人形机器人的硬件领域正成为资本关注的焦点，尤其是在执行器、感知系统和轻量化材料等关键技术环节。例如，行星滚柱丝杠作为线性关节的核心传动部件，其产能瓶颈较为突出。

减速器与电机领域也在加速国产化。谐波减速器（如绿的谐波）、行星减速器（如双环传动）、无框力矩电机（如禾川科技）等国产化率不断提升，成本较进口降低 30%。

在感知系统方面，视觉（如奥普特）、力觉（如柯力传感）传感器需求爆发，国产技术突破推动单价下降，见表 8–2。

表 8–2　硬件部件领域的投资亮点

硬件部件	投资亮点
行星滚柱丝杠	高精度、高价值，国产替代加速，产能扩张
谐波减速器	国产化率提升，成本降低，技术成熟度提高
无框力矩电机	关键驱动部件，性能提升，应用范围扩大
六维力觉传感器	精准感知，需求增长，技术突破推动价格下降

（二）软件与算法投资方向

软件与算法是提升人形机器人智能水平和运动能力的关键。多模态大模型和运动控制算法是当前投资的热点。例如，Figure AI 发布的 Helix 模型是首款能对整个人形机器人上半身进行高频率、连续控制的视觉–语言–动作通用具身智能模型。通过直接将视觉语言模型中捕获的丰富语义知识转化为机器人动作，克服了人形机器人领域的多个长期挑战。

小脑技术的突破也值得关注。运动控制算法正从模型驱动转向数据驱动，宇树科技、优必选等企业通过大量的实训数据采集和优化，令人形机器人的任务成功率持续提升，见表 8–3。

表 8–3　软件与算法方向的投资亮点

软件与算法领域	投资亮点
多模态大模型	提升机器人理解和执行能力，推动应用场景拓展
运动控制算法	数据驱动优化，提升任务成功率和运动稳定性
视觉–语言–动作模型	高频率、连续控制，提升响应速度和场景适应性

硬件领域的投资聚焦于核心零部件的国产化和产能提升，而软件与算法领域的投资则侧重于通过 AI 技术提升机器人的智能化水平。两者相辅相成，共同推动人形机器人产业的快速发展。

三、资本逻辑剖析

（一）硬件确定性带来的投资吸引力

1. 硬件技术的确定性路径

- **行星滚柱丝杠**：单台人形机器人需要 10~14 个行星滚柱丝杠，其价值量占关节模组的 20%、整机的 5%~8%。由于制造工艺复杂，市场份额长期被瑞士 GSA、Rollvis 与德国 Rexroth 等企业主导。然而，国产厂商如杭州新剑机电传动股份有限公司和宁波震裕科技股份有限公司等已经开始加速扩产。

- **谐波减速器**：谐波减速器是人形机器人关节中的关键部件，国产化率不断提升。绿的谐波等企业在这一领域取得了显著进展。
- **无框力矩电机**：无框力矩电机作为关键驱动部件，性能不断提升，应用范围扩大。禾川科技等企业在这一领域表现突出。

2. 市场需求的确定性

- **工业制造**：汽车工厂（如特斯拉的搬运、焊接）和 3C 电子（精密装配）等领域对人形机器人的需求明确。
- **服务与家庭**：养老陪护、家庭清洁等需求明确，但需要解决安全性、成本等问题。

3. 硬件技术的突破对产业发展的基础性作用

硬件技术的突破为人形机器人的大规模应用提供了基础。例如，行星滚柱丝杠和谐波减速器的国产替代加速，降低了成本，提高了供应链的稳定性。同时，硬件性能的提升（如六维力觉传感器的精准感知）使人形机器人能够更好地适应复杂环境，提升应用范围和市场潜力。

（二）软件发展面临的挑战与投资风险

1. 技术瓶颈

- **泛化能力不足**：当前的软件与算法在面对长尾场景和复杂动态环境时泛化能力不足，限制了人形机器人的实际应用范围。例如，Figure AI 发布的 Helix 模型虽然在视觉–语言–动作通用具身智能方面取得了突破，但仍需要大量训练数据来提升泛化能力。

- **实时性挑战：**运动控制算法在实时性方面存在挑战，特别是在高频率、连续控制方面。例如，特斯拉的 Optimus 在实现高频率的连续控制时，需要解决视觉语言模型“通用，但不快速”和机器人视觉运动策略“快速，但不通用”的矛盾。

2. 投资风险

- **技术迭代风险：**软件技术的快速迭代可能使当前的投资迅速贬值。例如，AI 大模型的快速发展可能使现有的软件算法迅速过时。
- **市场需求不确定性：**软件与算法的市场需求不确定，特别是在家庭和教育等消费级市场，需要等待成本下降和应用场景的进一步拓展。

3. 资本的谨慎态度

由于软件与算法领域的不确定性和高风险，资本在这一领域的投资更加谨慎。投资者更倾向于选择具有核心竞争力和明确市场定位的企业进行投资。例如，Figure AI 在自主研发端到端 AI 模型时，需要大量资金投入研发，但其市场前景和赢利能力仍存在不确定性，见表 8-4。

表 8-4　硬件与软件投资对比

领域	硬件	软件
技术路径	相对确定，如行星滚柱丝杠、谐波减速器等核心部件的技术路线明确	不确定，如 AI 大模型、运动控制算法等技术路线仍在探索中
市场需求	确定性强，如工业制造、服务与家庭等领域的需求明确	不确定性强，如家庭和教育等消费级市场的需求释放需要等待成本下降和技术成熟
投资风险	相对较低，硬件技术的稳定性和市场需求的确定性提供了较好的投资回报保障	较高，技术迭代快和市场需求不确定增加了投资风险
代表企业	杭州新剑机电传动股份有限公司、绿的谐波、禾川科技等	Figure AI、特斯拉、优必选等

硬件领域的确定性发展路径和明确的市场需求吸引了大量资本的投入，为整个人形机器人产业的发展提供了坚实的基础。而软件与算法领域的技术瓶颈和市场需求不确定性则增加了投资的风险，要求资本更加谨慎地选择投资标的。这种硬件与软件领域的投资差异，反映了资本在人形机器人领域的不同逻辑和策略。

四、投融资热潮背后的产业推动

（一）技术突破引发资本关注

1. AI 大模型与硬件制造工艺的突破

AI 大模型的发展使人形机器人能够更好地理解和执行人类指令。例如，Figure AI 发布的 Helix 模型是首款能对整个人形机器人上半身进行高频率、连续控制的视觉-语言-动作通用具身智能模型。硬件制造工艺的进步同样关键，行星滚柱丝杠等核心部件的制造工艺不断优化，推动了人形机器人的商业化应用。

2. 技术突破吸引资本

AI 大模型和硬件制造工艺的突破吸引了大量资本涌入人形机器人领域。AI 大模型的发展使人形机器人能够更好地理解和执行人类指令，提升其智能水平和运动能力。硬件制造工艺的进步则降低了生产成本，提高了生产效率，使人形机器人的大规模应用成为可能。

（二）市场需求与潜力激发投资热情

1. 制造业的需求增长

人形机器人在制造业的应用越来越广泛，特别是在汽车制造和 3C 电子领域。例如，特斯拉的 Optimus 在汽车制造中用于搬运、焊接等工序，显著提高了生产效率。

2. 服务业和家庭的需求潜力

人形机器人在服务业和家庭领域的应用潜力巨大。在服务业，人形机器人可以用于养老陪护、医疗康复等场景。在家庭，人形机器人可以用于家庭清洁、教育娱乐等。据预测，未来全球人形机器人市场规模将达到数万亿美元。

3. 市场需求激发投资热情

人形机器人在制造业、服务业和家庭领域的应用潜力激发了资本的投资热情。制造业对人形机器人的需求明确，服务业和家庭领域的市场潜力巨大，吸引了大量资本投入，推动了人形机器人产业的快速发展。

五、投资背后的地缘战略考量

（一）各经济体资本投资偏好与国家竞争力塑造

美国的资本投资更侧重于人形机器人的核心技术研发和应用生态构建。例如，特斯拉的 Optimus 在汽车制造中用于搬运、焊接等工序，显著提高了生产效率。中国则更注重硬件制造和技术整合能力的提升，宇树科技等企业在执行器、感知系统等硬件领域的投资和发展，推动了中国在人形机器人产业链上游的关键零部件制造能力的提升。日欧的资本投资则更加注重技术标准和规范的制定，通过参与国际标准的制定，为其在全球市场上获取更多的市场份额和竞争优势奠定基础，见表 8-5。

表 8-5 各经济体资本投资偏好与战略考量分析

经济体	投资偏好	代表企业	战略考量
美国	核心技术研发、应用生态构建	特斯拉、Figure AI	技术领先、产业链高端控制
中国	硬件制造、技术整合	宇树科技、绿的谐波	产业升级、硬件制造能力提升
日欧	技术标准制定、规范制定	本田、英伟达	技术标准制定、市场份额争夺

（二）产业链构建与地缘政治关联

人形机器人产业链的构建与地缘政治因素相互交织。美国凭借其在软件和算法领域的技术优势，占据了产业链的高端环节，通过技术输出和专利授权等方式获取高额利润，同时也对其他经济体的技术发展形成一定的制约。中国则利用其在硬件制造和市场规模方面的优势，通过大规模的投资和产业扶持政策，加快产业链的完善和升级。日欧通过制定严格的技术标准和环保要求，构建起相对独立的产业链体系，既保障了自身的产业利益，又对全球产业链的发展方向产生了重要影响，见表 8-6。

表 8-6 产业链环节构建与地缘政治关联

经济体	产业链环节	优势领域	地缘政治影响
美国	软件和算法、高端零部件	AI 算法、软件开发	技术输出、专利授权、产业链高端控制
中国	硬件制造、零部件供应	执行器、感知系统	产业升级、硬件制造能力提升
日欧	技术标准制定、环保要求	技术标准、环保规范	技术标准制定、市场份额争夺

所以，人形机器人领域的投资背后，是各经济体在科技竞争、产业升级和地缘战略方面的深谋远虑。美国通过核心技术研发和应用生态构建，保持其在全球产业链的领先地位。中国则通过硬件制造和技术整合，提升自身的产业竞争力。日欧通过技术标准和规范的制定，保障其在全球市场上的利益。这种投资偏好和产业链布局，反映了各国在人形机器人领域的战略考量

和地缘政治博弈。

六、小结

人形机器人领域的资本逻辑与投融资热潮，是技术突破、市场需求和地缘战略等多种因素交织下的复杂现象。2024 年的融资盛况及投资热点，反映了全球资本对这一新兴领域的敏锐嗅觉和巨大热情，推动着人形机器人产业在硬件创新、软件优化等方面不断前行。不同经济体的投资偏好与战略考量，也在塑造着全球人形机器人产业的独特版图，影响着未来的技术走向和市场格局。然而，这一领域的发展仍面临诸多挑战，如软件算法的瓶颈、伦理争议等。如何在资本的推动下跨越这些障碍，实现人形机器人技术与产业的可持续发展，是我们需要持续关注和思考的问题。而过往的投融资经验与教训也将为人形机器人产业未来的发展提供宝贵的借鉴，人形机器人产业在资本的助力下，正朝着充满机遇与挑战的未来迈向新的征程。

第 6 章 社会挑战与未来展望

第 1 节 技术瓶颈

尽管全球范围内投入了大量的人力、物力和财力进行研发，但技术层面的诸多难题依然困扰着人形机器人的进一步突破。小脑算法的泛化能力有限以及对长尾场景的应对乏力，正制约着人形机器人从实验室走向千家万户、从概念走向大规模商业化落地。本节将深入剖析这些关键技术瓶颈，揭示其背后的复杂成因，探讨它们对人形机器人发展的深远影响。

一、小脑算法泛化能力不足

（一）动态平衡难题

在复杂地形和突发状况下，人形机器人难以维持动态平衡。例如，在颠簸路面、斜坡或受到外力干扰时，现有算法的局限性导致其无法像人类一样迅速调整姿态。以下是具体分析，见表 9-1。

表 9-1　动态平衡难题的场景分析

场景	问题描述	现有算法表现	人类表现
颠簸路面	地面不平整，机器人步态不稳	现有算法难以实时调整步态，可能导致摔倒	人类通过视觉、听觉和触觉感知，快速调整步态，保持平衡
斜坡	上坡或下坡时重心偏移	算法在调整重心时反应较慢，容易失去平衡	人类通过调整身体姿态，快速找到平衡点
外力干扰	突然受到外力冲击，如被人推挤	算法难以迅速调整，可能导致失去平衡	人类通过肌肉反应和神经调节，迅速调整姿态，保持平衡

（二）运动控制精准度欠缺

在进行精细操作时，如穿针引线、书写绘画等，运动控制算法无法实现高度精准的动作控制，与人类灵活的手眼协调能力存在差距。以下是具体场景分析，见表 9-2。

表 9-2　运动控制精准度欠缺的场景分析

场景	问题描述	现有算法表现	人类表现
穿针引线	需要高精度的手眼协调	算法在控制手指和眼睛的协同动作时存在滞后，成功率较低	人类通过视觉和触觉反馈，快速调整手指动作，完成任务
书写绘画	需要精确的笔画控制	算法在控制笔画的力度和方向时不够精准，作品缺乏流畅性和自然度	人类通过手腕和手指的精细控制，完成流畅的笔画

（三）案例分析

以下是一些实际测试或应用场景中，因小脑算法泛化能力不足而导致机器人任务失败的典型案例。

1. 案例一：波士顿动力机器人 Atlas 在灾难救援模拟中的表现

在 2019 年的一次灾难救援模拟测试中，波士顿动力的 Atlas 机器人在通过一片废墟时，遇到了不规则的石块和碎片。尽管机器人能够识别这些障碍物，但在尝试跨越时，由于动态平衡算法的局限性，机器人在一步失误后无法迅速调整姿态，最终摔倒在地，任务失败。

- **原因分析**：机器人 Atlas 在面对复杂地形时，其动态平衡算法无法实时调整步态，导致在不规则地形上的移动困难。此外，机器人的运动控制算法在精细调整方面也存在不足，无法像人类一样灵活应对突发状况。
- **影响**：这次任务失败暴露了机器人 Atlas 在实际应用中的技术瓶颈，尤其是在动态平衡和运动控制方面的不足，限制了其在灾难救援等高风险场景中的应用。

2. 案例二：特斯拉机器人 Optimus 在工厂测试中的表现

在特斯拉的工厂测试中，机器人 Optimus 被要求进行精细的零部件组装任务。尽管机器人 Optimus 在视觉识别和路径规划方面表现出色，但在实际操作中，由于运动控制算法的精准度欠缺，机器人 Optimus 在进行小零件的抓取和安装时，出现了多次失误，导致任务完成率较低。

- **原因分析**：Optimus 机器人的运动控制算法在精细操作方面存在不足，无法像人类一样灵活调整手指的动作力度和方向。此外，机器人 Optimus 的小脑算法在多模态交互方面也存在一定的局限性，无法充分利用视觉和触觉反馈来提高操作的精准度。
- **影响**：这次测试结果表明，机器人 Optimus 在精细操作方面的技术瓶颈限制了其在制造业等领域的应用，需要进一步改进小脑算法和运动控制算法，以提高任务完成率和可靠性。

综上所述，小脑算法泛化能力不足是当前人形机器人发展中的一个重要技术瓶颈。通过深入分析其在动态平衡和运动控制方面的不足，并结合实际案例，我们可以看到这一问题对机器人在实际应用中的深远影响。未来，需要全球科研力量的协同合作，不断进行技术创新和突破，以解决这些技术难题，推动人形机器人的广泛应用和商业化落地。

二、长尾场景应对能力有限

（一）复杂环境感知瓶颈

在极端天气条件下（如浓雾、暴雨、风雪等）、狭小空间或混乱场景中，机器人感知系统存在显著不足。以下是具体场景分析，见表 9-3。

表 9-3　复杂环境感知瓶颈的场景分析

场景	问题描述	现有感知系统表现	人类感知能力
浓雾	视觉传感器受雾气干扰，难以准确识别障碍物和路径	雷达和激光雷达在雾中性能下降，图像识别准确率降低	人类通过视觉和听觉结合，能够在一定程度上适应浓雾环境
暴雨	雨滴影响视觉和听觉传感器，导致信息获取不准确	摄像头镜头模糊，麦克风受到雨声干扰，传感器数据质量下降	人类通过视觉、听觉和触觉综合感知，能够在暴雨中保持一定的行动能力
风雪	雪粒和强风影响传感器性能，增加环境感知难度	激光雷达和视觉传感器在风雪中容易失灵，难以准确测量距离和识别物体	人类通过视觉和触觉反馈，能够在风雪中调整行动策略
狭小空间	机器人难以在有限空间内进行有效感知和行动	传感器在狭小空间中受到限制，难以全面感知周围环境	人类通过灵活的身体姿态和感知能力，能够在狭小空间内完成任务
混乱场景	大量障碍物和复杂环境信息导致传感器数据混乱	机器人难以从大量数据中提取有用信息，导致行动迟缓或错误	人类通过经验、视觉和触觉感知，能够在混乱场景中快速作出判断和反应

（二）任务适应性差

当面对一些低频率但关键的任务场景时，如灾难救援现场寻找幸存者、特殊工业环境下的设备维修等，机器人因技术瓶颈难以快速适应并完成任务。以下是具体场景分析，见表 9-4。

表 9-4　任务适应性差的场景分析

场景	问题描述	现有机器人表现	人类表现
灾难救援	机器人难以在复杂地形和极端环境中寻找幸存者	运动控制算法在不规则地形上表现不佳，感知系统无法准确识别幸存者的位置	人类通过经验、直觉和多感官协同，能够在复杂环境中找到幸存者
工业维修	机器人在面对复杂设备故障时，难以快速理解并执行维修任务	缺乏对新任务的理解和规划能力，无法灵活调整动作和策略	人类通过知识和经验，能够快速判断故障原因并制定维修方案

（三）数据稀缺与训练困境

长尾场景的数据获取难度较大，导致模型在这些场景上的训练不充分，进而影响机器人在实际应用中对长尾场景的应对能力。以下是具体场景分析，见表 9-5。

表 9-5　数据稀缺与训练困境的场景分析

问题	描述	解决方案	挑战
数据稀缺	长尾场景数据获取难度大，成本高，导致训练数据不足	数据增强技术，如生成式对抗网络（GAN）来扩增数据	生成数据的真实性和多样性难以保证，可能引入偏差
专业标注困难	长尾场景数据标注需要专业知识和精细操作，进一步限制数据规模	自动标注工具和半监督学习方法	自动标注的准确性较低，需要人工校验
训练不充分	由于数据稀缺，模型在长尾场景上的训练不充分，泛化能力受限	转移学习，利用其他相关	

因此，长尾场景应对能力有限是人形机器人发展中的另一个重要技术瓶颈。通过深入分析复杂环境感知瓶颈、任务适应性差以及数据稀缺与训练困境等方面的问题，我们可以看到这一技术瓶颈对机器人在实际应用中的深远

影响。

三、小结

人形机器人在技术瓶颈方面面临着严峻的挑战。小脑算法泛化能力不足使其在面对复杂多变的环境和任务时难以灵活应对，长尾场景应对能力有限则进一步限制了其应用范围和实用价值。这些技术问题的解决并非一蹴而就，需要全球科研力量的协同合作、技术创新与突破以及对实际应用场景的深入挖掘和研究。只有攻克这些技术难关，人形机器人才能真正实现其在社会各个领域的广泛应用和深远影响，迈向更加智能化、通用化的未来。

第2节
伦理争议

随着人形机器人渗透到我们生活的方方面面，比如制造业、服务业、医疗护理、家庭生活等众多领域，其仿人形态和通用性目标，以及日益强大的技术能力，如运动控制、环境感知和人机交互等，为我们带来了前所未有的便利和效率。然而，随着人形机器人的广泛应用，一系列深刻的伦理争议也浮出水面，引发了社会各界的广泛关注和深入思考。这些伦理问题不仅关乎技术的走向，更关乎人类社会的价值观和未来发展。本节将深入探讨人形机器人带来的伦理争议，包括就业结构冲击、隐私与安全问题以及人机关系与情感伦理等方面，以期在技术与伦理之间找到平衡，引导人形机器人健康、可持续发展。

一、伦理争议的主要方面

（一）就业结构冲击

1. 各行业应用对就业岗位的替代情况

在制造业，人形机器人凭借其精确的运动控制能力和高强度的作业效率，大量应用于汽车零部件生产、电子产品组装等流水线环节。如果说汽车制造企业引入人形机器人后，其焊接工序的效率或许能提升，但同时会导致该环节的焊接工人面临失业风险。国际劳工组织（ILO）的数据显示，近 7500 万份工作会受到自动化的冲击。

服务业中，酒店、餐厅等场所的人形机器人应用也日益广泛。它们能够承担客房服务、前台接待、传菜等基础工作。麦肯锡的研究报告指出，到 2030 年，人工智能和自动化技术可能会导致高达 30% 的工作时间被机器人和算法所取代。这一趋势正在重塑各个行业，并对某些职业构成重大挑战。

2. 失业问题、就业市场重新洗牌及社会矛盾

大量岗位被替代导致失业率上升，尤其对低技能、重复性劳动的工作者影响更为显著。这不仅给个人和家庭带来经济压力，还可能引发社会不稳定因素。例如，一些地区因制造业岗位流失，出现了工人抗议等社会事件。

就业市场的重新洗牌促使劳动力向高技能、创造性岗位转移。如人形机器人的编程、维护、数据分析等岗位需求增加。然而，这种转移并非一蹴而就，需要社会提供大量的职业培训和教育资源支持，否则可能加剧社会的就业鸿沟。

（二）隐私与安全问题

1. 个人信息采集对用户隐私和安全的潜在威胁

在家庭场景中，人形机器人用于陪伴老人和儿童等服务时，会收集大量家庭生活细节信息，如日常作息、生活习惯、语音交流等。这些信息一旦泄露，可能导致个人隐私被侵犯，甚至可能被不法分子利用，如进行精准诈骗等。2023 年全球物联网恶意攻击增长了 400% 以上，智能家居等智能设备的安全问题不容忽视。

在商业场景下，人形机器人在企业办公、商业洽谈等环节可能接触到商业机密，如客户名单、产品设计图纸等。如果数据安全防护措施不当，这些商业机密可能被窃取或泄露，给企业带来巨大的经济损失。

2. 保障数据安全和用户隐私的措施

技术加密手段方面，采用高级加密标准（AES）等加密算法对数据进行加密存储和传输，同时利用区块链技术确保数据的不可篡改性，以提高数据的安全性。

法律法规约束方面，各经济体纷纷出台相关法规，如欧盟的《通用数据保护条例》（GDPR）对数据收集、存储和使用进行了严格规定，要求企业在使用人形机器人收集和处理个人数据时必须遵循明确的用户同意原则，并保障用户的数据访问权和删除权等。

（三）人机关系与情感伦理

1. 情感陪伴、护理场景中的角色定位及影响

在养老院和家庭养老场景中，人形机器人被赋予了情感陪伴的功能。它们可以通过语音交流、面部表情识别等方式与老人互动，缓解老人的孤独

感。然而，这也引发了是否应赋予其情感回应功能的争议。一些人认为过度赋予机器人情感功能可能使老人对机器人产生不切实际的情感依赖，而忽视了与真实人类的情感交流。

在儿童教育和陪伴领域，人形机器人也发挥着越来越重要的作用。它们可以根据儿童的兴趣和学习进度，提供个性化的教育内容和陪伴。但这也可能对儿童的人际关系发展产生影响，如导致儿童在社交技能方面的发育不足，或者对机器人产生过度亲密的情感，影响其对人类情感的认知。

2. 对特殊人群心理和情感的影响及伦理问题

对于老人而言，长期依赖人形机器人陪伴可能导致其心理上出现“机器人中心化”的倾向，对社会关怀和家庭陪伴的需求降低。这对家庭伦理关系是一个挑战，家庭成员可能因老人对机器人的依赖而减少对老人的陪伴和关心。

对于儿童，可能存在影响其价值观形成的风险。如果儿童在成长过程中过度接触具有情感功能的人形机器人，可能会对人类情感的复杂性和真实性产生误解，甚至可能在未来的亲密关系中出现情感障碍。

二、伦理争议的解决思路与建议

（一）政策法规层面：制定和完善相关政策法规

各经济体应设立专门的机器人应用行业标准，对人形机器人的研发、生产、销售和应用进行全方位规范。例如，制定机器人在不同场景下的行为准则和安全标准，像在医疗场景中，明确规定人形机器人的操作权限和责任界定，确保其辅助医疗行为符合伦理和法律要求。

加强数据管理规定，要求企业在收集、存储和使用人形机器人获取的数据时，必须遵循严格的用户授权原则。如欧盟的《通用数据保护条例》就为人形机器人数据管理提供了很好的参考范例，明确规定用户有权知晓自己的数据被如何收集、存储和使用，并且可以随时撤回授权。

（二）技术发展层面：利用技术手段解决伦理争议

通过技术改进确保机器人行为符合伦理规范。例如，在人形机器人的算法设计中，加入伦理决策模块，使其在面对复杂情境时能够根据预设的伦理原则作出合理决策。如在养老陪伴场景中，当老人提出一些可能对自己造成伤害的要求时，机器人能够识别并拒绝执行。

提升隐私保护技术，采用先进的加密算法和匿名化处理技术，防止人形机器人采集的数据泄露。例如，利用同态加密技术，使数据在被处理时仍然保持加密状态，即使在机器人内部进行计算，也不会泄露数据的真实内容。

（三）社会认知与教育层面：加强公众认知和教育

开展广泛的科普教育活动，通过举办机器人展览会、科普讲座、线上课程等多种形式，向公众普及人形机器人的工作原理、应用范围和潜在风险，提高公众对人形机器人及其伦理问题的认知水平。例如，一些科技馆定期举办机器人主题活动，让观众近距离接触和了解人形机器人，增强公众对其的理性认识。

在学校教育中增加伦理道德和人工智能相关课程，培养青少年正确的价值观和伦理观念，使其能够以理性和负责任的态度看待人形机器人的发展及其带来的伦理挑战。同时，针对就业市场变化，开展职业技能培训，帮助劳动者提升技能，适应新的就业环境。

三、小结

人形机器人带来的伦理争议是其发展过程中无法忽视的重要问题。从就业结构的改变到隐私与安全的威胁，再到人机关系与情感伦理的复杂交织，每个方面都触动着人类社会的核心价值和道德观念。面对这些争议，我们不能简单地停滞技术的发展，也不能盲目地任其蔓延。通过政府、企业、科研机构和社会各界的共同努力，制定合理的政策法规，不断改进技术手段，加强公众教育和认知，我们有理由相信，人形机器人能够在符合伦理道德的轨道上前行，为人类社会创造更加美好的未来，在技术与人性之间找到和谐共生的道路。

第 3 节 规模化愿景

随着技术的不断进步和产业的逐步成熟，人形机器人从科幻幻想迈向现实应用的步伐愈发坚定。实现规模化不仅是技术上的突破，更是经济、社会和产业发展等多方面的需求与必然趋势。它关乎能否将人形机器人从实验室和个别应用场景推广至千家万户与各行各业，从而真正改变人类的生活方式和生产模式。本节将深入探讨人形机器人规模化愿景的各个方面，包括成本控制、技术突破、应用场景拓展以及政策支持等诸多关键要素，以期勾勒出一幅详尽且全面的规模化发展蓝图。

一、成本控制与价格展望

1. 各硬件部分成本构成及降本路径

（1）执行器

- **旋转关节**：旋转关节是人形机器人的重要组成部分，主要由谐波减速器、无框电机、驱动器、力矩传感器、编码器、轴承和机械离合器组成。其中，谐波减速器因其高精度和复杂制造工艺而成本较高，通常用于放大电机输出的力矩。无框电机则需要高性能的电磁材料和精密的绕线工艺，其成本也不容小觑。此外，旋转关节中的力矩传感器和编码器用于精确控制和反馈电机的运动状态，进一步增加了关节的复杂性和成本。一方面，通过优化谐波减速器的材料和制造工艺，减少加工难度和材料浪费，同时提高生产效率。另一方面，无框电机的降本可以通过改进电磁材料配方和绕线工艺来实现，从而在保证性能的前提下降低生产成本。此外，力矩传感器和编码器的集成化设计也有助于减少零部件数量和组装成本，进一步推动旋转关节的降本增效。

- **线性关节：**线性关节主要采用行星滚柱丝杠和直线电机。行星滚柱丝杠加工难度大，精度保持性差，成本较高，是人形机器人零部件中价值最高的零部件之一。以特斯拉 Optimus 为例，单个行星滚柱丝杠的单价约为 1500 元，单台机器人中行星滚柱丝杠的总价值约在 2.1 万元以上。直线电机则对磁场均匀性和散热要求高，增加了成本。通过优化设计和采用更高效的加工工艺，可以提高其精度保持性和使用寿命，从而降低单位成本。同时，引入 3D 打印技术制造部分结构件，可以减少复杂零件的加工难度和模具成本。对于直线电机，通过改进磁场设计和散热系统，不仅可以提升性能，还能降低制造成本。此外，规模效应和供应链优化也是降低线性关节成本的重要手段，随着人形机器人市场的不断扩大，零部件的采购成本有望进一步降低。
- **灵巧手：**灵巧手是人形机器人的重要末端执行器，需要多个微型电机、精密齿轮和传感器。单只手通常由 6 个执行器构成，其中大拇指对应 2 个执行器，其余每个手指对应 1 个执行器。微型电机和精密齿轮用于实现手指的灵活运动，而传感器则用于感知力和位置信息，以实现高精度的操作。灵巧手的设计和制造需要高度集成的工程技术，成本较高。一方面，通过采用更高效的微型电机设计和精密齿轮制造工艺，可以在保证性能的前提下降低生产成本。另一方面，传感器的集成化和小型化设计不仅可以减少零部件数量，还能提高系统的可靠性和稳定性。此外，模块化设计思路也有助于实现灵巧手的标准化生产，从而通过规模效应进一步降低成本。随着技术的不断进步和市场的逐步成熟，灵巧手的成本有望在未来得到显著降低，为人形机器人的广泛应用提供支持。

（2）感知系统

- **六维力觉传感器：**六维力觉传感器是一种高精度的传感设备，能够同时精确测量三维空间中的力和力矩。这种传感器在人形机器人中发挥着重要作用，例如在抓取物体、与环境交互以及执行精细操作时，它能够提供关键的力反馈信息。然而，六维力觉传感器的制造工艺非常复杂，需要高度精密的加工技术和严格的质量控制。此外，其灵敏度和精度往往难以同时达到理想状态——提高灵敏度可能会牺牲精度，反之亦然。这种技术上的挑战导致其生产成本居高不下，限制了其大规模应用。为了降低成本，行业正在探索多种路径。一方面，通过采用硅应变片和玻璃微熔工艺替代传统的金属应变片，可以在提升传感器性能的同时降低生产成本。此外，微型化设计结合 3D 打印技术的应用，不仅减少了材料使用量，还提高了生产效率。随着人形机器人市场的不断扩大，六维力觉传感器的生产规模有望增加，从而借助规模效应进一步降低单位成本。这些创新举措将为六维力觉传感器的广泛应用奠定基础。
- **IMU 惯性导航：**惯性测量单元（IMU）是人形机器人中用于感知自身运动状态的核心组件，它通常包含加速度计和陀螺仪。加速度计用于测量机器人在三维空间中的加速度，而陀螺仪则用于测量角速度。通过这些数据，IMU 可以实时计算出机器人的姿态和运动轨迹，从而为机器人的运动控制提供重要依据。然而，高精度的 IMU 往往价格昂贵，因为其内部的传感器需要具备极高的灵敏度和稳定性，同时还需要复杂的校准和补偿算法来确保测量数据的准确性。这种高精度要求使得 IMU 成为人形机器人中成本较高的部件之一。通过将加速度计和陀螺仪集成在同一芯片上，可以减少零部件数量和组装成本，同时提升系统的整体性能。此外，采用新型半导体材料和制造工艺，不仅能够提升传感器的精度和稳定性，还能降低生产成本。3D 打印技术也被引入 IMU 的制造中，利用其制造外壳和部分结构件，能够实现复杂结构的定制化生产，同时减少模具成本。这些技术的综合应用有望推动 IMU 惯性导航系统在人形机器人中的广泛应用。

- **电子皮肤：**电子皮肤是一种模拟人类皮肤功能的高科技材料，由大量微型传感器和柔性电路组成。它能够感知压力、温度、湿度等多种物理量，为机器人提供与环境交互的触觉反馈。电子皮肤的制造难度极大，因为它需要将大量高精度传感器集成到柔性基底上，同时保证传感器的灵敏度和可靠性。此外，柔性电路的设计和制造也需要克服诸多技术难题，例如如何在保证柔韧性的同时，确保电路的稳定性和耐久性。这些复杂的制造工艺和高昂的研发成本使得电子皮肤的生产成本居高不下，限制了其在人形机器人中的广泛应用。一方面，开发新型柔性材料，能够降低传感器的制造难度和成本，同时提升其性能和耐用性。另一方面，3D 打印技术被引入电子皮肤的制造中，通过快速成型复杂结构的柔性电路，减少材料浪费，提高生产效率。此外，将电子皮肤划分为多个模块化单元的设计思路，便于大规模生产和组装，从而降低生产成本。这些创新举措不仅有望降低电子皮肤的成本，还将推动其在人形机器人中的广泛应用，为人形机器人的智能化发展提供重要支持。

（3）结构材料

- **镁合金：**镁合金因其密度低、强度高、减震性能好等优点，被广泛应用于人形机器人的轻量化设计中。然而，其成本较高，限制了大规模应用。为了降低成本，行业正在探索多种路径。通过优化合金成分，结合新型制造工艺如半固态成型技术，可以显著提高材料利用率，从而有效降低生产成本。国内企业在镁合金研发方面已取得重要成果，通过半固态成型工艺的应用，镁合金的生产成本得到了明显降低，为大规模商业化应用奠定了基础。

- **碳纤维：**碳纤维以其高强度和高模量的特性，成为人形机器人结构件的理想材料之一。然而，其价格昂贵，导致应用成本较高。为了降低碳纤维成本，行业正在采用多种策略。一方面，通过开发低成本的碳纤维制备技术，例如 PAN 基碳纤维的干喷湿纺工艺，能够有效降低其生产成本。另一方面，优化结构设计以减少碳纤维的用量，不仅降低了材料成本，还提高了材料的使用效率。国内企业在这些技术上的突破，使得碳纤维的成本大幅降低，进一步推动了其在人形机器人领域的应用。
- **PEEK：**PEEK 材料以其优异的耐热性、耐化学性和机械性能，被广泛应用于人形机器人的关键部件中。然而，其成本较高，限制了其广泛应用。为了降低 PEEK 的成本，行业正在从多个方面入手。一方面，通过研发新型 PEEK 合成工艺，例如采用新催化剂合成 PEEK，能够显著降低其生产成本。另一方面，寻找替代材料也是重要的降本路径。例如，高性能工程塑料可以在部分应用场景中替代 PEEK，满足功能需求的同时降低整体成本。这些创新举措不仅提升了材料的性价比，还为人形机器人的降本增效提供了更多可能性。

（4）能源系统

- **高密度电池：**高密度电池因其能量密度高、自放电率低等优点，成为人形机器人理想的能源解决方案，但其成本较高。为了降低成本，研发新型电池材料是关键路径之一。例如，硅负极材料的应用能够显著提高电池的能量密度，从而在不增加电池体积的情况下提升续航能力并降低单位成本。此外，通过优化电池的制造工艺和结构设计，进一步提高生产效率和材料利用率，也能有效降低成本。行业内的技术突破，如特斯拉在电池研发方面的进展，为高密度电池的降本增效提供了重要参考，推动了其在人形机器人领域的广泛应用。

- **微型化热管理**：微型化热管理系统是确保机器人在运行过程中电池和电子元件保持正常工作温度的关键技术，但其制造成本较高。为了降低成本，优化热管理设计和采用新型散热材料是重要的发展方向。例如，石墨烯作为一种高性能散热材料，具有优异的导热性能，能够有效提高散热效率，从而减少系统对传统散热组件的依赖，降低整体成本。国内企业在石墨烯散热系统研发方面的成果，为微型化热管理系统的降本提供了新的思路。通过不断优化材料性能和系统设计，微型化热管理系统的成本有望进一步降低，为人形机器人的稳定运行提供更经济高效的解决方案。

2. 特斯拉 2 万美元目标

目前，人形机器人的硬件成本仍然较高，以特斯拉 Optimus 原型机为例，其硬件成本已超过 5 万美元。其中，执行器、传感器、结构材料和能源系统是主要的成本组成部分。要实现家用机器人的普及，必须有效降低硬件成本。

- **执行器成本降低**：特斯拉通过自主研发执行器技术和与供应商深度合作，优化了设计和制造工艺，从而降低了执行器成本。例如，自研的旋转关节采用新型谐波减速器结构，显著降低了成本。直线执行器通过优化行星滚柱丝杠和直线电机的集成设计，进一步降低了成本。此外，灵巧手采用一体化设计，减少了零部件数量和组装成本。
- **感知系统成本控制**：特斯拉在感知系统上通过自研传感器和优化算法，提高了性能并降低了成本。例如，自研的六维力觉传感器通过优化结构和材料，大幅降低了成本。IMU 惯性导航采用低成本 MEMS 陀螺仪，并通过算法优化提高了精度。此外，电子皮肤通过研发新型制造工艺和敏感材料，进一步降低了成本。
- **结构材料与能源系统优化**：特斯拉在结构材料上采用新型镁合金和碳

纤维复合材料，并通过优化设计和制造工艺降低了成本。在能源系统方面，特斯拉自研高密度电池和微型化热管理系统，通过材料创新和优化设计进一步降低了成本。例如，特斯拉的高密度电池采用硅负极材料，显著降低了成本。

特斯拉实现家用万元机目标后，将带来巨大的市场变化与行业机遇。一方面，家用市场将被极大地开拓，人形机器人有望像智能手机一样普及，进入千家万户，承担家务、陪伴等任务。另一方面，行业供应链将得到进一步完善和发展，相关零部件企业将迎来更多订单和技术创新机会，推动整个行业快速发展。

二、技术突破与量产协同

（一）关键算法的成熟度提升

1. 运动控制算法在复杂场景中的泛化能力

运动控制算法是人形机器人实现精准、稳定运动的核心。当前，算法在长尾场景和复杂环境中的泛化能力面临挑战。例如，在人群密集环境中，机器人需要同时处理大量动态障碍物信息，进行实时路径规划与避障，这对算法的计算效率和决策准确性提出极高要求。

通过大量的实际场景测试与数据积累，研究人员能够收集到各种复杂场景下的运动数据，为算法优化提供依据。以特斯拉为例，其在 Laguna Seca Raceway 进行的测试中，Optimus 在复杂路况下积累了丰富的动态平衡与避障数据，促使其运动控制算法不断改进。在算法优化方面，采用深度强化学习与模型预测控制（MPC）相结合的方法，能够有效提升算法的自适应能力与泛化性能。

2. 多模态大模型与运动控制算法的协同工作

多模态大模型在指令理解与任务规划方面具有显著优势，但与运动控制算法的协同工作尚待完善。多模态大模型能够处理文本、图像、语音等多种模态信息，准确理解用户的复杂指令，并生成相应的任务规划。然而，这些高层次的任务规划需要通过运动控制算法转化为具体的运动指令，才能驱动机器人执行相应动作。

为实现两者的协同工作，研究人员采用中间层转换模块，将多模态大模型输出的任务规划进行降维处理，转化为运动控制算法可直接处理的中间表示。同时，在训练过程中，通过联合训练与迁移学习策略，使多模态大模型与运动控制算法相互配合，提高整个系统的性能与稳定性。

（二）量产工艺与供应链整合

1. 核心零部件量产工艺难点与改进

（1）丝杠加工

丝杠是执行器中的关键部件，其加工精度直接影响机器人的运动精度与稳定性。在丝杠加工过程中，精度与成本的博弈是一个重要问题。高精度丝杠加工需要采用磨削工艺，但磨削成本较高；而冷轧工艺成本较低，但加工精度相对较低。

为解决这一问题，国内企业恒立液压在丝杠加工领域采用了新型滚轧工艺，通过优化滚轧模具设计和工艺参数，显著提高了丝杠的加工精度，使其达到磨削工艺的水平。同时，这一工艺改进大幅降低了丝杠的生产成本。此外，恒立液压通过定制化服务和专线专用的生产方式，进一步减少了工序时间和加工时间，提升了生产效率。随着量产规模的扩大，恒立液压预计每根丝杠的成本将大幅下降。

（2）谐波齿形设计与柔性轴承工艺

谐波减速器的齿形设计与柔性轴承工艺是影响其性能与寿命的关键因素。在谐波齿形设计中，需要综合考虑齿形参数、啮合特性等多方面因素，以实现高传动精度与高负载能力。柔性轴承工艺则直接影响减速器的疲劳寿命与可靠性。

日本哈默纳科在谐波齿形设计领域拥有丰富的技术经验，其开发的齿形设计能够实现高啮合效率并降低齿面应力。借助先进的齿形修形技术，公司进一步提升了谐波减速器的整体性能和使用寿命。在柔性轴承工艺上，哈默纳科采用特殊的热处理和表面处理技术，显著延长了柔性轴承的疲劳寿命，从而增强了产品的可靠性和耐用性。这些技术改进为谐波减速器的大规模量产提供了技术支持。

2. 全球产业链的整合与协同发展

在人形机器人领域，全球产业链的整合与协同发展至关重要。Tier 1 供应商如拓普集团、绿的谐波等，主要提供执行器总成、减速器等关键零部件；Tier 2 供应商如恒立液压、鸣志电器等，专注于行星滚柱丝杠、空心杯电机等基础零部件的研发与生产。这些供应商之间通过紧密合作，形成了完整的供应体系。

例如，在特斯拉 Optimus 的供应链中，拓普集团提供了部分执行器总成，绿的谐波提供了谐波减速器，恒立液压提供了行星滚柱丝杠等关键零部件。通过与供应商的深度合作，特斯拉实现了零部件的稳定供应与质量保障，同时推动了整个产业链的技术进步与协同发展。此外，国内企业如华为、宇树科技等也在积极整合产业链资源，通过与上下游企业的合作，构建了完善的产业生态系统，为人形机器人的规模化生产提供了坚实的产业基础。

三、应用场景拓展与市场普及

（一）短期应用场景的规模化推广

1. 工业巡检与物流搬运中的问题与解决方案

在工业巡检领域，人形机器人需要具备高精度的环境感知能力，以便准确识别设备故障和安全隐患。例如，宇树科技推出的工业巡检机器人配备了高分辨率摄像头和多种传感器，能够在复杂工业环境中稳定运行。为了实现规模化应用，宇树科技对机器人进行了功能定制化，使其能够满足不同工厂的巡检需求。同时，通过优化机器人与工厂现有巡检系统的对接，实现了数据的实时传输与分析。在成本效益方面，宇树科技通过采用国产零部件和优化生产工艺，有效降低了机器人的成本。此外，公司还提供完善的售后服务，包括定期维护、故障维修和软件更新等，确保机器人在工业巡检中的稳定运行。

在物流搬运领域，人形机器人需要具备强大的负载能力和精准的定位能力。小米的 CyberOne 机器人在物流搬运中表现出色，其 21 自由度的设计使其能够灵活搬运各种货物。为实现与现有物流流程的无缝对接，小米对机器人进行了系统集成，使其能够与物流管理系统和仓储设备协同工作。在成本控制方面，小米通过对零部件进行简化设计和采用低成本材料，降低了机器人的生产成本。同时，公司还通过与物流企业合作，开展租赁业务，降低了用户的使用成本。在售后服务方面，小米提供远程监控和故障诊断服务，及时解决用户在使用过程中遇到的问题。

2. 实践经验和成功案例

宇树科技在工业巡检领域的成功案例包括与多家大型工厂的合作。例如，针对极端环境下的巡检难题，宇树科技推出了专为行业应用设计的四足机器人 Unitree B2。这款机器人能够在-20℃至 55℃的极端温度范围内稳定运行，并且具备 IP67 级别的防尘防水性能，能够有效抵御灰尘和水分的侵入，从而确保在恶劣天气条件下的可靠性。此外，Unitree B2 还具备强大的全地形适应能力，即使在湿滑、积雪或结冰的地面上也能保持稳定行走，有效解决了复杂地理环境中电力巡检的挑战。通过机器人收集的数据，工厂能够及时发现设备故障隐患，减少设备停机时间，提高生产效率。

小米的 CyberOne 机器人在物流搬运领域的应用也取得了显著成效。目前，CyberOne 正在小米自家制造产线上进行分阶段落地测试，其在机械操作和复杂任务处理方面展现出卓越的能力。例如，CyberOne 能够实现自主行走、物体识别和搬运等功能，有效提升了物流效率。此外，小米通过优化供应链和技术迭代，正在逐步推动 CyberOne 的规模化应用。未来，CyberOne 有望在更多工业场景中发挥重要作用，进一步提升物流搬运的自动化水平。

（二）中长期应用场景的潜力挖掘

1. 医疗护理、高危作业、家庭服务与情感陪伴的市场需求与发展趋势

随着全球人口老龄化的加剧，医疗护理领域对人形机器人的需求日益增长。人形机器人能够在医院和养老院中协助医护人员完成各种护理任务，如患者搬运、康复训练和药品配送等。同时，在高危作业领域，如核辐射环境、深海作业和消防救援等，人形机器人能够代替人类进行危险作业，保障人员安全。在家庭服务与情感陪伴方面，人形机器人能够为家庭提供清洁、烹饪、照料儿童和陪伴老人等服务，提高家庭生活质量。

2. 技术要求、性能标准与功能特性

在医疗护理领域，人形机器人需要具备高精度的力觉感知能力、柔顺性

和安全性。例如，机器人在搬运患者时需要能够准确感知患者的身体状况，避免造成二次伤害。同时，机器人需要具备多模态交互能力，能够与医护人员和患者进行有效的沟通。在高危作业领域，人形机器人需要具备强大的环境适应能力和自主决策能力。例如，在核辐射环境中，机器人需要能够耐受高辐射剂量，并能够自主完成各种作业任务。在家庭服务与情感陪伴领域，人形机器人需要具备高度的智能化和个性化。例如，机器人需要能够根据家庭成员的习惯和偏好提供定制化的服务，同时具备情感识别和表达能力，能够与家庭成员建立情感联系。

3. 技术升级与产品创新

为满足中长期应用场景的需求，人形机器人需要进行技术升级和产品创新。在技术升级方面，研究人员需要进一步提高机器人的感知精度、运动控制精度和自主决策能力。例如，采用新型传感器技术和人工智能算法，提高机器人对复杂环境的感知和理解能力。在产品创新方面，企业需要开发出更加多样化和个性化的产品。例如，针对医疗护理领域，开发出专门用于康复训练的机器人；针对家庭服务领域，开发出具有情感陪伴功能的机器人。

4. 市场培育与消费者教育

为提高市场对人形机器人在中长期应用场景的认知度和接受度，需要开展市场培育和消费者教育工作。企业可以通过举办产品发布会、技术研讨会和体验活动等方式，向消费者展示人形机器人的功能和优势。同时，通过与医疗机构、科研机构和教育机构合作，开展科普宣传和培训活动，提高消费者对人形机器人的认知和信任。此外，政府也可以通过出台相关政策和标准，规范人形机器人市场的发展，为市场培育和消费者教育提供支持。

四、政策支持与国际合作

（一）各经济体政策的推动作用

1. 中国政策分析

中国工业和信息化部发布的《人形机器人创新发展指导意见》提出，到2027年，人形机器人技术创新能力显著提升，产业加速实现规模化发展，相关产品深度融入实体经济，成为重要经济增长新引擎。该意见将人形机器人视为有望成为继计算机、智能手机、新能源汽车后的颠覆性产品，认为其将深刻变革人类生产生活方式，重塑全球产业发展格局。

各地积极响应国家政策，推出一系列政策文件和支持措施。例如，北京、上海、浙江、安徽等地都启动或设立了地方性的创新中心，致力于推动人形机器人的技术研发、产品创新和产业化，推动形成良好的创新生态。2024年5月，全国首个国家地方共建人形机器人创新中心落户浦东，旨在推动人形机器人产业实现规模化、创新性、高水平发展。

2. 美国政策分析

美国通过《国家机器人计划》推动机器人技术发展。DARPA资助人形机器人研发项目，推动技术突破。例如，DARPA资助的一些项目在机器人运动控制、感知技术等方面取得了重要成果。美国还制定了AI伦理框架，规范人形机器人的发展。这些政策为美国的人形机器人产业提供了资金支持和伦理指引，促进了技术创新和产业发展。

3. 欧盟政策分析

欧盟将机器人作为经济增长的重要驱动力，制定了严格的安全标准与碳足迹监管政策，确保人形机器人的安全性和环保性。这些标准的制定，为人形机器人的市场准入提供了明确的规范，推动了产业的规范化发展。例如，欧盟的机器人安全标准规定了机器人在工作环境中的安全性能要求，碳足迹监管政策则要求企业减少机器人生产过程中的碳排放。

4. 政策措施对企业的引导和支持

各经济体在研发投入、税收优惠、市场准入等方面的政策措施，有效地引导和支持企业加大研发力度、加速技术创新和产品迭代。例如，中国政府通过设立创新中心和提供研发补贴，鼓励企业开展人形机器人技术研发。美国的 DARPA 资助项目为企业提供了资金支持和合作机会。欧盟的市场准入政策为企业提供了明确的发展方向，促进了人形机器人的标准化和规范化生产。

（二）国际合作与标准制定

1. 国际合作的重要性与必要性

在全球范围内开展人形机器人领域的国际合作具有重要意义和必要性。技术交流、联合研发、市场共享等方面的合作模式与机制，能够促进全球人形机器人产业的发展和进步。例如，通过国际技术交流，各国企业可以分享最新的技术和经验，共同攻克技术难题；联合研发项目可以集中各国的优势资源，加速技术创新；市场共享则可以扩大人形机器人的市场规模，提高产业的经济效益。

2. 国际标准制定的关键作用

国际标准制定在推动人形机器人规模化发展中具有关键作用。技术标准、安全标准、伦理规范等标准的制定与推广，确保了不同经济体的产品和系统之间的兼容性和互操作性，为全球市场规模的扩大创造了有利条件。例如，国际标准化组织（ISO）制定的机器人安全标准，为全球人形机器人的安全性能提供了统一的规范，促进了产品的市场流通。电气和电子工程师协会（IEEE）制定的机器人通信协议标准，确保了不同品牌机器人之间的相互操作性，提高了产业的协作效率。

3. 国际合作与标准制定的具体实践

各经济体在国际合作与标准制定方面已经开展了一些具体实践。例如，中国积极参与国际标准制定工作，在ISO和IEEE等国际标准组织中发挥了重要作用。中国企业与国外企业合作开展联合研发项目，共同推动人形机器人技术的发展。欧盟通过制定统一的标准和规范，促进了成员国之间的技术交流和市场共享。美国的一些企业与国外企业合作，开展技术交流和市场拓展活动，共同推动人形机器人产业的全球化发展，见表9-6。

表9-6　全球人形机器人领域的政策与合作

经济体	政策名称或措施	政策重点	对产业发展的积极影响和潜在作用	国际合作与标准制定参与情况
中国	《人形机器人创新发展指导意见》	技术创新、规模化发展、实体经济融合	推动人形机器人产业成为重要的经济增长新引擎，促进实体经济升级	积极参与国际标准制定工作，在ISO和IEEE等国际标准组织中发挥作用
美国	《国家机器人计划》	技术研发、资金支持、伦理规范	推动机器人技术突破，引导产业健康发展	与国外企业合作开展技术交流和市场拓展活动
欧盟	安全标准与碳足迹监管政策	产品安全性、环保性、市场准入规范	确保人形机器人市场规范化发展，推动产业可持续发展	制定统一标准和规范，促进成员国之间技术交流和市场共享

五、小结

人形机器人的规模化愿景绝非遥不可及的幻想，而是在技术、经济和政策等多方力量的协同推动下，正逐步成为触手可及的现实目标。通过在成本控制上精打细算，从硬件的优化到软件的高效开发与投入回收，为人形机器人走入寻常百姓家奠定了坚实基础；凭借关键算法成熟度的持续提升以及量产工艺和供应链的完善整合，使大规模生产成为可能，保障了稳定且高质量的产品输出；随着短期和中长期应用场景的不断拓展与深入挖掘，人形机器人在越来越多的领域展现出其独特的价值和广阔的市场潜力；各经济体政策的有力支持和国际合作的积极推进，又为人形机器人的规模化发展营造了良好的外部环境。展望未来，人形机器人有望在各个场景中广泛普及，成为人类生活和工作不可或缺的重要伙伴，共同开创一个充满无限可能的智能新时代。

第五部分

案例深度剖析

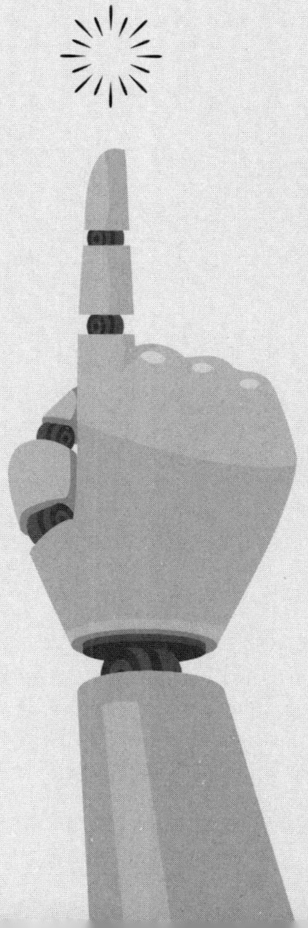

第10章 中国力量：技术创新与生态引领

第1节 华为：生态整合者的降维打击

一、华为在人形机器人领域的战略布局

（一）技术底座的构建

1. 盘古大模型的技术优势

盘古大模型是华为在人工智能领域的重要成果，其在数据处理方面表现出色，能够高效处理大规模的多样化数据，为机器人的行为决策和任务规划提供数据支持。在运算能力上，盘古大模型采用了先进的架构和算法，具备强大的计算能力，可以快速执行复杂的计算任务，提高机器人的响应速度。在智能交互方面，该模型通过深度学习和自然语言处理技术，实现了更加自然和智能的人机交互功能，使人形机器人能够更好地理解和回应用户的指令和需求。

2. 鸿蒙操作系统的赋能

鸿蒙操作系统以其分布式架构为特色，为人形机器人提供了灵活的设备协同能力。机器人可以与其他搭载鸿蒙系统的智能设备共享计算资源和存储

资源，实现高效的分布式计算。例如，在家庭场景中，人形机器人可以借助手机的计算能力完成复杂的图像识别任务，同时将处理结果存储在家庭服务器上。鸿蒙操作系统的跨设备协同功能还支持人形机器人与其他智能设备进行无缝连接和联动。例如，机器人可以通过与智能家居设备的协同，实现远程控制家电、获取环境信息等功能，为用户提供更加便捷的服务。

（二）生态整合的愿景

华为在人形机器人领域积极整合产业链上下游资源，与众多企业建立了合作关系。在硬件方面，华为与兆威机电和禾川科技等企业合作，共同研发和生产关键部件，如灵巧手和运动控制系统。在软件方面，华为与多家软件开发商合作，开发基于盘古大模型和鸿蒙操作系统的应用程序和解决方案。通过整合产业链上下游资源，华为不仅提升了自身在人形机器人领域的竞争力，还推动了整个中国机器人产业的发展。例如，华为与合作伙伴共同打造的机器人开发者平台，为开发者提供了丰富的开发工具和资源，促进了机器人技术的创新和应用。

二、华为的技术优势与创新

（一）盘古大模型的应用

1. 自然语言处理

盘古大模型在人形机器人的自然语言处理方面表现出色。通过深度学习技术，机器人能够准确地理解用户的语音指令和文本输入，并生成自然流畅的回复。例如，在家庭场景中，用户可以通过语音指令让机器人播放音乐、查询天气、控制家电等。盘古大模型还支持多语言交互，满足不同用户的需求。

2. 图像识别

在图像识别领域，盘古大模型的应用使人形机器人的视觉感知能力得到了显著提升。机器人能够准确地识别物体、场景和人物，为用户提供更加智能化的服务。例如，在家庭安全监控方面，机器人可以通过图像识别技术检测异常情况，并及时向用户发送警报。在医疗领域，机器人可以协助医生进行图像诊断，提高诊断的准确性和效率。

3. 多模态交互

盘古大模型实现了多模态交互，使人形机器人能够通过语音、文字、手势等多种方式进行交互。例如，在教育场景中，机器人可以通过语音讲解知识，同时通过手势引导学生进行操作，提高教学效果。多模态交互还使人形机器人在复杂环境中能够更好地与用户和其他设备进行沟通和协作。

（二）鸿蒙操作系统的赋能

1. 分布式架构的优势

鸿蒙操作系统的分布式架构为人形机器人带来了强大的设备协同能力。机器人可以与其他智能设备共享资源，实现高效的分布式计算和存储。例如，在工业场景中，人形机器人可以与生产线上的其他设备协同工作，共同完成复杂的生产任务。分布式架构还提高了机器人的可靠性和容错性，当某个设备出现故障时，机器人可以自动切换到其他设备，确保任务的顺利完成。

2. 跨设备协同的应用场景

鸿蒙操作系统的跨设备协同功能在多个场景中发挥了重要作用。在智能家居场景中，人形机器人可以与家庭中的各种智能设备进行联动，实现智能控制和信息共享。例如，机器人可以根据用户的指令调节室内温度、开关灯光、播放音乐等。在办公场景中，机器人可以与电脑、打印机等设备协同工作，提高办公效率。例如，机器人可以帮助用户打印文件、发送邮件等。

三、华为的代工模式与产业链合作

（一）与兆威机电的合作

1. 合作模式

华为与兆威机电在灵巧手方面的合作模式包括技术研发、产品设计和生产制造等环节。双方共同投入研发资源，攻克技术难题，开发出具有创新性的灵巧手产品。在产品设计阶段，双方充分考虑市场需求和用户体验，优化灵巧手的结构和功能。在生产制造阶段，兆威机电凭借其在精密制造方面的优势，确保灵巧手的高质量生产和大规模供应。

2. 模块化设计

灵巧手的模块化设计理念使得机器人可以根据不同的任务需求快速更换和配置灵巧手。例如，在工业场景中，机器人可以安装具有更高精度和力量的灵巧手，以完成复杂的装配任务。在家庭场景中，机器人可以安装更加灵活和轻便的灵巧手，以适应日常生活的各种操作需求。兆威机电在模块化设计方面的技术支持和创新，为人形机器人的灵活性和可维护性提供了有力保障。

（二）与禾川科技的协作

1. 运动控制系统

华为与禾川科技在运控系统领域的合作内容包括运动控制算法的研发和硬件设备的集成。禾川科技在运动控制领域拥有深厚的技术积累，其研发的运动控制算法具有高精度、高响应速度和高稳定性等特点。通过将禾川科技的运动控制算法与华为的盘古大模型和鸿蒙操作系统相结合，人形机器人的运动控制能力得到了显著提升。例如，在物流场景中，机器人可以更加精准地搬运和码放货物，提高工作效率。

2. 协同创新

华为与禾川科技在协同创新方面开展了多项举措，如共同开展技术研发项目、共享技术资源等。双方通过建立联合实验室和研发团队，加强技术交流和合作，推动运动控制技术的不断创新。这些合作不仅提升了人形机器人的性能和竞争力，还为整个运动控制行业的发展提供了新的思路和技术支持。

四、华为的市场策略与竞争优势

（一）市场定位与目标客户

1. 家庭应用场景

华为人形机器人在家庭领域的市场定位是智能助手和陪伴机器人。其目标客户群体包括家庭用户，尤其是老年人和儿童。对于老年人，机器人可以提供生活照料、健康管理、情感陪伴等服务。例如，机器人可以帮助老年人服药、监测健康状况、播放音乐等。对于儿童，机器人可以作为教育辅助工具，帮助儿童学习语言、数学、科学等知识，同时还可以与儿童进行互动游戏，增进亲子关系。

2. 教育领域

华为人形机器人在教育领域的应用具有广阔的市场前景。其作为教育辅助工具，可以帮助学生更加直观地学习编程、机器人技术、人工智能等知识。例如，学校可以开设机器人编程课程，让学生通过实际操作和编程控制机器人，培养学生的创新思维和实践能力。此外，机器人还可以在课堂上协助教师进行教学，提高教学效果。

3. 医疗行业

华为人形机器人在医疗行业的应用场景包括康复治疗机器人和护理机器人。康复治疗机器人可以帮助患者进行康复训练，提高康复效果。例如，机器人可以根据患者的康复计划，引导患者进行关节活动、肌肉锻炼等康复动作。护理机器人可以协助医护人员进行日常护理工作，如送药、测量生命体征、陪护等，减轻医护人员的工作负担。

（二）竞争优势与市场前景

1. 品牌影响力

华为作为全球知名的科技品牌，其品牌形象和品牌影响力在人形机器人市场中具有重要优势。消费者对华为品牌的信任度和认可度较高，这使得华为人形机器人在市场上更容易被接受和推广。华为可以通过品牌宣传和品牌合作，进一步提升其品牌知名度和美誉度，吸引更多的客户和合作伙伴。

2. 技术实力

华为在技术方面的领先地位是其在人形机器人市场的重要竞争优势。盘古大模型和鸿蒙操作系统等核心技术为人形机器人提供了强大的技术支持，使其在性能、功能和用户体验等方面具备显著优势。此外，华为在硬件研发、软件开发、人工智能等领域的技术积累和创新能力，也为其人形机器人的持续发展和市场拓展提供了有力保障。

3. 产业链整合能力

华为在产业链整合方面的能力和优势使其能够更好地控制成本、提高产品质量和供应稳定性。通过与众多供应商的合作，华为可以实现产业链上下游资源的优化配置和协同运作。例如，华为可以通过与硬件供应商的合作，确保关键部件的供应和质量；通过与软件开发商的合作，丰富机器人的应用生态。这种产业链整合能力有助于华为在人形机器人市场中形成差异化竞争优势，推动人形机器人的大规模应用和市场普及。

五、华为面临的挑战与机遇

（一）技术瓶颈与突破

1. 小型化和轻量化

华为在人形机器人小型化和轻量化方面面临的技术难题主要包括如何在保证性能的前提下减小机器人的体积和重量。目前，人形机器人的尺寸和重量仍然较大，这限制了其在一些场景中的应用。华为需要通过技术创新和工艺改进，开发出更加小型化和轻量化的机器人产品。例如，采用新型材料和结构设计，优化机器人内部的布局和组件，以实现机器人的小型化和轻量化目标。

2. 高精度加工

高精度加工技术在人形机器人制造中至关重要。华为在该领域面临的技术瓶颈包括如何提高加工精度和效率，降低加工成本。为了实现人形机器人的高度智能化和自动化，机器人的零部件需要具备高精度的加工和装配要求。华为需要加强与精密加工企业的合作，引进先进的加工技术和设备，提高自身的高精度加工能力。

（二）行业标准与规范

1. 国际标准对接

华为在推动中国版“机器人操作系统”标准制定过程中，需要积极与国际标准接轨。通过加入国际标准组织和行业协会，华为可以了解和掌握国际标准的最新动态和发展趋势，确保中国版标准与国际标准的兼容性和一致性。这不仅有助于提高中国机器人产业在国际市场上的竞争力，还为华为人形机器人的国际化发展奠定了基础。

2. 国内标准推广

华为在推广国内机器人行业标准方面需要采取有效的举措和策略。通过举办标准宣贯会、技术培训和行业论坛等活动，华为可以向国内企业和机构宣传和推广机器人行业标准，提高标准的认知度和接受度。同时，华为还可以通过与国内企业合作，共同制定和实施企业标准，推动国内机器人行业的标准化进程。

第2节
小米：消费级市场的试探者

一、小米入局人形机器人产业的背景

（一）科技生态拓展需求

小米在智能手机等消费级科技产品领域取得了显著的发展与合理的生态

布局。截至 2025 年 3 月，小米智能手机的全球用户量已突破 5 亿人。围绕智能手机，小米构建了一个庞大的 IoT 生态，涵盖智能家居、智能穿戴、智能交通等多个领域。根据 2025 年 3 月的数据，小米 AIoT 平台的全球连接设备数已超过 8.6 亿台。然而，在智能家居场景中，用户与设备的交互仍依赖于手机 App、语音助手等间接方式，缺乏自然、直观的拟人化交互体验。人形机器人能够作为智能家居生态的核心交互节点，实现从“物联”到“人联”的升级，通过语音、手势、表情等多模态交互方式，无缝连接家庭中的各类智能设备，为用户提供更加智能、便捷、人性化的家居控制体验。

（二）对消费市场的敏锐洞察

当前全球消费级市场对人形机器人的潜在需求与期待日益增长。据中研普华产业研究院分析，老龄化社会催生了家庭陪护需求，工业自动化加速了智能制造转型。在家庭场景中，消费者对智能伴侣、家庭助理等功能的人形机器人表现出浓厚兴趣。小米凭借其对消费市场的敏锐洞察，意识到人形机器人在满足老年人陪伴、儿童教育、家庭服务等多方面需求的潜力。

二、小米人形机器人产品概述

（一）外形与设计亮点

小米人形机器人铁大（CyberOne）在外观设计上注重仿人形态的比例和材质选择，以兼顾美观与功能。其高度约为 177 厘米，重量约为 52 千克，整体外形设计简约流畅，具有较高的仿人度。在材质方面，CyberOne 采用了轻质高强度的铝合金和工程塑料，既保证了机器人的结构强度，又减轻了自重，提高了运动的灵活性和能效比。此外，其外形设计还充分考虑了散热、防水、防尘等实用性问题，以适应不同的使用环境，见表 10–1。

表 10-1 小米人形机器人 CyberOne 外形设计

部位	设计特点
头部	模拟人类面部表情，配备情感感知模块，可识别用户的表情和情绪状态并作出相应反应
身体	结构设计，保护内部机械结构和电子元件，同时提高运动的稳定性和灵活性
四肢	灵活的关节设计，实现双足运动姿态平衡和灵活抓取
材质	轻质高强度铝合金和工程塑料，平衡结构强度与减重任务

（二）功能卖点聚焦

小米人形机器人 CyberOne 具备多项独特功能，在消费级市场中具有较高的吸引力。

- **情感交互功能**：CyberOne 配备了先进的视觉和情感感知模块，能够识别人类的表情、语音语调等情感信息，并作出相应的情感回应。例如，当用户表现出悲伤时，机器人会安慰用户；当用户高兴时，机器人会与用户一起分享喜悦。
- **与小米 IoT 生态深度绑定**：作为小米生态链的重要组成部分，CyberOne 能够无缝连接和控制家中的小米品牌智能设备。用户可以通过语音指令或手势操作，让机器人控制智能灯光、空调、扫地机器人等设备，实现智能家居场景的互联互通。
- **环境感知与运动控制能力**：CyberOne 具备敏锐的视觉感知能力，能够进行三维重建，准确感知周围环境中的物体和障碍物。同时，其运动控制系统采用了先进的算法，能够实现双足运动姿态平衡和灵活抓取，时速为 3.6 千米 / 小时，虽然与人类的自然行走速度（3.2~5 千米 / 小时）相比还有一定差距，但已经能够满足日常家庭使用的基本需求。
- **学习与进化能力**：小米为 CyberOne 配备了强大的人工智能算法，使其具备一定的学习和进化能力。机器人可以通过与用户的互动不断学习用户的需求和习惯，优化自身的行为模式和交互方式，见表10–2。

表10-2　小米人形机器人 CyberOne 功能卖点分布

功能类别	具体功能示例
情感交互	情感感知与回应、语音交流
智能控制	家庭智能设备控制、场景联动
环境感知	三维视觉重建、障碍物识别
运动控制	双足姿态平衡、灵活抓取
学习进化	用户习惯学习、行为模式优化

三、技术实现与创新

（一）感知与交互技术

小米在人形机器人感知外界与交互方面采用了先进的技术手段。CyberOne 配备了 Mi–Sense 深度视觉模块，能够感知三维空间，精准识别家庭环境中的物品、人物。此外，小米还采用了多模态交互技术，融合语音、手势、表情等交互方式，提升用户交互体验。例如，机器人能够通过语音识别理解用户的指令，通过手势识别感知用户的手势动作，通过表情识别判断用户的情绪状态，见表10–3。

表10-3　小米人形机器人 CyberOne 感知与交互技术

感知与交互技术类别	具体技术示例
视觉感知	Mi-Sense 深度视觉模块，三维空间感知，物品和人物识别
语音交互	语音识别与合成，自然语言处理
手势识别	手势动作识别，手势控制
表情识别	面部表情识别，情感状态判断

（二）运动控制技术

小米为实现人形机器人灵活运动，采用了先进的运动控制算法与执行器技术。CyberOne 具备 21 个自由度，能够以接近人类的步行速度移动。其运动控制系统采用了基于模型的控制方案，结合离线优化和在线快速模型预测控制，实现位置与速度的实时调整。此外，小米在执行器技术上也进行了创新，采用了谐波减速器和无框电机的旋转关节设计，以及空心杯电机驱动的灵巧手方案，见表 10–4。

表 10-4　小米人形机器人 CyberOne 运动控制技术

运动控制技术类别	具体技术示例
运动控制算法	基于模型的控制方案，离线优化与在线快速模型预测控制
执行器技术	谐波减速器和无框电机的旋转关节设计，空心杯电机驱动的灵巧手方案
平衡控制	双足姿态平衡控制算法
灵活抓取	灵巧手的精细操作与抓取控制

四、成本控制与量产策略

（一）零部件供应与成本优化

小米通过整合自身供应链资源及与外部供应商合作，降低人形机器人零部件成本。小米生态链企业在电子元件、结构件等方面具有优势，通过规模化采购和模块化设计，实现成本控制。例如，小米在 CyberOne 的生产中，利用生态链企业的优势，优化零部件供应，降低生产成本，见表 10–5。

表 10-5　小米人形机器人 CyberOne 零部件供应与成本优化

零部件类别	供应策略
电子元件	小米生态链企业，规模化采购

续表

零部件类别	供应策略
结构件	模块化设计，优化生产工艺
执行器	外部供应商，技术合作
传感器	集成化设计，降低成本

（二）量产工艺与质量保障

小米在人形机器人量产后，采用了精益生产模式，优化工艺设计和生产流程，确保产品质量稳定可靠，通过自动化生产线和严格的质量控制措施，提高生产效率和产品质量。例如，在生产过程中，小米采用了先进的自动化设备，提高生产精度和效率，同时通过严格的测试和检验，确保每台机器人的性能符合标准，见表 10–6。

表 10–6　小米人形机器人 CyberOne 量产工艺与质量保障

类别	具体措施
工艺设计	精益生产模式，优化生产流程
生产流程优化	自动化生产线，提高生产效率
质量控制	严格测试和检验，确保产品质量
质量保障体系	建立完善的质量管理体系

五、市场表现与用户反馈

（一）初期市场反响

小米人形机器人 CyberOne 发布后，在国内外消费市场引起了广泛关注。根据市场调研数据显示，发布初期，CyberOne 的预订量超过预期，尤其是在年轻消费者和科技爱好者中具有较高的人气。媒体和行业专家对 CyberOne 的创新设计和功能给予了高度评价，认为其在消费级市场具有较大的潜力，见表 10-7。

表 10-7 小米人形机器人 CyberOne 初期市场反响

类别	具体数据或评价示例
预订量	发布初期预订量超过预期
媒体评价	创新设计和功能获得高度评价
行业专家评价	认为在消费级市场具有较大潜力

（二）用户实际体验与反馈收集

通过用户调查和社交媒体反馈，小米收集了消费者在实际使用 CyberOne 过程中的体验感受。用户对 CyberOne 的情感交互功能和智能家居控制能力表示满意；但也有用户反映在某些复杂环境下，CyberOne 的运动控制和稳定性还有待提升。小米通过这些反馈，不断优化产品性能和功能，见表 10-8。

表 10-8 小米人形机器人 CyberOne 用户实际体验与反馈

类别	具体反馈示例
情感交互	用户对情感回应和语音交流表示满意
智能控制	智能家居控制能力获得好评
运动控制	部分用户反映在复杂环境下的稳定性有待提升
性能优化	用户反馈为产品迭代提供依据

六、未来发展展望与挑战应对

（一）产品迭代规划

基于用户反馈和市场趋势，小米人形机器人 CyberOne 的后续迭代方向将聚焦于提升情感交互深度、增强运动灵活性、拓展功能应用场景等方面。例如，在情感交互方面，将进一步优化情感感知和回应算法，使机器人能够更准确地理解用户情绪并作出更自然的情感表达。在运动控制方面，将提升机器人在复杂环境中的运动稳定性和灵活性，以满足更多场景下的用户使用需求，见表 10-9。

表 10-9　小米人形机器人 CyberOne 产品迭代规划

产品迭代方向	具体规划示例
情感交互深度提升	优化情感感知和回应算法
运动灵活性增强	提升复杂环境中的运动稳定性和灵活性
功能应用场景拓展	拓展更多家庭和办公场景的应用功能

（二）行业竞争挑战应对

面对国内外其他科技巨头（如特斯拉、华为等）在人形机器人领域的竞争，小米将充分发挥自身优势，制定差异化竞争策略。例如，小米将利用其强大的消费渠道和品牌影响力，快速推广人形机器人产品。同时，小米将继续深化与生态链企业的合作，通过生态协同，实现资源共享和优势互补。此外，小米还将加大研发投入，不断推出创新技术和功能，以保持在消费级市场的领先地位，见表 10-10。

表 10-10　小米人形机器人 CyberOne 行业竞争挑战应对

类别	具体策略示例
优势发挥	利用消费渠道和品牌影响力
生态协同	深化与生态链企业的合作
创新驱动	加大研发投入，推出创新技术和功能

第 3 节
宇树科技：极简主义哲学与定价革命

一、产品理念

（一）极简主义设计

Unitree G1 机器人的外观设计简约，整体造型流畅自然，采用了简洁的线条勾勒出人形轮廓，摒弃了烦琐的装饰和不必要的结构。这种设计不仅美观大方，而且在功能上也具有诸多优势。例如，减少了零部件的数量和复杂度，降低了生产成本和装配难度，同时提高了机器人的可靠性和维护便利性。在功能方面，Unitree G1 机器人也进行了精准的聚焦与取舍。宇树科技通过对市场需求的深入调研，发现不同应用场景对机器人的功能需求存在差异。因此，他们舍弃了一些复杂但低频使用或可通过软件升级实现的功能，如复杂的舞蹈动作、高级的情感表达等，而是将研发资源集中于优化核心运动能力、感知能力和交互能力。如在教育领域，他们开发了定制化的教学课程和实验平台；针对工业巡检领域，优化了机器人的环境感知和数据采集功能（见图 10–1）。

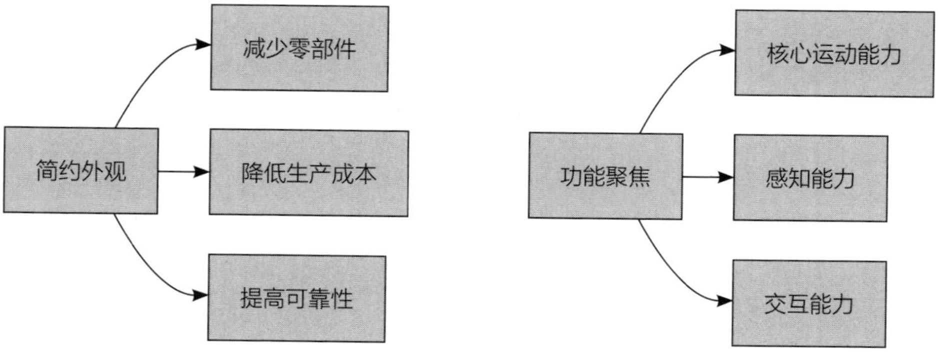

图 10–1　Unitree G1 机器人外观设计示意图

（二）定价策略

Unitree G1 机器人的定价低至 9.9 万元，这个价格背后有着深刻的成本核算依据。硬件成本方面，通过优化零部件设计和采购策略，降低了原材料和生产成本；研发成本方面，凭借自主创新和高效的研发流程，控制了研发投入；生产成本方面，采用先进的制造工艺和自动化生产线，提高了生产效率，降低了制造成本。这种定价策略打破了以往人形机器人高价的常规认知，让人形机器人不再只是科研机构和大型企业的专属，而是走进了普通消费者的视野。这迫使其他企业不得不重新审视自身的定价策略，推动整个行业朝着更具性价比的方向发展。

二、技术实现

（一）硬件架构的优化

宇树科技为实现极简主义设计和控制成本，在硬件架构上采取了多项创新措施。公司自主研发了关键零部件，如无刷电机、减速器等，不仅提升了性能，还降低了成本。例如，宇树科技自主研发的 M107 系列无刷电机，具有高扭矩密度和峰值扭矩，能够支持机器人完成跳跃、后空翻等复杂动作。这种电机采用电驱动方案替代传统液压系统，大幅降低了成本，同时提升了单位重量功率密度。此外，公司还与绿的谐波联合开发了定制谐波减速器，批量采购价仅为进口产品的三分之一。在硬件架构设计方面，宇树科技通过模块化设计和小尺寸产品策略，进一步压缩了材料与制造费用。例如，其人形机器人 G1 采用小尺寸设计，降低了材料成本。同时，公司通过垂直整合供应链，减少对外部供应商的依赖，进一步降低了核心部件的成本。

此外，宇树科技通过优化电路设计和结构布局，提高了机器人的集成度和可靠性。例如，采用模块化设计，使机器人的各个部件可以更便捷地进行更换和维护，同时也降低了硬件的复杂度和制造成本。在产品设计上，其采用小尺寸（如 G1 身高 1.27 米）和模块化结构，进一步压缩材料与制造费用。规模化量产预期也将降低边际成本。

（二）软件系统的精简与创新

在软件层面，宇树科技开发了简洁高效的运动控制算法、感知算法和人机交互界面，通过软件优化来弥补硬件简化可能带来的性能损失。例如，采用基于模型预测控制（MPC）的算法框架，通过简化算法模型，降低了计算复杂度，提高了算法的实时性和适应性。同时，开发了简洁易用的人机交互界面，支持语音交互和手势控制，提升了用户与机器人之间的交互体验。

尽管硬件成本占比高，但研发投入（如算法开发、控制系统优化）才是隐性成本的关键所在。以宇树科技为例，其工程师团队的年均研发成本较高，分摊到产品后，还需考虑软件开发的长期投入。通过软件优化，宇树科技实现了软件与硬件的高效协同，以较低的软件复杂度实现必要功能，从而有效降低了研发和维护成本（见图 10–2）。

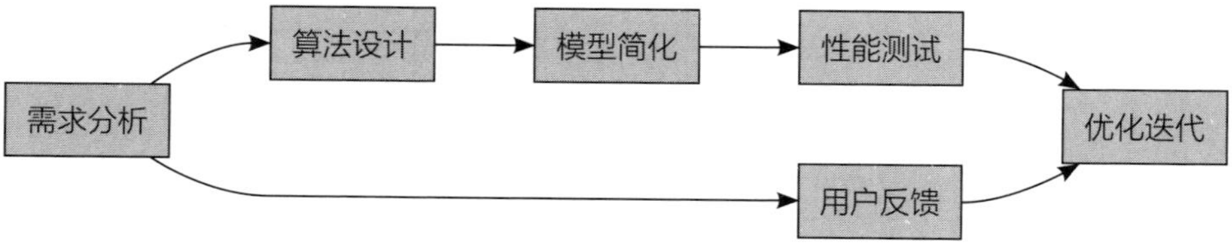

图 10–2　Unitree G1 机器人软件优化流程

三、市场推广

（一）品牌建设与营销策略

宇树科技通过多种方式提升其品牌知名度和产品影响力。首先，积极参加国内外各类机器人展会，如2024年世界机器人大会、巴塞罗那世界移动通信大会，并举办多场产品发布会，向广大消费者和企业用户展示Unitree G1机器人的独特魅力和优势。其次，利用社交媒体、短视频平台等渠道进行产品宣传和推广，发布了大量关于Unitree G1机器人的技术讲解、应用案例和用户评测等视频内容，吸引了大量粉丝关注。最后，在品牌传播过程中突出极简主义哲学和定价优势，通过与经销商、代理商等合作伙伴共同举办推广活动，如产品体验会、技术培训等，提高产品的知名度和影响力。

（二）客户反馈与市场拓展

宇树科技建立了完善的客户反馈机制，通过问卷调查、用户访谈等方式，收集客户对Unitree G1机器人的使用体验、意见和建议。基于这些反馈，公司从技术迭代、场景适配和服务优化三个方向持续改进产品。

1. 技术迭代

- **硬件升级：**通过客户反馈，宇树科技发现用户对机器人关节灵活性和负载能力有较高要求。公司迅速投入研发，对关节模块进行优化，提升了机器人的运动精度和负载能力。
- **算法优化：**用户反馈显示，机器人在复杂环境中的自主决策能力有待提升。宇树科技通过优化AI算法，使Unitree G1机器人能够更好地适应多样化的动态环境。

2. 场景适配

- **行业定制：**根据不同行业的需求，宇树科技为Unitree G1机器人开发了多种定制版本。例如，为工业巡检场景开发了具备高精度传感器和远程监控功能的版本，为教育场景开发了编程教育套件。
- **应用拓展：**通过市场调研，宇树科技发现了新的应用场景需求。例如，在医疗领域开发了用于康复治疗的辅助机器人版本。

3. 服务优化

- **售后服务**：宇树科技通过客户的使用反馈，发现售后服务响应速度和质量需要提升。为此，公司建立了快速响应的售后服务体系，提高了客户满意度。
- **技术支持**：针对客户在使用过程中遇到的技术问题，宇树科技提供详细的在线教程和技术支持，确保用户能够顺利使用产品。

四、行业影响

（一）对国内人形机器人产业的带动

宇树科技的极简主义哲学，核心在于用最少的资源创造最大的价值。它通过技术创新和成本控制，使原本高昂的机器人价格降了下来，让产品不再只是实验室里的“命脉”，而是能走进更多场景的“工具”。比如，宇树科技的四足机器人售价直接降到 1 万元以下，人形机器人售价 9.9 万元，这种定价策略在市场上是颠覆性的。它不仅仅是便宜，而是让产品具备了规模化推广的可能性。

更重要的是，其定价背后有一整套成本控制逻辑。比如，宇树科技通过自建电机生产线和垂直整合供应链，把关节模组的成本降低了 40%。这不是简单的“省钱”，而是对整个产业链效率的重新定义。再比如，宇树科技采用模块化设计和柔性代工，不仅让自己的生产周期从设计到量产缩短到 6 个月，还带动了上游供应商的技术升级。

宇树科技的供应链整合能力也值得一提。它与中大力德、长盛轴承等国内顶尖零部件供应商合作，不仅推动了高精密减速器、伺服电机等核心部件的国产化，还促成了行业技术壁垒的形成。这些供应商不仅是宇树科技的合作伙伴，更是整个国内机器人产业链的中流砥柱。可以说，宇树科技正在用自己的节奏，把国内人形机器人产业链推向一个更高的层级。

（二）在国际舞台上的影响力

宇树科技的国际影响力，不仅仅是出口量的增长，而是重新定义了中国机器人产业的地位。从曾经在全球机器人市场中处于跟随者角色，到如今凭借技术创新和产品优势成为行业的引领者，宇树科技的成功为中国机器人产业树立了新的标杆。

以四足机器人市场为例，宇树科技的出货量已占到全球的 69.7%，其产品不仅在国内广受欢迎，还成功打入欧美、日韩等多个海外市场。此外，宇树科技的人形机器人 Unitree G1 在海外市场同样表现出色，2024 年订单量较上年增长数倍，仅人形机器人在海外的销量就已达上千台。这种快速增长不仅体现了宇树科技在技术研发和产品创新上的突破，也彰显了中国机器人产业在全球市场的竞争力。

更值得注意的是，它的“高性价比”策略在国际市场上形成了独特的竞争力。它的四足机器人售价远低于波士顿动力等国际巨头的产品，而性能却毫不逊色。这种“性能与价格的不对称优势”，让宇树科技在国际市场上迅速打开了局面。

宇树科技还通过参与国际学术交流和产业论坛，进一步提升了中国在人形机器人领域的话语权。它曾多次登上国际舞台，比如在 CES 等顶级展会上亮相，向全球展示中国技术的实力。这让国际市场开始重新认识中国机器人产业，不再仅仅把中国视为“低成本制造基地”，而是开始关注中国的技术创新能力。

宇树科技的成功，其实是对“技术 + 成本 + 生态”战略的最佳诠释。宇树科技通过技术驱动降低成本，再用成本优势构建生态，最终用生态效应反哺技术。这种循环，不仅让宇树科技在全球机器人市场中占据了重要位置，也为国内机器人产业链提供了一个可借鉴的范本。

更让我感慨的是，宇树科技并不是单打独斗，而是通过带动整个供应链的升级，形成了一个协同发展的闭环。这种模式，不仅让中国机器人产业在全球市场上有了更多的话语权，也为国内其他制造业领域提供了一种全新的发展思路。

宇树科技的故事，不仅仅是一个企业的成功，更是中国制造业转型升级的一个缩影。其每一步，都在重新定义人形机器人产业的边界。

第11章 海外先锋：量产引领与 AI 突破

第1节 特斯拉：量产定义行业标准

一、技术迭代路径

（一）实验室探索与原型开发

在实验室环境中，特斯拉研发团队针对 Optimus 原型机进行了全面的技术测试与数据积累。为了实现双足行走的稳定性，团队设计了一系列模拟人类步态的实验。通过在机器人足部和身体关键部位安装传感器，实时监测其在不同地形（如平面、斜坡、台阶等）上的行走姿态和受力情况。基于传感器反馈的数据，研发团队不断优化、平衡控制算法，使机器人能够在行走过程中实时调整重心，保持稳定。

在灵巧手操作实验方面，特斯拉团队设计了多种复杂任务来测试 Optimus 手部关节的灵活性与精确度。例如，让机器人进行物体抓取与放置任务，物体包括形状不规则、大小不一的物品。通过高速摄像机和手部关节传感器，记录机器人抓取物体时的手部动作和力量分布。根据实验数据，研发团队对灵巧手的机械结构和控制算法进行调整，使机器人能够精准地抓取和操作各种复杂物体。

（二）场景适配与功能优化

从实验室走向实际生产场景的过渡阶段，特斯拉对机器人进行了针对性的功能优化。以汽车制造车间为例，根据不同工序的要求，机器人需要具备不同的功能。在零部件搬运环节，特斯拉优化了机器人的导航系统，使其能够在复杂的车间环境中快速准确地找到目标位置。同时，调整了机器人的抓取力度和动作流程，以适应不同重量和形状的零部件。

在装配环节，特斯拉进一步优化了机器人的视觉识别系统和操作精度。通过高精度摄像头和激光雷达，机器人能够准确识别零部件的位置和姿态，实现精确的装配操作。在实际应用中，特斯拉人形机器人在汽车制造车间表现出了高效率和高精度的特点。例如，在某车型的生产线上，机器人负责发动机零部件的装配工作。

（三）迭代计划与未来展望

特斯拉公布的未来几代机器人的迭代计划，包括技术改进方向和预期实现的功能突破。在技术改进方面，特斯拉将重点提升运动控制算法和感知系统的精度。例如，引入深度强化学习算法，使机器人能够在复杂环境中实现更自然、更稳定的行走。在感知系统方面，特斯拉将研发更高分辨率的传感器和更先进的数据融合算法，使机器人能够更精准地感知环境中的物体和场景。

在功能突破方面，特斯拉期望未来的机器人能够具备更复杂的环境交互能力和更自然的人机协作体验。例如，在家庭服务场景中，机器人能够与人类进行自然的语言交流，理解人类的情感和需求。在医疗护理场景中，机器人能够辅助医生进行复杂的手术操作，提供高精度的医疗辅助服务，见表11–1。

表 11-1 特斯拉迭代计划与未来展望

技术领域	改进方向	预期效果
执行器技术	新型高频响电机与高精度减速器的应用	提高关节响应速度与控制精度
材料技术	轻量化、高强度复合材料的引入	降低机器人重量，提高负载能力
运动控制算法	深度强化学习算法的引入	复杂动态环境中更自然、稳定的行走
感知算法	多传感器数据融合算法的研发	提高复杂环境下的感知能力与决策能力

二、供应链复用逻辑

（一）汽车零部件的协同降本

1. 三花智控的汽车空调零部件在机器人散热系统中的应用

特斯拉在人形机器人生产中，充分利用汽车供应链中的资源。例如，三花智控的汽车空调零部件因其在材料、制造工艺上的相似性，被改造并应用于机器人关节的散热系统。汽车空调零部件的材料通常具有良好的热传导性和耐腐蚀性，这些特性使它们在机器人关节的散热应用中表现出色。通过这种改造，特斯拉不仅降低了人形机器人的原材料采购成本，还提高了零部件的通用性和互换性。

2. 拓普集团的汽车内饰件在机器人外壳设计中的应用

拓普集团的汽车内饰件为机器人外壳提供设计和生产经验。汽车内饰件的生产在外观设计、材料选择和制造工艺上具有丰富的经验，这些经验被应用于机器人外壳的设计和生产。例如，拓普集团在汽车内饰件中广泛使用的轻量化、高强度材料，使机器人外壳更加轻便且耐用。这种协同效应不仅降低了生产成本，还提高了机器人的整体质量，见表 11-2。

表 11-2　汽车零部件在机器人中的应用

汽车零部件供应商	供应的零部件	在机器人中的应用
三花智控	汽车空调零部件	机器人关节的散热系统
拓普集团	汽车内饰件	机器人外壳的设计与生产

（二）供应商选择与合作模式

1. 与专业供应商的深度合作

特斯拉与供应商在电机、减速器等关键零部件上进行深度合作。例如，在电机方面，特斯拉与德国博世合作开发伺服电机。博世在电机制造领域拥有丰富的经验和先进的技术。通过与博世共同研发和定制化生产，特斯拉能够获得高性能、高可靠性的电机产品。在减速器方面，特斯拉与日本哈默纳科合作，优化谐波减速器的设计，提高机器人关节的传动效率。

2. 电池领域的合作与保障

在电池领域，特斯拉与宁德时代等知名供应商合作。宁德时代在电池技术领域具有领先地位，能够为特斯拉提供高性能、长续航的电池产品。通过与宁德时代的合作，特斯拉确保了人形机器人电池的性能和续航能力，满足了不同应用场景的需求。

3. 严格的供应商筛选与评估

特斯拉对供应商进行严格的筛选和评估，确保其在质量、成本、交货期等方面符合要求。特斯拉建立了完善的供应商评估体系，从产品质量、技术水平、生产能力、财务状况等多个维度对供应商进行全面评估。只有通过评估的供应商才能进入特斯拉的供应链体系，确保了供应链的稳定性和可靠性，见表 11-3。

表 11-3　特斯拉供应商合作模式

供应商	合作模式	供应的零部件	应用场景
德国博世	共同研发、定制化生产	伺服电机	机器人关节驱动
日本哈默纳科	共同研发、定制化生产	谐波减速器	机器人关节传动
宁德时代	标准化采购	电池组	机器人动力系统

（三）垂直整合与自主可控

1. 电控系统与软件算法的自主研发

特斯拉在一些核心技术领域，如电控系统和软件算法等，采取垂直整合的模式，自主研发和生产。例如，特斯拉开发的电控系统能够实现对机器人关节的精确控制，通过反馈控制算法，实时调整关节的位置和力矩，确保机器人在不同场景下的稳定运行。在软件算法方面，特斯拉研发了运动规划、路径导航、目标识别与抓取等算法，提升了机器人的智能化水平。

2. 减少外部依赖

通过垂直整合，特斯拉减少了对外部供应商的依赖。这不仅有利于保护技术机密，还可以根据自身需求进行灵活调整和优化，提高系统的兼容性和可靠性。例如，在电控系统中，特斯拉可以自由调整控制参数，优化系统性能，以适应不同应用场景的需求。

三、争议点：过度适配问题探讨

（一）技术适配性分析

1. 关节设计的灵活性

特斯拉人形机器人在汽车制造场景中的关节设计表现出色，但其灵活性在应对不同车型的装配需求时仍有提升空间。例如，机器人在处理不同形状和大小的零部件时，需要更灵活的关节来适应多样化的任务需求。相比之下，家庭和医疗场景中的任务通常需要更精细和轻柔的操作，特斯拉机器人的关节设计在这方面可能存在不足。在家庭场景中，机器人需要进行诸如摆餐具、整理书籍等轻量级任务，而其关节负载能力过高，可能导致能耗浪费。

2. 传感器的精度与通用性

特斯拉人形机器人在汽车制造车间的传感器精度基本满足需求，但在复杂生产环境中的质量检测方面仍有提高的余地。例如，在高精度装配环节，机器人对小型零部件的识别和定位精度有限，仍需人工干预。在家庭和医疗场景中，机器人需要感知更复杂的环境和对象，如识别家庭成员的表情或监测患者的生命体征。特斯拉的传感器在这些方面的覆盖范围有限，影响其对多样化环境的感知能力。

（二）应用场景的局限性

1. 汽车制造场景中的应用局限性

特斯拉人形机器人在汽车制造场景中表现出一定的应用局限性。在高精度装配环节，机器人对工人操作习惯的依赖程度较高，无法完全实现自动化。例如，某些复杂的装配任务需要工人进行精细的手动操作，机器人目前还无法完全替代。在物流搬运环节，机器人的路径规划灵活性和货物识别的准确性有待提高。例如，机器人在面对动态变化的仓库布局和多样化的货物类型时，可能无法快速调整搬运路径和识别货物。

2. 其他应用场景的功能扩展差距

与其他应用场景（如工业巡检、危险作业等）相比，特斯拉人形机器人在功能扩展和场景适应方面存在明显差距。例如，在工业巡检场景中，机器人需要具备更强的环境适应能力，能够在高温、高湿、粉尘等恶劣环境中稳定运行。在危险作业场景中，机器人需要具备更高的安全性和可靠性，能够在危险环境中执行任务而无须人工干预。特斯拉机器人目前在这方面的功能扩展相对有限。

（三）行业标准的普适性挑战

1. 平衡特殊需求与通用性要求

特斯拉人形机器人在定义行业标准时，面临着如何平衡汽车制造场景的特殊需求与其他场景的通用性要求的挑战。其制定的标准可能过于偏向汽车制造业，而忽视了人形机器人在更广泛领域的应用潜力。例如，汽车制造场景中的标准可能更多地关注机器人的负载能力、重复定位精度等指标，而对家庭、医疗等场景中的安全性、交互性等指标关注不足。其他企业和研究机构在参与行业标准制定时，需要提出更具普适性的建议，以推动人形机器人行业的全面发展。

2. 普适性建议

为了推动人形机器人行业的全面发展，其他企业和研究机构在参与行业标准制定时，可以提出以下普适性建议。

- **建立多场景测试平台**：建立涵盖汽车制造、家庭服务、医疗护理等多个场景的测试平台，对人形机器人进行全面测试和评估，确保其在不同场景中的性能和可靠性。
- **加强跨领域合作**：加强汽车制造企业、家庭服务企业、医疗机构等跨领域的合作，共同制定符合多场景需求的行业标准。
- **提升技术通用性**：在技术研发过程中，注重提升技术的通用性，使机器人能够适应不同场景的需求。例如，开发模块化的设计，使机器人能够根据任务需求灵活更换零部件和功能模块。

第2节 Figure AI：AI驱动型突围

一、技术整合与创新

（一）AI技术输血：来自OpenAI的技术与资源支持

1. 技术赋能的背景与合作模式

Figure AI作为机器人领域的创新企业，与OpenAI紧密合作，OpenAI在AI技术的多个方面对其进行输血。在自然语言处理（NLP）领域，Figure AI借助OpenAI先进的大模型，使其机器人能够高效理解复杂的语音指令。例如，在工业场景中，操作人员可通过语音命令机器人完成特定任务，机器人能够精准识别指令中的关键词汇并理解其语义，这极大提高了人机交互的效率，使机器人在生产线上的应用更加灵活。

从视觉识别技术来看，OpenAI的计算机视觉算法为Figure AI的机器人提供了精准的环境感知能力。机器人通过摄像头获取图像信息后，运用 OpenAI 的算法进行物体识别、定位和跟踪。在物流仓储场景中，机器人需在杂乱的货架间穿梭，准确识别并抓取指定物品。经 OpenAI 视觉技术支持后，机器人可在复杂的背景环境下，快速且精准地确定目标物品位置，确保物流搬运任务的高效执行。

强化学习技术的引入，让 Figure AI 的机器人在与环境的交互过程中不断优化自身策略。在动态平衡任务中，机器人需根据实时的地面情况调整姿态以保持稳定。通过强化学习，机器人可在多次尝试中学习最优的平衡策略，即使在崎岖不平的地面或受到外力干扰时，也能迅速调整步伐，恢复稳定状态，提升了其在复杂地形应用场景中的适应性。

2. 技术整合的优势与意义

技术输血模式为 Figure AI 带来显著优势。在研发周期方面，借助 OpenAI 的成熟技术成果，Figure AI 减少了从基础研究到技术应用的漫长过程。以自然语言处理模块为例，若 Figure AI 自主研发，需耗费大量时间和资源进行算法设计、训练和优化，而通过与 OpenAI 合作，其能够在较短时间内快速搭建起功能强大的语音交互系统，大大缩短了产品研发周期，使其能更迅速地将产品推向市场。

在成本控制上，这种技术获取方式也更为经济。OpenAI 已投入大量资金和人力对相关技术进行深入研究和开发，Figure AI 通过合作模式共享这些技术成果，无须重复投入巨额资金进行基础技术的研发。这使得 Figure AI 能以相对较低的成本获得先进的 AI 技术支持，降低企业研发成本的同时，提升了其在市场中的竞争力，有助于企业将更多资源集中于产品的商业化推广和应用拓展。

3. 技术压缩与加速发展

Figure AI 与 OpenAI 的合作，使前者在技术发展上实现了“快进”。以机器人的自主决策能力为例，在未引入 OpenAI 技术前，Figure AI 的机器人在面对复杂任务场景时，决策过程相对缓慢且不够精准。通过整合 OpenAI 的强化学习和自然语言处理技术后，机器人对任务指令的理解和决策响应速度大幅提升。

这种技术整合的成果不仅体现在单一技术的优化上，更在整体系统性能上得到彰显。从系统稳定性来看，在引入 OpenAI 技术后，机器人各模块间的协同更加流畅。例如，在语音指令接收、处理与运动执行的流程中，机器人能够精准地将语音指令转化为具体的运动动作，各环节之间的时延显著降低，系统稳定性显著提高，从而使机器人在长时间、高强度的工作环境下依然能保持可靠运行，减少了因系统故障导致的工作中断，进一步提升了其在工业和商业场景中的实用性和可信赖度。

（二）自主研发与技术创新：构建差异化竞争力

1. 运动控制算法优化：打造机器人的“小脑”

Figure AI 在运动控制方面进行了深度自主研发。基于强化学习与模型预测控制的结合，其运动控制算法实现了动静态场景下的精准与高效控制。在静态场景中，例如在平整的地面上进行标准化的动作演示时，机器人能精准地控制每一个关节的角度和力度，确保动作的标准化和一致性。而在动态场景下，如在人流密集的区域穿梭或在移动的平台上保持平衡时，机器人通过强化学习不断优化控制策略，模型预测控制则让机器人能够提前预测未来一段时间内的运动状态并作出相应调整，从而实现更加流畅和稳定的运动。

与传统运动控制算法相比，Figure AI 的创新之处在于其对复杂环境的快速适应能力。在面对不同地面材质、不同负载情况以及不同外界干扰等因素时，机器人通过自我学习和模型预测，能迅速调整运动参数，确保动作的准确性与自然性。例如，在从光滑的瓷砖地面切换到粗糙的地毯地面时，机器人能自动感知地面摩擦力的变化，并相应调整步伐大小和关节力量，这种快速适应能力使其在多样化的应用场景中更具优势。

2. 多模态交互：实现更加自然的沟通与操作

在人机交互领域，Figure AI 在多模态交互方面取得了显著进展。除了基本的语音交互功能外，机器人还具备视觉、触觉等多种交互方式。通过视觉交互，机器人能识别操作人员的手势指令和面部表情，实现更加直观的沟通。例如，在工厂生产线上，操作人员可以通过简单的手势向机器人示意需要哪种工具或材料，机器人能迅速理解并执行相应任务。触觉交互方面，机器人在执行一些精细操作任务时，能通过力反馈感知物体的形状、质地和硬度等信息，从而实现更加精确的操作，如在组装精密仪器时，机器人可通过触觉感知零件的细微差别，确保组装的准确性。

这种多模态交互方式不仅提升了操作的便捷性和效率，还提升了操作人员与机器人之间的协作体验。在实际应用场景中，操作人员可以根据具体任务和环境选择最适合的交互方式，实现更加自然和高效的协作。此外，多模态交互也为机器人在复杂环境下的自主协作提供了可能，例如在多个机器人共同完成一项任务时，它们可以通过相互之间的视觉和触觉交互，实现更加精准的分工和协作，提高整体工作效率。

3. 技术创新带来的差异化优势

技术创新使 Figure AI 在市场中具备了独特的竞争优势。与其他竞争对手相比，Figure AI 的机器人在运动控制和多模态交互方面的性能更加出色，能够更好地满足不同行业和场景的多样化需求。在物流行业中，机器人通过精准的运动控制和多模态交互，能更加高效地完成货物搬运和分拣任务，减少人工操作失误，提高物流效率。在医疗康复领域，机器人凭借精细的触觉交互和稳定的运动控制，能为患者提供更加个性化和精准的康复训练服务，助力患者更快恢复健康。这些差异化优势为 Figure AI 在市场拓展和品牌建设方面奠定了坚实基础。

二、场景验证与应用拓展

（一）宝马工厂场景验证：从实验室到工业应用的跨越

1. 宝马工厂的应用场景与任务

在宝马工厂，Figure AI 的机器人被赋予了多样化的任务。在线边物流环节，机器人负责将生产所需的零部件从仓库运输到生产线边。它们能够按照预设的路线自主导航，在复杂的工厂环境中躲避障碍物和人员，确保零部件的及时供应。例如，在汽车装配车间，机器人会根据生产计划，将不同型号的发动机、底盘零部件等准时送达相应的工位，减少生产线的等待时间，提高生产效率。

在装配辅助方面，机器人通过视觉识别和运动控制技术，协助工人完成一些高精度的装配任务。例如，在安装汽车的精密电子元件时，机器人能利用其视觉系统精准识别元件的位置和方向，并通过灵巧的手部操作完成安装工作，有效提高装配的准确性和一致性，降低因人为因素导致的装配错误，保障产品质量。

2. 场景验证对技术迭代的推动作用

在宝马工厂的实际应用过程中，Figure AI 的机器人经历了多种复杂场景的考验，推动了技术的不断迭代。在与工厂内部复杂多变的环境交互过程中，机器人通过大量的实际操作数据反馈，使其能够不断优化自身的行为策略和任务执行方式。例如，在应对不同车型生产线的切换时，机器人通过学习不同车型的零部件特征和装配流程，逐渐适应多样化的生产需求，提高了自身在复杂工业场景中的适应性和灵活性。

从技术性能提升的角度来看，在宝马工厂的应用使机器人的运动控制精度和多模态交互响应速度得到了显著提升。通过在实际生产线上与工人协同工作，机器人不断调整和优化自身的运动轨迹和交互方式，以更好地配合工人的操作节奏。

3. 宝马工厂合作的示范效应

与宝马工厂的成功合作为Figure AI带来了显著的示范效应，吸引了其他汽车制造商的关注。例如，奔驰、奥迪等汽车品牌开始与Figure AI接洽，探讨在自身生产工厂中引入其机器人解决方案的可能性。此外，这种示范效应还辐射到了汽车零部件供应商领域，如博世、大陆等知名供应商企业，也对Figure AI的机器人在零部件生产和仓储管理等方面的应用表示出了浓厚兴趣，纷纷开展合作洽谈，为Figure AI进一步拓展市场提供了良好的契机。

（二）应用场景多元化拓展：迈向更广阔的市场空间

1. 物流仓储领域的应用拓展

在物流仓储领域，Figure AI的机器人已在多个环节得到了应用。在库存管理方面，机器人通过激光雷达和视觉传感器对仓库内的货物进行扫描和识别，建立三维库存模型，实现实时库存监控与管理。它们能够精准地定位每一类货物的存放位置和数量，并自动生成库存报表，为仓库管理人员提供决策支持。

在货物分拣环节，机器人通过视觉识别和机械臂操作，能够快速准确地分拣不同种类的包裹。它们可以根据包裹上的条形码、二维码等信息，快速判断其目的地和类别，并将包裹分拣到相应的出货通道。在快递物流中心，机器人每小时可分拣数千件包裹，分拣错误率极低，有效缓解了物流高峰期的人工分拣压力，提高了物流配送的速度和可靠性。

2. 医疗康复领域的应用探索

在医疗康复领域，Figure AI 的机器人展现出了良好的应用前景。在康复训练方面，机器人通过与患者的身体接触和交互，为患者提供个性化的康复训练方案。例如，对于肢体运动功能障碍的患者，机器人可通过感知患者肢体的力量、关节活动度等信息，制订相应的训练计划，辅助患者进行肢体运动训练。在训练过程中，机器人能够实时监测患者的运动状态，根据患者的反馈调整训练强度和方式，确保康复训练的安全性和有效性。

在患者监护方面，机器人通过视觉和听觉传感器对患者进行实时监护，及时发现患者的异常情况并发出警报。例如，在养老院或医院病房中，机器人可对患者的活动情况进行监测，当患者出现跌倒或其他危险情况时，机器人能够迅速发出警报并通知医护人员，同时启动应急处理程序，为患者的健康和安全提供有力保障。目前，Figure AI 与一些医疗机构正合作开展相关临床试验，以进一步优化机器人的康复和监护功能，推动其在医疗康复领域的广泛应用。

3. 家庭服务领域的市场潜力与挑战

Figure AI 的机器人在家庭服务领域的应用也具有广阔的市场潜力。在智能家居控制方面，机器人可作为家庭智能中枢，通过语音和手势交互，控制家庭中的各种智能设备。例如，用户可以通过语音命令机器人调节空调温度、打开窗帘、播放音乐等，让家庭生活更加便捷和舒适。此外，机器人还能学习用户的使用习惯，为用户提供个性化的智能家居服务，如根据用户的生活习惯自动调整灯光亮度、在用户回家前提前启动晚餐烹饪设备等。

在家庭清洁和护理方面，机器人能够完成扫地、拖地、擦拭家具等清洁任务，还能为老人和儿童提供基本的护理服务。然而，机器人在家庭服务领域也面临着一些挑战，如如何确保机器人在家庭环境中的安全性、如何提升机器人在复杂家庭场景中的自主决策能力以及如何降低机器人成本以使其更具市场竞争力等。目前，Figure AI 正针对这些挑战进行研发和优化，努力推动机器人在家庭服务领域的商业化应用。

三、市场策略与未来发展

（一）精准市场定位与竞争优势构建

1. 市场定位的明确与细分

Figure AI 将其机器人定位为“AI 驱动的工业与服务机器人解决方案提供商”。在工业领域，其主要针对汽车制造、电子信息、物流仓储等行业，提供用于生产自动化、物流搬运和设备维护等场景的机器人解决方案。在服务领域，则重点聚焦于医疗康复、家庭服务、商业清洁等市场，满足不同用户群体的服务需求。这种明确的市场定位使 Figure AI 能够集中资源，针对特定行业和应用场景进行深度研发和优化，提高产品的专业性和竞争力。

进一步细分市场，Figure AI 还根据不同用户的预算和功能需求，推出了不同配置和功能的机器人产品。例如，在物流仓储领域，针对大型物流企业推出了具备高效搬运和智能分拣功能的高端机器人，而针对小型仓储企业则推出了功能简化、成本较低的入门级机器人。这种细分市场策略有助于 Figure AI 更好地满足不同用户群体的需求，扩大市场覆盖范围，提高市场份额。

2. 竞争优势的建立与巩固

在技术层面，Figure AI 凭借其先进的 AI 技术和自主研发的运动控制算法等核心技术，构建了显著的技术壁垒。与其他竞争对手相比，其机器人在运动控制精度、多模态交互响应速度以及适应复杂环境的能力等方面具有明显优势。例如，其运动控制精度能够达到毫米级，多模态交互响应时间仅为几百毫秒，这些技术性能指标使其在市场竞争中脱颖而出。

在品牌建设方面，通过与宝马等知名企业的合作以及在多个行业成功应用的案例，Figure AI 逐渐树立了良好的品牌形象，提升了品牌知名度和美誉度。其品牌被越来越多的行业用户认可和信赖，成为其在市场竞争中的重要无形资产。此外，Figure AI 还注重知识产权保护，积极申请专利和商标，通过法律手段维护自身的技术创新成果和品牌权益，进一步巩固其竞争优势。

（二）未来发展展望：技术迭代与市场拓展并进

1. 技术研发与产品迭代

Figure AI 将持续加大在技术研发方面的投入，不断优化现有技术并探索新的技术方向。在 AI 技术方面，Figure AI 将进一步深化与 OpenAI 等技术合作伙伴的合作，引入更先进的大语言模型和多模态大模型，提升机器人的智能决策和交互能力。例如，Figure AI 计划在未来两年内将机器人的自然语言理解能力提升到新的水平，使其能够理解更加复杂的语言指令和语境含义，实现更加自然和高效的语音交互。

在运动控制技术方面，Figure AI 将致力于研发更加高效、精准的控制算法和执行机构；通过引入新型传感器技术和材料科学的创新成果，提升机器人的触觉感知和运动灵活性。例如，Figure AI 计划在未来三年内开发出具备更高灵敏度的触觉传感器和更加灵活的机械臂关节，使机器人在精细操作任务中的表现更加出色，进一步拓展其在工业制造和医疗康复等领域的应用深度和广度。

2. 市场拓展与全球布局

在市场拓展方面，Figure AI 将从现有的汽车、物流、医疗等领域向更多行业和领域延伸。在教育领域，探索开发用于辅助教学和学生管理的机器人产品，为教育行业提供智能化解决方案。在农业领域，研究如何利用机器人技术实现农业生产的自动化和智能化，如开发用于农作物种植、采摘和病虫害监测的机器人，助力农业现代化发展。

在全球布局方面，Figure AI 将积极开拓国际市场，与全球更多的企业和机构建立合作关系。在欧洲，计划与当地的制造业和服务业企业合作，在德国、法国等制造业发达的国家设立研发中心和生产基地，打造欧洲区域的技术和市场中心。在亚洲，将进一步扩大在中国、日本、韩国等国家的市场份额，与当地的科技企业、高校和科研机构开展深入合作。

第 3 节 Agility Robotics：物流场景单点突破

一、企业概况与定位

（一）创立背景与发展历程

Agility Robotics 成立于 2015 年，其创立背景源于对机器人技术在特定场景下应用潜力的深刻洞察。当时，机器人技术在工业领域已有广泛应用，但在物流等复杂场景下的应用还处于起步阶段。创始团队看到了物流行业中劳动力短缺和自动化需求之间的矛盾日益突出，认为人形机器人在这一领域具有巨大的应用潜力。从成立初期，公司便专注于研发适用于物流场景的人形机器人，经过多年的发展，逐步成为该领域的先锋企业。

2017 年，Agility Robotics 推出了其首款原型机器人，虽然功能尚不完善，但这一突破性成果为公司后续的发展奠定了基础。2019 年，该公司与亚马逊达成合作，这是一个重要的转折点，为其产品提供了大规模应用的机会。此后，公司不断优化产品性能，扩展应用场景，于 2021 年实现了机器人在多个物流中心的常态化应用，标志着其技术的成熟和市场认可度的提升。

（二）市场定位与专注领域

1. 选择物流场景的战略考量

物流行业具有广阔的市场空间和迫切的自动化需求。随着电商的快速发展，物流包裹的数量呈爆发式增长，传统的人工搬运和分拣方式效率低下且成本高昂。人形机器人具备在复杂环境中灵活操作的能力，能够有效提高物流效率、降低人力成本，并减少货物损坏率，因此，物流场景成了 Agility Robotics 立足的战略要地。

2. 目标客户群体和市场细分

Agility Robotics 的目标客户主要包括大型物流企业、电商巨头以及制造业中的物流环节供应商等。公司针对不同的客户群体，提供定制化的解决方案，例如为电商企业提供高效的商品分拣和搬运服务，为制造业企业优化厂内物流流程等，通过精准的市场细分，满足不同客户的特定需求。

二、产品设计与技术优势

（一）机器人 Digit 详解

1. 外观与结构设计

- **尺寸、重量、材质：**机器人 Digit 的设计充分考虑了物流场景的实用性。其身高约 1.75 米，重量在 65 千克左右，尺寸和重量的优化使其能够在狭小的物流通道和货架间灵活穿梭，同时具备足够的负载能力。机器人的身体采用高强度轻质材料制造，既保证了结构的稳定性，又减轻了自重，提高了运动的灵活性和能效。

- **关节结构与仿生学原理**：Digit 的关节结构设计借鉴了人类的骨骼和肌肉系统，通过精密的机械结构和先进的驱动技术，实现了类似人体的运动方式。例如，其髋关节和膝关节的结构能够模拟人类的行走和上下楼梯动作，踝关节的设计则具备良好的灵活性和稳定性，使其能够在不平坦的地面上保持平衡。

2. 运动能力

- **双足运动控制技术**：Agility Robotics 在双足运动控制方面取得了显著的成就。机器人 Digit 采用了先进的传感器融合技术和实时控制算法，能够精确感知周围环境并快速调整步态。无论是在平稳的地面还是在复杂的障碍物环境中，机器人都能保持稳定的行走状态，其行走速度可达到每秒 1.5 米左右，能够满足物流场景中快速搬运和分拣的需求。
- **平衡机制与稳定控制**：平衡控制是双足机器人运动的关键技术之一。机器人 Digit 配备了高精度的惯性测量单元和六维力觉传感器，能够实时监测机器人的姿态和受力情况。通过复杂的反馈控制算法，机器人能够在受到外力干扰或在不稳定的地面上迅速恢复平衡，确保在物流操作过程中的安全性和可靠性。

3. 抓取与操作能力

- **机械臂的灵活性与精准度**：机器人 Digit 的机械臂设计具备高度的灵活性和精准度。机械臂的关节采用了高精度的减速器和伺服电机，能够实现毫米级的运动精度。机械臂的长度和自由度经过优化，使其能够在较大的工作范围内进行抓取和操作，满足不同尺寸货物的处理需求。
- **手部设计与多样抓取方式**：机器人的手部设计是其实现多样化抓取的

关键。机器人 Digit 的手部配备了柔软的橡胶材质和高灵敏度的触觉传感器，能够根据货物的形状、大小和材质自动调整抓取力度和方式。无论是小型的零件还是大型的纸箱，机器人都能稳定地抓取和搬运，同时避免对货物造成损坏。

（二）技术优势与创新点

1. 感知与交互技术

- **传感器类型与功能**：机器人 Digit 搭载了多种先进的传感器，包括视觉传感器、深度相机、触觉传感器和力觉传感器等。视觉传感器能够捕捉周围环境的图像信息，深度相机则用于测量物体的距离和三维形状，触觉传感器和力觉传感器分别用于感知接触力和物体的重量。这些传感器共同工作，为机器人提供了全面的环境感知能力。
- **环境感知与人机交互**：通过传感器融合技术，机器人 Digit 能够准确识别物流场景中的货物、货架、障碍物和人员等信息。在人机交互方面，机器人能够理解操作人员的手势和语音指令，实现高效的协同工作。例如，当操作人员通过手势指示机器人搬运某个货物时，机器人能够准确识别并执行相应的操作。

2. 智能规划与决策算法

- **路径规划算法**：Agility Robotics 为机器人 Digit 开发了智能的路径规划算法。该算法能够根据物流中心的布局和货物的位置信息，自动生成最优的搬运路径。在路径规划过程中，考虑了机器人的运动学模型、障碍物分布和交通流量等因素，确保机器人能够快速、安全地完成搬运任务。
- **任务分配与自动调度**：在物流场景中，机器人 Digit 通常需要与其他机器人或设备协同工作。公司开发的任务分配与自动调度系统能够根据任务的优先级和机器人的状态，实时分配工作任务并优化调度方案。例如，当多个机器人同时在物流中心工作时，系统能够自动协调它们的工作，避免冲突和拥堵，提高整体工作效率。

三、物流场景应用实践

（一）与亚马逊的合作

1. 合作背景

亚马逊作为全球最大的电商企业之一，其物流体系庞大而复杂，对自动化搬运和分拣技术有着迫切的需求。Agility Robotics 与亚马逊的合作始于 2019 年，双方的目标是通过机器人 Digit 提高物流效率、降低人力成本，并提升物流操作的准确性和安全性。亚马逊希望通过引入人形机器人技术，进一步优化其物流流程，应对日益增长的业务需求。

2. 应用案例与成果

在亚马逊的物流中心，机器人 Digit 目前主要承担的任务是协助员工进行空塑料托盘的搬运。这一任务属于高度重复性工作，旨在减轻员工的体力劳动。机器人 Digit 的设计使其能够在人类工作环境中安全高效地操作，其尺寸和形状适合在为人类设计的建筑中工作。

机器人 Digit 配备了先进的传感器阵列，包括激光雷达、深度相机和立体相机，能够实时感知周围环境并适应障碍物或不平整的地面。目前，亚马逊正在其位于西雅图附近的物流中心测试机器人 Digit，初步应用包括搬运空托盘等简单但重复性高的任务。虽然机器人 Digit 的设计目标是与人类员工协作，提升工作环境的安全性和效率，但其在复杂任务中的应用仍在探索阶段。

总体而言，机器人 Digit 的引入标志着亚马逊在物流自动化领域的新尝试，未来可能会扩展到更多物流任务中。

（二）其他物流场景拓展

1. 不同物流场景的适应性调整

除了亚马逊的物流中心，Agility Robotics 还积极将机器人 Digit 拓展到其他物流场景。例如，在港口货物装卸场景中，公司针对港口环境的特点，对机器人 Digit 的防护等级、负载能力和抗风性能等进行了优化调整，使其能够适应户外复杂的工作条件。在航空物流领域，机器人则需要满足严格的安检和安全标准，公司通过改进机器人的材料和结构设计，使其符合航空物流的安全要求。

2. 成功案例与经验总结

在多个物流场景的实践中，机器人 Digit 取得了显著的成果。例如，在亚马逊的物流中心，机器人 Digit 经过测试后，其工作效率已达到人类速度的 75%，任务完成成功率高达 97%。此外，机器人 Digit 在 GXO Logistics 的仓库中完成了超过 1 万个订单的搬运工作，展现了其在物流领域的实际应用潜力。这些成果表明，机器人 Digit 在提高物流效率和适应复杂环境（尤其是在传统自动化设备难以应对的场景）方面具有显著优势。

四、技术研发与创新

（一）研发团队与资源投入

Agility Robotics 拥有一支由机器人技术专家、人工智能科学家、机械工程师和软件工程师等组成的高素质研发团队。团队成员大多具有机器人学、计算机科学、机械工程等相关领域的博士学位或丰富的行业经验，涵盖了从基础理论研究到产品开发与应用的各个专业领域，形成了完整的技术研发体系。

公司高度重视研发工作，将大量资源投入技术研发中。这些资金主要用于研发设备的购置、人才的引进和培养以及科研项目的开展等。通过合理的资源分配策略，确保了研发工作的顺利进行和技术创新的持续推进。

（二）产学研合作与创新生态

Agility Robotics 积极与全球知名高校和科研机构开展合作，共同开展前沿技术的研究和人才培养。例如，该公司与斯坦福大学、麻省理工学院等高校建立了长期的合作关系，开展了关于人形机器人运动控制、人工智能算法和智能感知技术等方面的合作研究项目。这些合作不仅为公司提供了强大的技术支持，也为高校和科研机构提供了实践平台和技术应用场景。

该公司还积极参与行业技术交流和合作活动，通过参加国际机器人展览会、技术研讨会等方式，与同行企业分享技术经验和创新成果。同时，与上下游企业建立了紧密的合作关系，共同推动机器人产业链的发展和完善，构建了一个良好的创新生态系统。

五、未来展望与挑战

（一）市场拓展与产品迭代

随着物流行业的数字化转型和自动化升级加速，Agility Robotics 计划进一步拓展全球市场，尤其是在新兴经济体中寻求更多的市场机会。该公司将继续加强与大型物流企业、电商巨头和制造业企业的合作，不断拓展物流场景的应用范围，如冷链物流、医药物流等细分领域，以满足不同行业和客户的个性化需求。

为了保持技术领先和市场竞争力，Agility Robotics 制订了产品升级计划。在技术路线上，公司将重点提升机器人 Digit 的智能感知能力、运动控制精度和续航能力。例如，通过引入更先进的传感器技术和深度学习算法，进一步提高机器人在复杂环境中的感知能力和决策能力；优化机械结构和驱动系统，提高机器人的负载能力和运动稳定性；研发高效的电池技术和能量管理系统，延长机器人的续航时间，为产品的迭代升级提供坚实的技术支撑。

（二）技术瓶颈与应对策略

尽管 Agility Robotics 在人形机器人技术方面取得了显著的成就，但仍面临一些技术瓶颈。例如，机器人在复杂环境中的长尾场景应对能力仍有待提高，对一些特殊材质和形状的货物的抓取和操作还不够精准；机器人的续航能力有限，限制了其在长时间、高强度物流作业中的应用；此外，机器人之间的协同工作能力和与现有物流系统的集成度也有待进一步优化。

针对上述技术难题，Agility Robotics 采取了一系列解决方案和创新思路。在机器人智能感知方面，加大了对深度学习算法和传感器融合技术的研发投入，通过模拟人类的视觉和触觉感知机制，提高机器人对复杂物体的识别和理解能力；在续航能力提升方面，与电池技术供应商合作，研发高能量密度的电池和快速充电技术，同时优化机器人的能量消耗模式；在协同工作和系统集成方面，加强与其他企业和技术供应商的合作，共同开发标准化的接口和通信协议，实现机器人之间的无缝协同和与物流系统的高效集成。

（三）行业竞争与战略布局

在海外人形机器人市场中，Agility Robotics 面临着来自特斯拉、Figure AI 等企业的竞争。特斯拉在机器人硬件设计和供应链管理方面具有强大的优势，其人形机器人 Optimus 在特斯拉的工厂中得到了广泛的应用；Figure AI 则通过 OpenAI 的技术赋能，在机器人智能算法和 AI 应用方面具有一定的领先优势。这些竞争对手的技术路线和市场策略各有特点，对 Agility Robotics 构成了较大的竞争压力。

为了在激烈的市场竞争中脱颖而出，Agility Robotics 制定了差异化的战略布局。公司将继续深耕物流场景，专注于提升机器人在物流搬运、分拣和操作方面的性能和可靠性，通过与物流企业的深度融合，打造具有场景优势的产品和解决方案。同时，公司还将加强在技术研发、人才培养和品牌建设等方面的投入，不断提升自身的核心竞争力，构建技术壁垒和品牌优势，实现可持续发展。

第 4 节 1X Technologies：端到端模仿范式

一、公司概况与技术愿景

（一）发展历程

1. 创立背景与早期探索

1X Technologies 成立于 2015 年，总部位于美国硅谷。硅谷作为全球科技创新的腹地，拥有丰富的人才资源和技术积累，为 1X Technologies 的诞生提供了肥沃的土壤。成立初期，1X Technologies 便锁定了人形机器人这一前沿领域，致力于探索如何将人工智能与机器人硬件深度融合，以创造出能够真正融入人类生活、为人类提供实质性帮助的智能机器人。在早期探索阶段，1X Technologies 面临着诸多技术难题和不确定性，但通过不断试错和积累，逐步明确了以模仿人类行为为核心的技术研发方向。

2. 关键节点与里程碑

2017 年，1X Technologies 成功研发出第一代原型机器人，虽然功能相对简单，但验证了其模仿学习算法的基本可行性，这标志着公司在技术道路上迈出了坚实的第一步。2019 年，公司获得了一轮巨额融资，这为其进一步扩大研发团队、优化技术和加速产品迭代提供了强大的资金支持。2021 年，1X Technologies 的人形机器人在家庭服务场景下的测试取得了突破性成果，机器人能够在模拟家庭环境中完成一系列复杂的家务任务，如扫地、洗碗等，并表现出较高的智能化水平和自然交互能力，引起了行业的广泛关注。2023 年，1X Technologies 正式推出了首款面向消费市场的家庭服务机器人 NEO，产品一经问世，便在市场上掀起了轩然大波，吸引了众多消费者和投资者的目光，也让人形机器人在家庭服务领域的应用前景变得更加明朗（见图 11-1）。

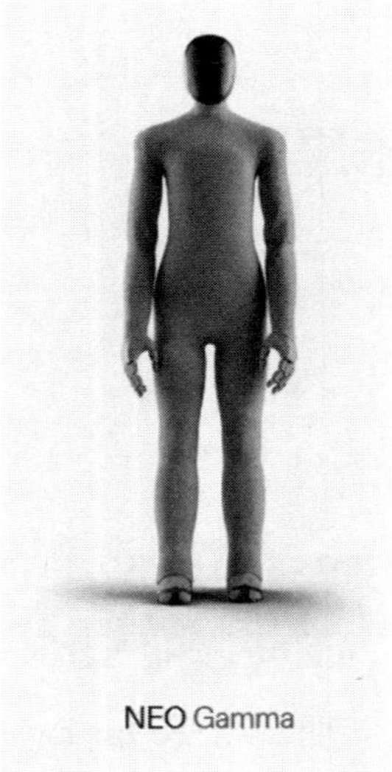

图 11-1　1X Technologies 第一代原型机器人

资料来源：1X Technologies 官网。

（二）核心团队

1. 创始人及领导层

1X Technologies 的创始人兼首席执行官马克·约翰逊（Mark Johnson）是一位在机器人领域和人工智能领域都有着深厚造诣的专家。他拥有麻省理工学院的机器人学博士学位，在就读博士期间专注于研究机器人模仿学习和人机交互技术，曾多次在国际顶级学术期刊上发表相关论文，其研究成果为 1X Technologies 的技术发展奠定了坚实的理论基础。在加入 1X Technologies 之前，他曾在多家知名科技企业担任要职，积累了丰富的技术研发和团队管理经验。在他的领导下，1X Technologies 始终保持着对技术创新的执着追求和对市场需求的敏锐洞察力。

公司的其他领导层成员也个个来头不小。首席技术官艾米丽·陈（Emily Chen）曾在谷歌人工智能团队负责多个重要项目的开发工作，擅长将前沿的 AI 技术应用于实际产品中，她在 1X Technologies 负责带领团队攻克技术难题，推动机器人核心技术的不断创新。首席产品官詹姆斯·威尔逊（James Wilson）则具有丰富的产品设计和市场推广经验，他深知消费者在家庭服务方面的痛点和需求，能够从用户角度出发，设计出既实用又具有吸引力的机器人产品，并制定有效的市场策略将产品推向大众市场。

2. 研发团队专业构成

1X Technologies 的研发团队由一群来自世界各地的顶尖科学家、工程师和设计师组成，涵盖了机器人学、机械工程、电子工程、计算机科学、人工智能、认知科学等多个学科领域。这种跨学科的人才结构使得团队能够从不同角度思考和解决问题，形成强大的技术创新合力。例如，机械工程和电子工程专业的工程师们负责设计和优化机器人的硬件结构，确保其具备足够的灵活性、稳定性和可靠性；计算机科学和人工智能专业的专家们则专注于开发先进的算法和软件系统，让机器人能够实现智能感知、决策和行为控制；而认知科学领域的研究者们则为机器人的人机交互设计提供了重要的理论支持，使机器人能够更好地理解和回应人类的情感和意图，实现更加自然流畅的人机沟通与协作。

（三）技术愿景

1. 以端到端模仿范式推动人形机器人发展

1X Technologies 的技术愿景是通过端到端模仿范式，彻底变革人形机器人的研发和应用方式，使其能够像人类一样自然地学习、感知和行动，从而在各种复杂场景下为人类提供高效、便捷、个性化的服务。端到端模仿范式的核心在于让机器人直接从人类的示范行为中学习，跳过了传统编程中烦琐的手动规则设定和特征提取过程，大大提高了机器人的学习效率和适应能力。这种范式不仅能够让机器人快速掌握特定任务的执行方法，还能使其在面对新环境和新任务时，具备自主学习和泛化的能力，为实现真正意义上的通用人形机器人奠定了基础。

2. 实现家庭服务场景下自然交互的技术蓝图

在家庭服务场景中，1X Technologies 致力于让其人形机器人成为人类家庭成员的得力助手和亲密伙伴，而不仅仅是冷冰冰的工具。公司的技术蓝图描绘了一个充满温暖和智能的家庭服务机器人形象：它能够通过自然语言、手势、表情等多种方式与家庭成员进行无缝沟通和互动，理解家庭成员的需求和偏好，主动提供个性化的服务，如为老人和儿童提供陪伴和照顾、协助家庭成员完成各种家务劳动等。同时，机器人还能够与家庭环境中的其他智能设备实现互联互通，形成一个智能化的家庭生态系统，为家庭成员创造更加舒适、便捷、安全的生活环境。

二、端到端模仿范式详解

（一）模仿学习原理

1. 基于深度学习的行为模仿机制

端到端模仿范式的核心是利用深度学习算法，让机器人能够自动从大量的人类行为数据中学习和提取特征，构建出一个能够映射人类行为到机器人行为的模型。具体来说，首先通过各种传感器（如摄像头、关节编码器、力传感器等）采集人类执行特定任务时的行为数据，包括动作轨迹、力度、速度、环境感知信息等。然后，将这些数据输入深度神经网络中进行训练，网络会自动学习到人类行为与任务目标之间的复杂关系，以及如何在不同环境下调整行为以达成目标。在训练过程中，通过不断地调整网络的参数，使得机器人在模拟执行任务时的行为与人类示范行为之间的差距逐渐减小，直到达到满意的精度为止。

2. 从数据到行为的映射过程

从数据到行为的映射是端到端模仿范式的关键环节。在这一过程中，深度学习模型起到了桥梁作用。以机器人学习扫地任务为例，采集的人类扫地行为数据包含了扫帚的运动轨迹、扫地时的力度、清扫的顺序、对不同地面材质的适应性操作等丰富信息。这些数据被转化为数值形式输入神经网络后，网络会通过多层非线性变换，提取数据中的关键特征，并将其映射到机器人的关节运动指令、吸尘器功率调节指令等具体行为输出上。经过充分训练后，当机器人面对类似的清扫任务时，它就能够根据环境感知数据（如地面障碍物分布、地面材质等），通过所学的映射模型自动生成相应的行为指令，完成扫地任务，而且其清扫效果和效率能够接近甚至超越人类水平。

（二）数据采集与处理

1. 多源数据采集方法

为了使机器人能够全面、准确地学习人类行为，1X Technologies 采用了多源数据采集方法。除了上述提到的传感器数据，还通过穿戴设备采集人类的动作姿态数据，利用语音识别设备采集人类的操作指令和交流语音数据，甚至通过眼动仪采集人类的视觉注意力焦点数据等。这些多源数据从不同角度反映了人类在执行任务时的行为特征和认知过程，为机器人提供了更加丰富的学习素材。例如，在采集家庭烹饪任务的数据时，除了记录灶具操作、食材处理等动作数据外，还会采集厨师对菜谱的阅读和理解数据、对火候和调料的调整数据以及与家人交流烹饪心得的数据等，使得机器人不仅能够学会如何烹饪出美味的菜肴，还能分析烹饪背后的逻辑和情感因素。

2. 数据预处理与标注体系

采集到的原始数据往往包含大量的噪声和冗余信息，需要进行预处理才能用于模型训练。预处理过程包括数据清洗、滤波、归一化等操作，以提高数据的质量和一致性。同时，为了使数据能够被深度学习模型有效利用，还需要建立一套严谨的数据标注体系。标注内容涵盖了行为类别、行为阶段、环境特征、目标对象等多维度信息。例如，在标注家庭清洁任务数据时，会详细标注每一个清洁动作的起始时间、结束时间、动作类型（如擦桌子、拖地等）、清洁工具的使用情况、被清洁物体的类别和位置等信息。这样，在模型训练过程中，网络就能够根据标注信息准确地将数据与相应的任务目标和行为模式对应起来，从而提高学习效果和模型的准确性。

（三）模型训练与优化

1. 深度学习模型架构选择

针对人形机器人端到端模仿学习的特点，1X Technologies 选择了多种深度学习模型架构进行实验和优化，最终确定了一套以卷积神经网络（CNN）和循环神经网络（RNN）为主干的混合模型架构。CNN 擅长处理图像、语音等感知数据，能够有效地提取环境和人类行为的视觉特征；而 RNN 则在处理序列数据方面具有优势，适合对人类行为的动作轨迹等时间序列信息进行建模。在模型训练中，CNN 部分首先对输入的图像和传感器数据进行特征提取，然后将提取到的特征向量输入到 RNN 部分，RNN 根据时间序列关系对行为进行预测和生成。通过这种混合架构，机器人能够更好地理解和模仿人类行为在时空上的复杂变化。

2. 训练算法与优化策略

在模型训练过程中，1X Technologies 采用了多种先进的训练算法和优化策略。例如，使用了自适应学习率调整算法，根据模型在训练过程中的损失函数变化情况，自动调整学习率的大小，以加快模型收敛速度并避免出现振荡现象。同时，引入了批量归一化（Batch Normalization）技术，对每一批次的输入数据进行归一化处理，提高了模型对不同数据分布的适应能力和训练稳定性。此外，还采用了数据增强技术，通过对原始数据进行随机裁剪、旋转、添加噪声等操作，生成更多的训练样本，增加了模型的泛化能力，使其在面对各种复杂多变的实际场景时，仍能够保持良好的性能表现。

三、技术架构与硬件协同

（一）软件系统架构

1. 感知、决策与执行模块划分

1X Technologies 的人形机器人软件系统架构采用了感知、决策与执行三个主要模块的划分方式，各模块之间相互协作，共同实现机器人的智能行为控制。感知模块负责通过各种传感器采集外部环境信息和自身状态信息，并对这些信息进行预处理和融合，为决策模块提供准确的环境感知数据。决策模块基于感知模块提供的数据，结合任务目标和先验知识，利用所学的深度学习模型进行行为决策和任务规划，生成相应的控制指令。执行模块则负责将决策模块生成的控制指令转化为具体的机器人关节运动和工具操作动作，驱动机器人完成实际任务。例如，在机器人执行家庭物品整理任务时，感知模块会通过摄像头和传感器感知物品的位置、形状、大小等信息，决策模块根据这些信息决定如何抓取和摆放物品，执行模块则精确控制机器人的手臂和手指关节运动，完成物品的抓取和放置操作。

2. 软件系统协同工作流程

整个软件系统的协同工作流程是一个循环往复的闭环过程。首先，感知模块实时采集环境和自身状态数据，并将其传输给决策模块。决策模块根据接收到的数据，结合任务目标和模型预测结果，制定出对应的行为策略和控制指令，然后将这些指令发送给执行模块。执行模块按照指令驱动机器人进行动作执行，并在执行过程中不断反馈机器人的实际状态信息给感知模块，以便及时调整决策和控制策略。这个闭环流程能够确保机器人在复杂动态环境中始终保持对环境的准确感知和行为的及时调整，实现高效、稳定的任务执行。

（二）硬件系统设计

1. 关节结构与驱动装置

1X Technologies 在人形机器人硬件系统设计方面，特别注重关节结构和驱动装置的优化。为了实现机器人关节的灵活运动和高精度控制，1X Technologies 采用了旋转关节和平移关节相结合的设计方案。旋转关节部分采用了谐波减速器与无框电机的组合，谐波减速器具有高减速比、高精度、高刚性的特点，能够有效地降低电机转速并增加输出扭矩，同时保证关节运动的精度和稳定性；无框电机则具有体积小、重量轻、功率密度高的优点，能够提供足够的动力输出，满足机器人关节运动的需求。平移关节部分则采用了行星滚柱丝杠与直线电机的组合，行星滚柱丝杠具有高效率、高精度、长寿命的特点，能够将旋转运动精确地转换为直线运动；直线电机则能够直接产生直线驱动力，具有快速响应、高精度控制的优点，使得机器人的直线运动关节能够实现高速、精准的操作。

2. 传感器布局与功能

传感器是人形机器人感知外部世界和自身状态的关键部件，1X Technologies 在传感器布局上进行了精心设计。在机器人头部安装了高分辨率摄像头和深度传感器，用于获取环境的视觉信息，包括物体识别、场景解析、人脸检测等；在关节处安装了角度传感器和扭矩传感器，用于实时监测关节的运动角度和受力情况，为运动控制提供反馈信息；在手掌和脚底安装了压力传感器和六维力觉传感器，用于感知抓取物体的力度和地面的接触力情况，实现精准的抓取和平衡控制；此外，还在机器人内部集成了惯性测量单元，用于监测机器人的姿态和加速度信息，为机器人的动态平衡和运动规划提供重要依据。

（三）软硬件融合挑战与解决方案

1. 实时性与功耗控制问题

在软硬件融合过程中，实时性与功耗控制是两大关键挑战。由于人形机器人需要在复杂的环境中实时感知、决策和执行任务，对软件系统的响应速度和硬件系统的运算能力提出了极高的要求。然而，高性能的硬件设备往往伴随着高功耗，这就需要在保证系统实时性的前提下，合理控制功耗，以延长机器人的续航时间。为了解决这一问题，1X Technologies 采用了多种策略。一方面，在硬件设计上，采用了低功耗的芯片和组件，并通过优化电路设计和电源管理系统，降低硬件设备的能耗；另一方面，在软件算法上，对算法进行了深度优化和精简，减少了不必要的计算和存储开销，提高了算法的运行效率。同时，还采用了动态电压频率调整（DVFS）技术，根据任务的实时需求动态调整芯片的电压和频率，以达到功耗与性能的平衡。

2. 软硬件协同的创新方案

为了实现软硬件的深度协同，1X Technologies 提出了一些创新性的解决方案。例如，1X Technologies 开发了一种基于硬件加速的深度学习推理框架，该框架能够将深度学习模型的部分计算任务卸载到专门设计的硬件加速器上，大大提高了模型的推理速度和能效比。此外，1X Technologies 还设计了一种自适应的传感器数据融合算法，该算法能够根据硬件传感器的性能特点和环境条件，自动调整传感器数据的权重和融合策略，提高感知系统的准确性和可靠性。通过这些创新方案，1X Technologies 的人形机器人在软硬件协同方面取得了显著的成果，实现了系统性能的大幅提升。

四、应用场景与市场定位

（一）家庭服务场景应用

1. 家务劳动协助

1X Technologies 的人形机器人在家庭服务场景中具有广泛的应用，首先是家务劳动协助方面。人形机器人能够熟练完成诸如扫地、拖地、洗碗、叠衣服等各种家务任务，极大地减轻了家庭成员的家务负担。以扫地为例，人形机器人通过其底部安装的旋转扫帚和吸尘器，能够自动识别地面的脏污区域，并根据预设的清扫策略进行清洁，其清扫效果能够与专用的扫地机器人媲美。而且，由于人形机器人具备视觉识别和障碍物避让功能，它能够在复杂的家庭环境中自由穿梭，避免碰撞家具和物品，确保清扫工作的安全性和高效性。

2. 老人与儿童陪伴

在老人和儿童陪伴方面，1X Technologies 的人形机器人也发挥着重要作用。对于老人来说，人形机器人可以作为他们的生活助手和陪伴者，提醒他们按时服药、协助他们进行日常锻炼、与他们进行简单的对话交流等，为老人提供精神上的慰藉和生活上的帮助。对于儿童而言，人形机器人可以成为他们的好朋友和学习伙伴，通过讲故事、玩游戏、教唱歌等方式与儿童互动，激发儿童的学习兴趣和创造力，同时也能够保障儿童在家庭环境中的安全，避免儿童接触到危险物品或发生意外事故。

（二）市场定位与竞争优势

1. 差异化竞争优势分析

与市场上的其他家庭服务机器人产品相比，1X Technologies 的人形机器人具有明显的差异化竞争优势。首先，其基于端到端模仿范式的智能技术使得机器人能够更加自然地与人类互动和协作，理解人类的意图和情感，提供更加个性化的服务。其次，人形机器人具备全面的家务劳动能力和老人、儿童陪伴功能，能够满足家庭成员的多样化需求，而不仅仅局限于单一的清洁或陪伴任务。再者，机器人的外观设计采用了仿人形态，更加符合人类的审美和心理预期，容易被家庭成员接受和喜爱，增强了产品的市场竞争力。

2. 市场定位策略

1X Technologies 将其人形机器人的市场定位为中高端消费市场，主要面向追求生活品质、注重智能家居体验的家庭用户，以及对老人和儿童陪伴有较高需求的特殊家庭群体。1X Technologies 通过与家居建材零售商、电商平台等渠道建立合作关系，进行产品推广和销售，同时也积极开展品牌营销活动，提升品牌知名度和美誉度，吸引目标消费群体的关注和购买。

（三）市场反馈与前景展望

1. 用户评价与市场销量分析

自 1X Technologies 的人形机器人 NEO 上市以来，市场反馈总体较为积极。许多用户在使用后表示，这款机器人确实能够为他们的家庭生活带来诸多便利，特别是在家务劳动和老人、儿童陪伴方面，减轻了他们的压力和负担，增加了家庭的幸福感。在市场销量方面，产品上市初期便取得了不错的销售成绩，随着品牌知名度的逐渐提升和用户口碑的传播，销量呈现出稳步增长的趋势。不过，也有部分用户反映，这款机器人的价格相对较高，希望未来能够推出更具性价比的产品，以满足更多家庭的消费需求。

2. 未来市场发展趋势预测

随着人工智能技术的不断发展以及消费者对智能家居生活需求的持续增长，人形机器人在家庭服务领域的市场前景备受关注。高盛研究部预计，到 2035 年，全球人形机器人市场规模有望突破千亿美元。此外，Data Bridge Market Research 分析显示，2031 年，全球人形机器人市场规模预计将增至 558 亿美元，复合年增长率为 48.5%。

1X Technologies 作为人形机器人领域的先锋企业，致力于通过技术创新和产品迭代，推出更多功能强大、性能卓越且价格合理的人形机器人产品。其下一代机器人 NEO 专为家庭辅助场景设计，具备行走、慢跑、爬楼梯等能力，能够自然地在空间中导航。1X Technologies 还计划通过专有的具身学习模型，进一步提升人形机器人的智能化与自主性。这些努力有望为人形机器人在家庭服务领域的普及和发展作出更大贡献。

五、优势与挑战分析

（一）技术优势

1. 快速学习与环境适应能力

1X Technologies 的端到端模仿范式赋予了其人形机器人强大的快速学习与环境适应能力。机器人能够在短时间内通过模仿人类行为掌握各种新任务的执行方法，并且在面对不同家庭环境和用户习惯时，能够迅速调整自身的行为模式，实现个性化服务。这种快速学习与适应能力使得机器人能够更好地融入家庭生活，满足用户的多样化和个性化需求，为用户提供更加贴心、便捷的服务体验。

2. 智能化水平提升

基于深度学习和人工智能技术的不断发展，1X Technologies 的人形机器人在智能化水平方面达到了一个新的高度。机器人不仅能够完成基本的家务劳动和陪伴任务，还能够通过与用户的互动不断学习和进化，提升自己的智能表现。例如，机器人能够根据用户的语音指令和表情动作，准确理解用户的需求并作出相应的回应；在执行任务过程中，机器人能够自主判断和处理各种突发情况，如障碍物的出现、物品的掉落等，保证任务的顺利完成，这种高度的智能化水平让人形机器人在家庭服务领域具有更广泛的应用潜力和市场价值。

（二）面临挑战

1. 数据依赖与隐私问题

端到端模仿范式虽然在技术上具有显著优势，但也面临着数据依赖和隐私问题的挑战。由于机器人需要通过大量的人类行为数据进行学习和训练，这就涉及用户数据的收集、存储和使用问题。如果这些数据被泄露或滥用，将对用户的隐私和安全构成严重威胁。此外，数据的质量和多样性也直接影响到机器人的学习效果和性能表现，如果数据存在偏差或不完整的情况，可能导致机器人在实际应用中出现行为失误或性能下降等问题。

2. 模型解释性难题

深度学习模型的复杂性和黑箱性使得 1X Technologies 的人形机器人在模型解释方面面临困难。当机器人在执行任务过程中出现错误或异常行为时，很难准确判断是由模型的问题、数据的问题还是硬件的问题所导致的。这给机器人的故障排查和优化改进带来了很大的挑战，也影响了用户对机器人的信任度和接受度。为了提高模型的可解释性，1X Technologies 需要不断探索和研究新的模型解释方法和技术，努力让机器人在决策和行为过程中更加透明、可理解。

（三）应对策略

1. 改进数据采集与保护措施

针对数据依赖和隐私问题，1X Technologies 采取了一系列改进数据采集与保护措施。首先，在数据采集过程中，严格遵循相关法律法规和隐私政策，明确告知用户数据的收集目的、使用范围和存储方式，并获得用户的明确授权。同时，采用数据加密、匿名化等技术手段，对用户数据进行处理，确保数据在传输和存储过程中的安全性和保密性。此外，还建立了完善的数据管理系统，对数据进行分类分级管理，限制数据的访问权限，防止数据被非法获取和滥用。

2. 优化模型结构与解释方法

为了克服模型解释性难题，1X Technologies 致力于优化模型结构与解释方法的研究。一方面，通过对深度学习模型进行简化和优化，减少模型的复杂度和参数数量，在保证模型性能的前提下，提高模型的可解释性；另一方面，引入模型解释工具和技术，如特征重要性分析、局部可解释模型无关解释（LIME）等，对模型的决策过程和行为输出进行解读和分析，为解答用户的疑问和机器人的故障排查提供有力的支持和依据。同时，加强与学术界和行业内的合作与交流，共同探索解决模型解释性问题的有效途径和技术方案，推动人形机器人技术的健康、可持续发展。